JN069809

音声ダウンロードのご案内

※各言語版は、この本の最後にあります。

STEP 1 商品ページにアクセス！ 方法は次の３通り！

- QRコードを読み取ってアクセス。
- https://www.jresearch.co.jp/book/b642904.htmlを入力してアクセス。
- Ｊリサーチ出版のホームページ（https://www.jresearch.co.jp/）にアクセスして、「キーワード」に書籍名を入れて検索。

↓

STEP 2 ページ内にある「音声ダウンロード」ボタンをクリック！

↓

STEP 3 ユーザー名「1001」、パスワード「26189」を入力！

↓

STEP 4 音声の利用方法は2通り！ 学習スタイルに合わせた方法でお聴きください！

- 「音声ファイル一括ダウンロード」より、ファイルをダウンロードして聴く。
- ▶ボタンを押して、その場で再生して聴く。

※ダウンロードした音声ファイルは、パソコン・スマートフォンなどでお聴きいただくことができます。一括ダウンロードの音声ファイルは .zip 形式で圧縮してあります。解凍してご利用ください。ファイルの解凍が上手く出来ない場合は、直接の音声再生も可能です。

音声ダウンロードについてのお問合せ先：toiawase@jresearch.co.jp（受付時間：平日９時～18時）

日本語能力試験N4・N5に出る

ヒンディー語・ベンガル語・シンハラ語 版

日本語単語 スピードマスター

BASIC 1800

जापानी शब्द स्पीड मास्टर

দ্রুত জাপানি শব্দ শেখার দক্ষতা

ජපන් වචන මාලාව වේගයෙන් ප්‍රගුණ කිරීම

倉品 さやか
Kurashina Sayaka

Jリサーチ出版

はじめに

　もっと単語を知っていたら、いろいろ話せるのに……と思った
ことはありませんか？

　この本では、より重要な 1,800 ～ 1,900 の言葉を中心に、約 2,000
の基本語を取り上げ、それらを場面やテーマごとにまとめました。
単語は、いくつかの初級のテキストや従来の日本語能力試験の
出題基準をはじめとし、さまざまな資料を使いながら、生活で
よく使われているかどうかを考えて選びました。意味だけではな
く、関係のある言葉も一緒に学べるようにしています。よく使う
表現や例文もあります。例文は会話文が多いですから、覚えて
すぐに使ってみましょう。

　また、この単語集には、教科書にはあまり出てこない単語も
入っています。普段の生活場面でよく使うので、知っていたら役
に立つものです。興味があるユニットから始めてください。

　単語を覚えたいけど、すぐ飽きるという人もいると思います。
この本には、付属の音声が付いていますから、寝る前や電車の中
で聞いて覚えることもできます。一緒に言えば、発音の練習にも
なります。また、赤いシートを使って、どれだけ覚えたか、チェッ
クしてみましょう。

　この本でたくさんの言葉を覚えて、たくさん話してください。

倉品さやか

もくじ　विषयसूची／সুচিপত্র／පටුන

PART2 コツコツ覚えよう、基本の言葉 261

आइए, मूल शब्दों को थोड़ा-थोड़ा याद करें।／নিয়মিতভাবে মৌলিক শব্দগুলো মুখস্থ করুন／
හොඳින් මතක තබා ගමු. මූලික වචන

この本の使い方
ほん　つか　かた

इस किताब का उपयोग कैसे करें?／এই বইটি ব্যবহার করার পদ্ধতি／මෙම කතා ගැනීමට අවශ්‍ය මූලික වචන වල සඳහන් කර ඇත.

覚えておきたい基本語に□をつけています。
おぼ　　　　　　　　　きほんご

मूल शब्द जो आपको याद रखने चाहिए उन पर □ अंकित है।／মনে রাখা উচিত এমন (মৌলিক শব্দের সাথে) □
যুক্ত করা হয়েছে।／මතක තබා ගැනීමට අවශ්‍ය □ මූලික වචන

㉔ □ 棚 (दराज़／তাক／රාක්කය)
たな

▶これをあそこの棚に置いてください。
お

(कृपया इसे उस दराज़ में रखिए।／এটিকে ঐস্থানের তাকে রাখুন।／මේක අතන රාක්කයෙන් තියන්න.)

▶**本棚** (किताबों की अलमारी／বইয়ের তাক／පොත් රාක්කය)
ほんだな

例文や熟語の例などを紹介します。
れいぶん　じゅくご　　れい　　　　しょうかい

हम उदाहरण वाक्यों और मुहावरों का परिचय देंगे।

উদাহরণ বাক্য এবং বাগধারার উদাহরণ পরিচয় করিয়ে দেয়া হবে।／

උදාහරණ වචන වල සහ වාච්‍යාංශික වචන වල උදාහරණ හඳුන්වාදීම.

▭で示した言葉と同じグループの言葉などを紹介します。
　　　　　しめ　　ことば　おな

हम उन शब्दों का परिचय देंगे जो ▭ में दिखाए गए शब्दों के समान समूह से संबंधित हैं।／

▭ তে প্রদর্শন করা শব্দের মতো একই গ্রুপের শব্দ পরিচয় করিয়ে দেয়া হবে।／

▭ හි පෙන්වා තිබෙන වචනය මෙන් එකම කාණ්ඩයට අයත් වචන හඳුන්වාදීම

★PART1の見出し語と例文（関連の熟語などは除く）、動詞の活用表など（p.284〜p.291）
を読んだ音声を聴くことができます。 ⇒音声ダウンロードの案内はこの本の最後

आप भाग १ के मूल शब्दों, उदाहरण वाक्यों (संबंधित मुहावरों आदि को छोड़कर), क्रिया संयुमन तालिका आदि (पृ. ०२८४-पृ. २९१) का ऑडियो
वाचन सुन सकते हैं।⇒ऑडियो कैसे डाउनलोड करें, इसकी जानकारी इस किताब के अंत में है।／PART 1 এর শিরোনামের শব্দ ও উদাহরণ
বাক্য (সম্পর্কিত বাগধারা ইত্যাদি বাদে), ক্রিয়াপদ ব্যবহারের টেবিল ইত্যাদি (p.284-p.291) পাঠ করা অডিও শুনতে
পারবেন।⇒অডিও ডাউনলোডের নির্দেশাবলী এই বইয়ের (শেষে রয়েছে)।／පළමු කොටසේ වචන, උදාහරණ වචන (අදාළ
වාච්‍යාංශයන් හැර) සහ ක්‍රියාපදයන් ගනාවැටුප් ශ්‍රව්‍ය පටිගත කිරීම ඇසීමේ හැකි.පටිගත කිරීම බාගත කිරීම පිළිබඳව
පොතෙහි අවසානයේ සඳහන් වේ.⇒ශ්‍රව්‍ය බාගත කිරීම සඳහා උපදෙස් මේ පොත අවසානයේ සඳහන් කර ඇත.

同 同意語 पर्यायवाची शब्द／সমার্থক শব্দ／සමාන පද
　　どういご

反 反対語 विलोम शब्द／বিপরীত শব্দ／විරුද්ධ පද
　　はんたいご

漢 漢字の書き方 कांजी कैसे लिखें?／কাঁজি লেখার পদ্ধতি／කන්ජි ලියන ආකාරය
　　かんじ　か　かた

話 会話で多い言い方 बातचीत में अक्सर इस्तेमाल होने वाले वाक्यांश／কথোপকথনে প্রায়শই ব্যবহৃত ভাষা।／
　　かいわ　おお　い　かた　　සංවාද වල වැඩි වශයෙන් භාවිත ආකාරය

* 少し難しい言葉 थोड़े कठिन शब्द／সামান্য কঠিন শব্দ／ටිකක් අමාරු වචන
　　すこ　むずか　ことば

て ていねいな言い方 कहने का विनम्र तरीका／বলার মার্জিত উপায়／ආචාරශීලි ලෙස පවසන කරන ආකාරය
　　　　　　　い　かた

短 短縮した言い方 कहने का संक्षिप्त तरीका／বলার সংক্ষিপ্ত উপায়／කෙටියෙන් පවසන ආකාරය
　　たんしゅく　い　かた

別 別の言い方 इसे कहने का दूसरा तरीका／বলার অন্য একটি উপায়／වෙනත් ආකාරයට පවසන ආකාරය
　　べつ　い　かた

◎この本では、日本語の表記は厳密に統一していません。

इस पुस्तक में जापानी भाषा के लेखन शैली का पूरी तरह से अनुसरण नहीं किया गया है।／এই বইটিতে, জাপানি বিষয়বস্তুর সারণী কঠোরভাবে
ঐক্যবদ্ধ নয়।／මෙම පොතෙහි, ලිඛිත ජපන් භාෂාව ඇතුළත් කොට නැත.

PART 1

テーマ別(べつ)で覚(おぼ)えよう、基本(きほん)の言葉(ことば)

विषय के अनुसार मूल शब्द सीखें।

থিম অনুসারে মৌলিক শব্দগুলো মুখস্থ করুন

මාතෘකාව අනුව මතක තබා ගමු. මූලික වචන

★ 例文(れいぶん)は会話(かいわ)表現(ひょうげん)が中心で、短縮(たんしゅく)や変形(へんけい)など、話(はな)し言葉(ことば)の特徴(とくちょう)はそのままにしています。

उदाहरण वाक्य मुख्य रूप से संवादात्मक अभिव्यक्तियाँ हैं और मौखिक भाषा की विशेषताएँ जैसे संक्षिप्तीकरण एवं रूपांतरण संरक्षित हैं।

উদাহরণমূলক বাক্য মূলত কথোপকথনমূলক অভিব্যক্তি এবং সংক্ষিপ্তকরণ বা বিকৃতি, ইত্যাদির মতো কথ্য ভাষার বৈশিষ্ট্য বজায় রাখা হয়েছে।

උදාහරණ වාක්‍ය ප්‍රධාන වශයෙන් සංවාදාත්මක ප්‍රකාශන වන අතර, කෙටි කිරීම් සහ පරිවර්තන යනාදිය, කථන භාෂාවේ භාවිතා කරන ආකාරයටම පවතියි.

★ 表記(ひょうき)については、漢字(かんじ)とひらがなを厳密(げんみつ)に統一(とういつ)していません。

कांजी और हीरागाना की लेखन शैली पूरी तरह मेल नहीं खाती।

লেখার ক্ষেত্রে, কাঞ্জি এবং হিরাগানা নিয়মানুবর্তীভাবে সমরূপ নয়।

අංකනයේදී, කන්ජි සහ හිරගනා දැඩිලෙස සම්බන්ධ නොවන අවස්ථාවන්ද ඇත.

1

UNIT 1

数字
すうじ

(संख्या／সংখ্যা／ඉලක්කම)

0	ゼロ／れい
1	いち
2	に
3	さん
4	し/よん
5	ご
6	ろく
7	しち／なな
8	はち
9	きゅう／く

10	じゅう
11	じゅういち
12	じゅうに
13	じゅうさん
14	じゅうよん
15	じゅうご
16	じゅうろく
17	じゅうしち
18	じゅうはち
19	じゅうきゅう

10	じゅう
20	にじゅう
30	さんじゅう
40	よんじゅう
50	ごじゅう
60	ろくじゅう
70	ななじゅう
80	はちじゅう
90	きゅうじゅう

100	ひゃく	1000	せん/いっせん	10000	いちまん
200	にひゃく	2000	にせん	20000	にまん
300	さんびゃく	3000	さんぜん	30000	さんまん
400	よんひゃく	4000	よんせん	40000	よんまん
500	ごひゃく	5000	ごせん	50000	ごまん
600	ろっぴゃく	6000	ろくせん	60000	ろくまん
700	ななひゃく	7000	ななせん	70000	ななまん
800	はっぴゃく	8000	はっせん	80000	はちまん
900	きゅうひゃく	9000	きゅうせん	90000	きゅうまん
				100000	じゅうまん
				1000000	ひゃくまん

1 数字
2 時間
3 人・家族
4 食べる 飲む
5 家
6 服・くつ
7 乗り物 交通
8 街
9 建物
10 自然

9

〈れい〉

123 ひゃく にじゅう さん

2345 にせん さんびゃく よんじゅうご

34567 さんまん よんせん ごひゃく ろくじゅうなな

456789 よんじゅうごまん ろくせん ななひゃく はちじゅうきゅう

5678901 ごひゃく ろくじゅうななまん はっせん きゅうひゃく いち

零	ゼロ／れい
一	いち
二	に
三	さん
四	し/よん
五	ご
六	ろく
七	しち／なな
八	はち
九	きゅう／く
十	じゅう
百	ひゃく
千	せん
万	まん

〈れい〉

小数点(.)	1.2 いってんに
	0.5 れいてんご
マイナス(−)	−10 マイナスじゅう
プラス(+)	+20 プラスにじゅう
パーセント(%)	5% ごパーセント

かぞえかた①

(☞「かぞえかた②」p.135) ※音はありません。(NO SOUND)

1 数字

2 時間

3 人・家族

4 食べる・飲む

5 家

6 服・くつ

7 交通・乗り物

8 街

9 建物

10 自然

	 ~つ	 ~人	 ~さい	 ~かい	 ~かい	 ~こ
1	ひとつ	ひとり	いっさい	いっかい	いっかい	いっこ
2	ふたつ	ふたり	にさい	にかい	にかい	にこ
3	みっつ	さんにん	さんさい	さんがい（かい）	さんかい	さんこ
4	よっつ	よにん	よんさい	よんかい	よんかい	よんこ
5	いつつ	ごにん	ごさい	ごかい	ごかい	ごこ
6	むっつ	ろくにん	ろくさい	ろっかい	ろっかい	ろっこ
7	ななつ	ななにん しちにん	ななさい	ななかい	ななかい	ななこ
8	やっつ	はちにん	はっさい	はちかい はっかい	はちかい はっかい	はちこ はっこ
9	ここのつ	きゅうにん	きゅうさい	きゅうかい	きゅうかい	きゅうこ
10	とお	じゅうにん	じゅっさい じっさい	じゅっかい じっかい	じゅっかい じっかい	じゅっこ じっこ
?	いくつ	なんにん	なんさい	なんかい	なんかい	いくつ

2

UNIT 2 時間 じかん (समय／সময়／වෙලාව)

① 年・月・日 とし つき ひ (साल/महीना/दिन／বছর(সাল)/মাস/দিন／අවුරුද්ද .මාසය .දවස)

❶ □ 年 とし (साल／বছর(সাল)／අවුරුද්ද) ／～年 ～ねん

▶新しい年 (नया साल／নতুন বছর／අලුත් අවුරුද්ද)
あたら

▶日本に来たのは何年ですか。
にほん き なん
(आप जापान में किस साल आए?／(আপনি)কোন সালে জাপানে এসেছেন?／ජපානයට ආවේ මොන අවුරුද්දේද?)

❷ □ 月 つき (महीना／মাস／මාසය) ／～月 ～がつ

▶月に一度、集まります。
いちど あつ
(महीने में एक बार इकट्ठा होते हैं／(আপনার) জন্মদিন কোন মাসে/কবে?／මාසයකට එක පාරක්,එකතු වෙනවා.)

▶たんじょう日は何月ですか。
び
(आपका जन्म दिन किस महीने है?／(আপনার) জন্মদিন কোন মাসে/কবে?／උපන්දිනය මොන මාසයේද?)

❸ □ 1月 いちがつ

❹ □ 2月 にがつ

❺ □ 3月 さんがつ

❻ □ 4月 しがつ

❼ □ 5月 ごがつ

❽ □ 6月 ろくがつ

❾ □ 7月 しちがつ

❿ □ 8月 はちがつ

⓫ □ 9月 くがつ

⓬ □ 10月 じゅうがつ

⓭ □ 11月 じゅういちがつ

⓮ □ 12月 じゅうにがつ

⑮ □ 日　ひ　(दिन／দিন／දවස)　　～日　～にち

▶その日はだめです。

(वह दिन ठीक नहीं होगा।／সেদিনটি আমার জন্য সুবিধার নয়।／ඒ දවස බැහැ.)

▶きょうは何日ですか。

(आज क्या दिन है?／আজ কি বার?／අද කවදාද?)

⑯ □ 日にち　ひにち　(तारीख़／তারিখ／දිනය)

▶日にちは決(き)まりましたか。

(क्या आपने तरीख़ का फ़ैसला कर लिया?／তারিখ নির্ধারণ করেছেন কি?／දිනය තීරණය කෙරුවද?)

SUN	MON	TUE	WED	THU	FRI	SAT
	1 ついたち	2 ふつか	3 みっか	4 よっか	5 いつか	6 むいか
7 なのか	8 ようか	9 ここのか	10 とおか	11 じゅういちにち	12 じゅうににち	13 じゅうさんにち
14 じゅうよっか	15 じゅうごにち	16 じゅうろくにち	17 じゅうしちにち	18 じゅうはちにち	19 じゅうくにち	20 はつか
21 にじゅういちにち	22 にじゅうににち	23 にじゅうさんにち	24 にじゅうよっか	25 にじゅうごにち	26 にじゅうろくにち	27 にじゅうしちにち
28 にじゅうはちにち	29 にじゅうくにち	30 さんじゅうにち	31 さんじゅういちにち			

2 時間
3 人・家族
4 食べる 飲む
5 家
6 服・くつ
7 乗り物 交通
8 街
9 建物
10 自然

3 ② 週 しゅう (हफ़्ता／সপ্তাহ／සතිය)

⑰ □ 月曜日 げつようび (सोमवार／সোমবার／සඳුදා)

⑱ □ 火曜日 かようび (मंगलवार／মঙ্গলবার／අඟහරුවාදා)

⑲ □ 水曜日 すいようび (बुधवार／বুধবার／බදාදා)

⑳ □ 木曜日 もくようび (गुरुवार／বৃহস্পতিবার／බ්‍රහස්පතින්දා)

㉑ □ 金曜日 きんようび (शुक्रवार／শুক্রবার／සිකුරාදා)

㉒ □ 土曜日 どようび (शनिवार／শনিবার／සෙනසුරාදා)

㉓ □ 日曜日 にちようび (रविवार／রবিবার／ඉරිදා)

㉔ □ 曜日 ようび (हफ़्ते का दिन／সপ্তাহের দিন／දවස)

▶お休(やす)みは何(なん)曜日ですか。

(हफ़्ते के कौन-से दिन छुट्टी हैं?／ছুটির দিন সপ্তাহের কোন দিন?／නිවාඩු කවදාද?)

㉕ □ 週 しゅう (हफ़्ता／সপ্তাহ／සතිය)

▶どの週がいいですか。

(कौन-सा हफ़्ता ठीक रहेगा?／কোন সপ্তাহটা সুবিধার?／හොඳ මොන සතියද?)

㉖ □ 週末 しゅうまつ (हफ़्ते के आख़िर／সপ্তাহান্তে／සතිඅන්තය)

▶週末はいつも何(なに)をしていますか。

(आप हफ़्ते के आख़िर में हमेशा क्या करते हैं?／সপ্তাহান্তে সাধারণত কী করে থাকেন?／සති අන්තයේ, සාමාන්‍යයෙන් කරන්නේ මොනවද?)

4 ③ 一日(いちにち)・一年(いちねん) (एक दिन, एक साल／এক দিন/এক বছর／දවසක් . අවුරුද්දක්)

1 数字
2 時間
3 人・家族
4 食べる 飲む
5 家
6 服・くつ
8 街
9 建物
10 自然

㉗ □ ～時間　～じかん (-घंटा／~সময়／පැය)

▶ここから東京(とうきょう)まで何(なん)時間かかりますか。
――２時間くらいです。

(यहाँ से टोक्यो तक कितना समय लगता है? —तक़रीबन २ घंटे।／এখান থেকে টোকিও পর্যন্ত কত সময় লাগে? —প্রায় ২ ঘন্টা।／මෙතන ඉඳලා ටෝකියෝ වලට පැය කීයක් තියෙනවද? —පැය 2ක් විතර යනවා.)

㉘ □ ～日間　～にち/～か かん (-दिन के लिए/तक／~দিন／දවස්)

▶最初(さいしょ)の15日間は無料(むりょう)です。

(पहले के १५ दिनों के लिए निःशुल्क है।／প্রথম 15 দিন বিনামূল্যে।／මුල් දවස් 15 නොමිළේ)

▶セールは、土日(どにち)の２日間です。

(बिक्री शनिवार और रविवार के दो दिन है।／বিক্রয়ের দিন হলো, শনি ও রবি এই দুই দিন।／සේල් එක, ඉරිදා සෙනසුරදා දවස් දෙකේ)

㉙ □ ～週間　～しゅうかん (-हफ़्ते के लिए/तक／~সপ্তাহ／සති)

▶夏(なつ)に２週間、国(くに)に帰(かえ)ります。

(गर्मियों में मैं दो हफ़्ते के लिए वापस देश जाऊँगा।／গ্রীষ্মে দুই সপ্তাহের জন্য দেশে যাব।／රස්නේ කාලේ සති 2ක්, රටට ආපහු යනවා.)

㉚ □ ～か月(間)　～かげつ(かん) (-महीने के लिए/तक／~মাস／මාස)

▶日本(にほん)に来(き)て、まだ３か月です。

(जापान आए सिर्फ़ ३ महीने ही हुए।／জাপানে আসার পর, মাত্র 3 মাস হয়েছে।／ජපානයට ඇවිල්ලා, තාම මාස 3යි.)

㉛ □ ～年(間)　～ねん(かん)　(-साल के लिए/तक／~বছর／අවුරුදු)

▶ここに５年住(す)んでいます。

(मैं यहाँ पाँच साल से रह रहा हूँ।／এখানে পাঁচ বছর ধরে বসবাস করছি।／මෙහේ අවුරුදු 5ක් ජීවත් වෙනවා.)

▶学生(がくせい)の数(かず)が、３年間で倍(ばい)になりました。

(छात्रों की संख्या तीन सालों में दुगुनी हो गई।／শিক্ষার্থীর সংখ্যা, তিন বছরে দ্বিগুণ হয়েছে।／සිසුන්ගේ ගණන, අවුරුදු තුනෙන් දෙගුණයක් වුණා.)

㉜ □ 一日　いちにち　(एक दिन／এক দিন／එක දවසක්)

▶来月(らいげつ)、一日休(やす)みをとります。

(मैं अगले महीने एक दिन की छुट्टी लूँगा।／আগামী মাসে, একদিন ছুটি নেব।／ලබන මාසේ, එක දවසක් නිවාඩු ගන්නවා.)

▶明日(あした)は一日、仕事(しごと)です。

(मुझे कल पूरे दिन काम करना है।／আগামীকাল সারাদিন কাজ আছে।／හෙට දවසම වැඩ.)

㉝ □ 一年　いちねん　(एक साल／এক বছর／අවුරුද්දක්)

▶日本(にほん)に来(き)て、ちょうど一年がたちました。

(जापान आए ठीक एक साल हुआ है।／জাপানে আসার পর, ঠিক এক বছর হয়েছে।／ජපානයට ඇවිල්ලා,හරියටම අවුරුද්දක් වුණා.)

㉞ □ 半年　はんとし　(आधा साल／আধা বছর/ছয় মাস／මාස හයක්)

▶この学校(がっこう)に半年通(かよ)いました。

(मैं ६ महीने इस स्कूल गया था।／এই স্কুলে আধা বছর/ছয় মাস পড়াশুনা করেছি।／මේ ඉස්කෝලෙට මාස හයක් ගියා.)

㉟ □ 2、3～　に、さん～　(2, 3 ~／2, 3~／දවස් දෙක තුනක්)

▶心配(しんぱい)いりません。2、3日(にち)で治(なお)りますよ。

(चिंता करने की कोई ज़रूरत नहीं। यह दो-तीन दिन में ठीक हो जाएगा।／চিন্তা করার প্রয়োজন নেই। 2, 3 দিনের মধ্যে সেরে যাবে।／කලබල වෙන්න එපා. දවස් 2,3කින් හොඳ වෙනවා.)

-घंटा/ ~সময়/ පැය	-दिन के लिए/तक/ ~দিন/ දවස්	-हफ़्ते के लिए/तक/ ~সপ্তাহ/ සති	-महीने के लिए/तक/ तक/~মাস/ මාස	-साल के लिए/तक/ ~বছর/ අවුරුදු
～時間 ～ じかん	～日（間） ～にちかん	～ 週（間） ～ しゅうかん	～か月（間） ～ かげつかん	～年（間） ～ねんかん
1時間 いちじかん	一 日 いちにち	1週（間） いっしゅうかん	1か月（間） いっかげつかん	一年（間） いちねんかん
2時間 に	2日（間） ふつか かん	2週（間） に	2か月（間） に	2年（間） に
3時間 さん	3日（間） みっか	3週（間） さん	3か月（間） さん	3年（間） さん
4時間 よ	4日（間） よっか	4週（間） よん	4か月（間） よん	4年（間） よ
5時間 ご	5日（間） いつか	5週（間） ご	5か月（間） ご	5年（間） ご
6時間 ろく	6日（間） むいか	6週（間） ろく	6か月（間） ろっ	6年（間） ろく
7時間 しち／なな	7日（間） なのか	7週（間） なな	7か月（間） なな	7年（間） なな
8時間 はち	8日（間） ようか	8週（間） はっ	8か月（間） はち	8年（間） はち
9時間 く	9日（間） ここのか	9週（間） きゅう	9か月（間） きゅう	9年（間） きゅう
10時間 じゅう	10日（間） とおか	10週（間） じゅっ	10か月（間） じゅっ	10年（間） じゅう
11時間 じゅういち	11日（間） じゅういちにち	11週（間） じゅういっ	11か月（間） じゅういっ	11年（間） じゅういち
何時間 なん	何日（間） なんにち	何週（間） なん	何か月（間） なん	何年（間） なん

1 数字

2 時間

3 人・家族

4 食べる 飲む

5 家

6 服・くつ

7 交通 乗り物

8 街

9 建物

10 自然

5 ④ 時刻(じこく) (समय／দিনের সময় (ঘড়ির সময়)／කාලය)

㊱ □ 時間 じかん (समय／সময়／වෙලාව)

▶①すみません、時間(じかん)、わかりますか。
——3時です。
(माफ़ कीजिए, इस वक़्त क्या समय है? —इस वक़्त ३ बजे हैं।／মাফ করবেন, এখন সময় কত, জানেন কি? —৩টা বাজে।／සමාවෙන්න, වෙලාව දන්නවද? —3යි.)

②出発(しゅっぱつ)の時間はわかりますか。
——3時50分(ぷん)です。
(क्या आप प्रस्थान का समय जानते हैं? —३ बजकर ५० मिनट है।／প্রস্থানের সময় জানেন কি? —3 টা 50 মিনিটে।／පිටත් වෙන වෙලාව දන්නවද? —3යි 50.)

㊲ □ 時 じ (बजे／ঘন্টা／යි)

▶いま何(なん)時ですか。
——もうすぐ10時です。
(कितने बजे हैं। —लगभग १० बजे हैं।／এখন কয়টা বাজে। —প্রায় 10 টা বাজে।／දැන් වෙලාව කීයද? —10ට ලඟයි.)

㊳ □ 分 ふん／ぷん (मिनट／মিনিট／මිනිත්තු, විනාඩි)

▶あと何分ですか。
——5分くらいです。
(और कितने मिनट हैं? —क़रीब ५ मिनट और।／আর কত মিনিট বাকি আছে? —প্রায় ৫ মিনিট।／තව මිනිත්තු කීයද? —මිනිත්තු 5ක් විතර.)

㊴ □ 秒 びょう (सेकेंड／সেকেন্ড／තත්පර)

▶ここを2～3秒押(お)してください。
(यहाँ २-३ सेकेंड के लिए दबाएँ।／এখানে 2 ～ 3 সেকেন্ডের জন্য চাপুন।／මෙතන තත්පර 2,3ක් ඔබන්න.)

㊵ □ (N時)～分前 ～ふん／ぷん まえ ((N बजेने में) - मिनट बाक़ी／(টা বাজতে)～মিনিট বাকি／～ට ～යි)

▶いま、5時10分前です。
(अभी पाँच बजने में दस मिनट हैं।／এখন 5 টা বাজতে 10 মিনিট বাকি।／දැන්, 5ට 10යි.)

㊶ □ (N時)～分過ぎ　～ふん/ぷんすぎ (सवा नौ बजे／(টা বেজে)~মিনিট／~යි ~ ට)

▶9時15分過ぎに家(いえ)を出(で)ました。

(मैं सवा नौ बजे घर से निकल गया था।／9 টা 15 মিনিটে বাসা থেকে বের হয়েছি।／9යි 15ට ගෙදරින් ගියා.)

㊷ □ (N時)半　はん (साढ़े (N बजे)／সাড়ে (~টা)／හමාරයි)

▶あしたは9時半集合(しゅうごう)です。

(कल साढ़े नौ बजे इकट्ठे होंगे।／আগামীকাল সাড়ে 9 টায় সমাবেশ।／හෙට 9 හමාරට හම්බවෙනවා.)

㊸ □ 午前　ごぜん (सुबह／সকাল／පෙරවරු ,උදේ)

▶受付(うけつけ)は午前で終(お)わります。

(रिसेप्शन १२ बजे बंद हो जाएगा।／অভ্যর্থনার সময় সকালে শেষ হয়ে যায়।／පිළිගැනීමේ වැඩ උදේ ඉවරවෙනවා.)

㊹ □ 午前中　ごぜんちゅう (सुबह में／সকালের মধ্যে／උදේ වරුව)

▶午前中に受付をしてください。

(कृपया सुबह रिसेप्शन डेस्क पर आएँ। または कृपया सुबह पंजीकरण कराएँ।／অনুগ্রহ করে সকালের মধ্যে চেক ইন করুন।／උදේ වරුවේ පිළිගැනීමේ වැඩ කරන්න.)

㊺ □ 正午　しょうご (दोपहर／দুপুর／දවල් 12)

▶あしたの正午までに出(だ)してください。

(कृपया इसे दोपहर १२ बजे तक दे दें।／অনুগ্রহ করে আগামীকাল দুপুর নাগাদ বের করে দিন।／හෙට දවල් 12 වෙනකොට ඉවරකරලා දෙන්න)

㊻ □ 午後　ごご (दोपहर／বিকেল／පස්වරු ,හවස)

▶きょうは午後、空(あ)いてますか。
—いえ、午後からちょっと出(で)かけます。

(क्या आज १२ बजे के बाद आपके पास समय है? —नहीं, मैं दोपहर में थोड़ा बाहर जाऊँगा।／আজ বিকেলে কি অবসর সময় আছে? —না, বিকেলে একটু বাইরে বেরোব।／අද හවස, වෙලාව තියෙනවද? —නැහැ,හවස ටිකක් එළියට යනවා.)

1 数字
2 時間
3 人・家族
4 食べる 飲む
5 家
8 街
9 建物

～時	(～बजकर／～টা／ පැය)
1時	いちじ
2時	にじ
3時	さんじ
4時	よじ
5時	ごじ
6時	ろくじ
7時	しちじ
8時	はちじ
9時	くじ
10時	じゅうじ
11時	じゅういちじ
12時	じゅうにじ
何時	なんじ

～分	(～मिनट／～মিনিট／ මිනිත්තු, විනාඩි)
1分	いっぷん
2分	にふん
3分	さんぷん
4分	よんぷん
5分	ごふん
6分	ろっぷん
7分	ななふん
8分	はっぷん
9分	きゅうふん
10分	じゅっぷん/じっぷん
11分	じゅういっぷん
12分	じゅうにふん
13分	じゅうさんぷん
14分	じゅうよんぷん
15分	じゅうごふん
16分	じゅうろっぷん
17分	じゅうななふん
18分	じゅうはっぷん
19分	じゅうきゅうふん
20分	にじゅっぷん
30分	さんじゅっぷん
40分	よんじゅっぷん
50分	ごじゅっぷん
何分	なんぷん

6 ⑤ **春・夏・秋・冬** はる なつ あき ふゆ (वसंत/गर्मी/पतझड़/सर्दी／বসন্তকাল/গ্রীষ্মকাল/শরৎকাল/
শীতকাল／වසන්ත කාලය , ගිම්හාන කාලය , සරත් කාලය ,
ශීත කාලය)

4️⃣7️⃣ □ **今日** きょう (आज／আজ／අද)

4️⃣8️⃣ □ **明日** あした／あす (कल／আগামীকাল／හෙට)

★会話では「あした」を使うことが多い。
(बातचीत में अक्सर「あした」का उपयोग किया जाता है／কথোপকথনে প্রায়ই「あした」ব্যবহৃত হয়।
／සංවාදයේදී < හෙට > යන්න බොහෝසෙයින් භාවිතා කරයි.)

4️⃣9️⃣ □ **明後日** あさって (परसों／আগামী পরশু／අනිද්දා)

5️⃣0️⃣ □ **昨日** きのう (कल／গতকাল／ඊයේ)

5️⃣1️⃣ □ **一昨日** おととい (परसों／গত পরশু／පෙරේදා)

5️⃣2️⃣ □ **今週** こんしゅう (इस हफ़्ते／এই সপ্তাহ／මේ සතිය)

5️⃣3️⃣ □ **来週** らいしゅう (अगले हफ़्ते／আগামী সপ্তাহ／ලබන සතිය)

5️⃣4️⃣ □ **再来週** さらいしゅう (अगले हफ़्ते के बाद／আগামী সপ্তাহের পরের সপ্তাহ／
ලබන සතියට පස්සේ සතිය)

5️⃣5️⃣ □ **先週** せんしゅう (पिछले हफ़्ते／গত সপ্তাহ／ගිය සතිය)

5️⃣6️⃣ □ **今月** こんげつ (इस महीने／এই মাস／මේ මාසය)

1 数字 ／ 2 時間 ／ 3 人・家族 ／ 4 食べる飲む ／ 5 家 ／ 6 服・くつ ／ 7 交通乗り物 ／ 8 街 ／ 9 建物 ／ 10 自然

21

❺❼ □ 来月 らいげつ （अगले महीने／আগামী মাস／ලබන මාසය）

❺❽ □ 再来月 さらいげつ （अगले महीने के बाद／আগামী মাসের পরের মাস／ලබන මාසෙට පස්සේ මාසය）

❺❾ □ 先月 せんげつ （पिछले महीने／গত মাস／ගිය මාසය）

❻⓿ □ 今年 ことし （इस साल／এই বছর／මේ අවුරුද්ද）

❻❶ □ 来年 らいねん （अगले साल／আগামী বছর／ලබන අවුරුද්ද）

❻❷ □ 再来年 さらいねん （अगले साल के बाद／আগামী বছরের পরের বছর／ලබන අවුරුද්දට පස්සේ අවුරුද්ද）

❻❸ □ 去年 きょねん （पिछले साल／গত বছর／ගිය අවුරුද්ද）

別 昨年
さくねん （पिछले साल／গত বছর／ගිය අවුරුද්ද）

❻❹ □ 一昨年 おととし （दो साल पहले／গত বছরের আগের বছর／ගියා අවුරුද්දට කලින් අවුරුද්ද）

❻❺ □ 朝 あさ （सुबह／সকাল／උදේ）

▶朝は何時から開いていますか。
なんじ あ
（यह सुबह कितने बजे से खुलता है?／সকালে কয়টা থেকে খোলা হয়?／උදේ කීයේ ඉදලා ඇරලා තියෙනවද?）

▶明日の朝、日本を出発します。
あした にほん しゅっぱつ
（मैं कल सुबह जापान से रवाना हो जाऊँगा।／আগামীকাল সকালে, জাপান ত্যাগ করব।／හෙට උදේ, ජපානයෙන් පිටත් වෙනවා.）

❻❻ □ 昼 ひる （दोपहर／দুপুর／දවල්）

▶昼はたいてい外にいます。
そと
（मैं आम तौर पर दिन में बाहर होता हूँ।／বিকেল বেলা অধিকাংশ ক্ষেত্রে বাইরে থাকি।／දවල්ට බොහෝදුරට එළියේ ඉන්නවා.）

1 数字
2 時間
3 人・家族
4 食べる 飲む
5 家
6 服・くつ
7 乗り物 交通
8 街
9 建物

67 □ 晩 ばん (रात／সন্ধ্যা／රෑ)

▶昨日(きのう)の晩ご飯(はん)は何(なん)でしたか。
(कल रात का खाना क्या था?／গত রাতে খাবার কী ছিল?／ඊයේ රෑ කෑම මොනවද?)

68 □ 夜 よる (रात／রাত／රෑ)

▶夜はかなり寒(さむ)いです。
(रात में अक्सर बहुत ठंड होती है।／রাতের বেলা বেশ ঠান্ডা পড়ে।／රෑට ගොඩක් සීතලයි.)

▶昨日の夜、日本(にほん)に着(つ)きました。
(मैं कल रात जापान पहुँचा।／গতকাল রাতে জাপানে পৌঁছেছি।／ඊයේ රෑ ජපානයට ආවා.)

69 □ 夕方 (शाम／গোধূলি／හවස)

▶夕方までに戻(もど)ります。
(मैं शाम तक लौटूँगा।／গোধূলির মধ্যে ফিরে আসব।／හවස් වෙන්න කලින් ආපහු එනවා.)

70 □ 今朝 (आज सुबह／আজ সকাল／අද උදේ)

▶今朝は何(なに)を食(た)べましたか。
(आज सुबह आपने क्या खाया?／আজ সকালে কী খেয়েছেন?／අද උදේ කෑවේ මොනවද?)

71 □ 今晩 (आज शाम／আজ সন্ধ্যা／අද හවස)

▶今晩、カラオケに行(い)きませんか。
(क्या आप आज रात कराओके के लिए जाना चाहेंगे।／আজ সন্ধ্যায় কারাওকেতে যাবেন কি?／අද හවස කැරෝකි යමුද?)

72 □ 今夜 (आज रात／আজ রাত／අද රෑ)

▶今夜遅(おそ)くに東京(とうきょう)に着(つ)きます。
(मैं आज रात देर से टोक्यो पहुँचूँगा।／আজ রাতে দেরিতে টোকিও পৌঁছাব।／අද රෑ ටෝකියෝ වලට එනවා.)

73 □ 春 はる (वसंत／বসন্ত কাল／වසන්ත කාලය)

74 □ 夏 なつ (गर्मी／গ্রীষ্ম কাল／ගිම්හාන කාලය)

75 □ 秋 あき (पतझड़／শরৎ কাল／සරත් කාලය)

76 □ 冬 ふゆ (सर्दी／শীতকাল／ශීත කාලය)

77 □ 季節 きせつ (मौसम／ঋতু／(মৌসুম／සෘතු)

▶また寒い季節がやって来ますね。
　　　　　さむ　　　　　　　　き
(ठंड का मौसम फिर से आ रहा है।／আবার শীত (মৌসুমের আগমন ঘটবে।／ආයෙත් ශීත සෘතුව එනවනේ.)

78 □ 毎～ (हर／প্রতি~／හැම)

79 □ 毎朝 まいあさ (रोज़ सुबह／প্রতি সকাল／හැම උදේම)
▶毎朝、牛乳を飲んでいます。
　　　　ぎゅうにゅう　の
(मैं हर सुबह दूध पीता हूँ।／প্রতি সকালে, দুধ পান করি।／හැම උදේම එළකිරි බොනවා.)

80 □ 毎週 まいしゅう (हर हफ़्ते／প্রতি সপ্তাহ／හැම සතියෙම)
▶毎週、日本語教室に通っています。
　　　　に ほん ご きょうしつ　　かよ
(मैं हर हफ़्ते जापानी भाषा की कक्षा में जाता हूँ।／প্রতি সপ্তাহে, জাপানি ভাষার ক্লাসে যাতায়াত করি।／හැම සතියෙම ජපන් භාෂා පන්තියට යනවා.)

81 □ 毎月 まいつき (हर महीने／প্রতি মাস／හැම මාසෙම)

82 □ 毎年 まいとし (हर साल／প্রতি বছর／හැම අවුරුද්දේම)

83 □ 毎日 まいにち (हर रोज़／প্রতি দিন／හැම දාකම)

84 □ 毎晩 まいばん (हर रात／প্রতি রাত／හැම හවසකම)

दो साल पहले গত বছরের আগের বছর ගියා අවුරුද්දට කලින් අවුරුද්ද 一昨年 おととし （いっさくねん）	पिछले साल গত বছর ගිය අවුරුද්ද 去年／昨年 きょねん／さくねん	इस साल এই বছর මේ අවුරුද්ද 今年 ことし	अगले साल আগামী বছর ලබන අවුරුද්ද 来年 らいねん	अगले साल के बाद আগামী বছরের পরের বছর ලබන අවුරුද්දට පස්සේ අවුරුද්ද 再来年 さらいねん
दो महीने पहले গত মাসের আগের মাস ගිය මාසෙට කලින් මාසේ 先々月 せんせんげつ	पिछले महीने গত মাস ගිය මාසය 先月 せんげつ	इस महीने এই মাস මේ මාසය 今月 こんげつ	अगले महीने আগামী মাস ලබන මාසය 来月 らいげつ	अगले महीने के बाद আগামী মাসের পরের মাস ලබන මාසෙට පස්සේ මාසය 再来月 さらいげつ
दो हफ़्ते पहले গত সপ্তাহের আগের সপ্তাহ ගිය සතියට කලින් සතියේ 先々週 せんせんしゅう	पिछले हफ़्ते গত সপ্তাহ ගිය සතිය 先週 せんしゅう	इस हफ़्ते এই সপ্তাহ මේ සතිය 今週 こんしゅう	अगले हफ़्ते আগামী সপ্তাহ ලබන සතිය 来週 らいしゅう	अगले हफ़्ते के बाद আগামী সপ্তাহের পরের সপ্তাহ ලබන සතියට පස්සේ සතිය 再来週 さらいしゅう
परसों গত পরশু පෙරේදා 一昨日 おととい （いっさくじつ）	कल গতকাল ඊයේ 昨日 きのう （さくじつ）	आज আজ අද 今日 きょう	कल আগামীকাল හෙට 明日 あした／あす （みょうにち）	परसों আগামী পরশু අනිද්දා 明後日 あさって （みょうごにち）

1 数字
2 時間
3 人・家族
5 家
6 服・くつ
8 街
9 建物

7

UNIT 3 人・家族（ひと かぞく） (लोग / परिवार／ব্যক্তি/পরিবার／මිනිස්සු, පවුල)

① 人 (लोग／ব্যক্তি／මිනිස්සු)

❶ □ 私　わたし (मैं／আমি／මම)

❷ □ 私たち　わたしたち (हम／আমরা／අපි)

❸ □ あなた (आप／আপনি／ඔයා)

▶あなたに聞(き)いているんじゃありません。

(मैं आपसे पूछ नहीं रहा हूँ।／তোমাকে জিজ্ঞাসা করছি না।／ඔයාගෙන් අහනවා නෙමෙයි.)

★ストレートな言い方で、主に、自分と同じか、自分より下の人に使う。普段の会話では、あまり使われない。また、妻が夫を呼ぶときの言い方の一つ。使い方に注意。
(सीधे तौर पर यह मुख्य रूप से उन लोगों के लिए उपयोग किया जाता है, जो आप की तुलना में समान या कम हैं। इसका उपयोग शायद ही कभी दैनिक बातचीत में किया जाता है। इसके अलावा यह एक पत्नी का अपने पति को बुलाने के तरीकों में से एक है। इसका उपयोग करने के तरीके के बारे में सावधान रहें।／সোজাসুজিভাবে বলার পদ্ধতি, প্রধানত নিজের মত একই স্তর বা নিজের চাইতে নিচু স্তরের লোকের জন্য ব্যবহার করা হয়।দৈনন্দিন কথোপকথনে খুব একটা ব্যবহার করা হয় না। এছাড়া, স্ত্রী তার স্বামীকে ডাকার সময় বলার পদ্ধতির একটি। ব্যবহার করার পদ্ধতি সম্পর্কে সতর্কতা অবলম্বন করা প্রয়োজন রয়েছে।／කෙලින් කතා කරන ක්‍රමයක් වන බැවින්, විශේෂයෙන්ම තමන්ට සමාන හා තමන්ට පහල මට්ටමේ අය සමග කතාබහ කිරීමේදී භාවිතා කළද,සාමාන්‍ය සංවාද වලදී භාවිතා නොකරයි.තවද ස්වාමියා බිරිඳට කතා කරන අවස්ථා වලදී මෙය භාවිතා කරයි.භාවිතයේදී සැලකිලිමත් වීම වැදගත්ය.)

❹ □ あなたたち (आप लोग／আপনারা／ඔයගොල්ලෝ)

❺ □ 彼　かれ (वह(लड़का)／সে/তিনি (পুরুষ)／ඔහු)

▶わたしの彼もそうです。

(मेरा साथी भी ऐसा है।／আমার সেও（প্রেমিক）তাই।／මගේ පෙම්වතාත් ඒ වගේ.)

★「恋人」の意味もある。
("प्रेमी" का अर्थ भी है।／"প্রেমিক/প্রেমিকার" অর্থও বহন করে।／පෙම්වතා යන තෙරුමක්ද ඇත.)

2 時間
3 人・家族
4 食べる 飲む
5 家
6 服・くつ
7 乗り物 交通
8 街
9 建物
10 自然

❻ □ 彼女 かのじょ (वह(लड़की)／সে/তিনি （বান্ধবী）／ඇය)

▶田中(たなか)さんにも、彼女がいます。

(तनाका जी की भी प्रेमिका है।／তানাকা সানেরও একজন বান্ধবী （প্রেমিকা） আছে।／තනකටත්, පෙම්වතියක් ඉන්නවා.)

★「恋人」の意味もある。

❼ □ 彼ら かれら (वे (लड़के)／তারা （পুরুষ）／ඒගොල්ලෝ)

❽ □ 彼女ら かのじょら (वे (लड़कियाँ)／মেয়েরা／ඒගොල්ලෝ)

❾ □ みんな (सब लोग／সবাই／ඔක්කොමල්ලා)

▶公園(こうえん)はみんなのものです。

(पार्क सभी के लिए है।／পার্ক হলো সবার （জায়গা）।／park එක ඔක්කොමල්ලාගේ දෙයක්.)

▶みんな、聞(き)いてください。

(सब लोग, ज़रा सुनिए।／অনুগ্রহ করে সবাই শুনুন।／හැමෝම, නිශ්ශබ්ද වෙන්න.)

❿ □ 皆さん みなさん (देवियो और सज्जनो／সবাই （মার্জিত）／හැමෝම)

▶皆さん、静(しず)かにしてください。

(देवियो और सज्जनो, कृपया शांत रहें।／সবাই, অনুগ্রহ করে চুপ করে শুনুন।／හැමෝම, නිශ්ශබ්ද වෙන්න.)

★「みんな」のていねいな言い方。
(「みんな」 कहने का विनम्र तरीका।／“সবাইকে” মার্জিতভাবে বলার উপায়।／「みんな」වචනයේ ශිෂ්ට ක්‍රමය.)

⓫ □ 全員 ぜんいん (सभी／প্রত্যেকে／ඔක්කොමලා)

▶ここの生徒(せいと)は全員、合格(ごうかく)しました。

(यहाँ के सभी छात्र पास हो गए हैं।／এখানকার শিক্ষার্থী প্রত্যেকে পরীক্ষায় উত্তীর্ণ হয়েছে।／මෙතන ඉන්න සිසුන් ඔක්කොමලා සමත් වුණා.)

⓬ □ 人 ひと (व्यक्ति／ব্যক্তি/মানুষ/লোক／කෙනා)

▶その人はどんな人ですか。

(वह व्यक्ति किस तरह का व्यक्ति है?／সেই ব্যক্তিটি কেমন মানুষ?／එයා මොනවගේ කෙනෙක්ද?)

▶あそこに人がたくさんいますね。

(वहाँ कई लोग हैं।／সেখানে অনেক মানুষ রয়েছে।／අතන මිනිස්සු ගොඩක් ඉන්නවනේ.)

⑬ □ 人々 ひとびと (लोग-बाग／লোকজন／මිනිස්සු)

▶この事件は、多くの人々の関心を集めた。

<small>じけん　おお　　　　　かんしん　あつ</small>

(इस घटना ने कई लोगों का ध्यान आकर्षित किया।／এই ঘটনাটি অনেক লোকজনের দৃষ্টি আকর্ষণ করেছিল।／මෙ සිද්ධිය,
ගොඩක් මිනිසුන්ගේ අවධානයට ලක්වුණා.)

⑭ □ 同人たち ひとたち (लोग／লোকজন (মার্জিত)／අය)

▶おもしろい人たちですね。

(दिलचस्प लोग है।／আকর্ষণীয় লোকজন, তাই নয় কি।
／විනෝදජනක අයගේ)

> ★会話では「人たち」を使うことが多い。
> (बातचीत में「ひとたち」का अक्सर उपयोग किया जाता
> है।／কথোপকথনে প্রায়ই "লোকজন" ব্যবহার করা
> হয়।／「人たち」යන වචනය සංවාද වලදී බහුලව
> භාවිතා කරයි.)

⑮ □ 男 おとこ (आदमी／পুরুষ মানুষ／පිරිමියා)

⑯ □ 同男の人 おとこのひと (आदमी／পুরুষজাতি／පිරිමිකෙනා)

⑰ □ 男の子 おとこのこ (लड़का／ছেলে／පිරිමි ළමයා)

▶あの男の子を知っていますか。

<small>し</small>

(क्या आप उस लड़के को जानते है?／ঐ ছেলেটিকে চেনেন কি?／අර පිරිමි ළමයව දන්නවද?)

▶彼女には、5歳の男の子がいます。

<small>かのじょ　　　さい</small>

(उसका ५ साल का लड़का है।／তার একটি 5 বছর বয়সী ছেলে আছে।／එයාට, අවුරුදු 5ක පිරිමි ළමයෙක් ඉන්නවා.)

⑱ □ 男性 だんせい (पुरुष／পুরুষ／පිරිමි)

▶わたしの周りには、若い男性がいないんです。

<small>まわ　　　　　わか</small>

(मेरे आस-पास कोई युवक नहीं है।／আমার আশেপাশে কোন তরুণ পুরুষ নেই।／මගේ වටපිටාවේ, තරුණ පිරිමි අය නැහැ.)

⑲ □ 同男子 だんし (लड़का／বালক／පිරිමි)

▶男子トイレ (लड़कों का टॉयलेट／পুরুষদের টয়লেট／පිරිමි වැසිකිළිය)

⑳ □ 女 おんな (महिला／নারী/মহিলা／ගැහැණු)

㉑ □ 同女の人 おんなのひと (महिला／নারীজাতি／ගැහැණු කෙනා)

▶女の人なら、わかるはずです。

(एक महिला को पता होना चाहिए।／একজন নারী হলে বোঝা উচিত।／ගැහැණු කෙනෙක් නම්, තේරුම්ගන්නවා.)

㉒ □ 女の子 おんなのこ （लड़की／মেয়ে／ගැහැණු ළමයා）

▶ここは今、若い女の子に人気のお店です。
_{いま わか} _{にんき} _{みせ}

（यह आजकल युवा लड़कियों के बीच एक लोकप्रिय दुकान है।／এই দোকানটি এখন তরুণীদের মধ্যে জনপ্রিয়।／
මෙතන දැන්,තරුණ ගැහැණු ළමයි අතර ජනප්‍රියයි.）

㉓ □ 女性 じょせい （महिला／নারী／মহিলা／ගැහැණිය）

▶どんな人でしたか。 ―知らない女性でした。
_{ひと} _し

（किस तरह का व्यक्ति था? -- एक अनजान महिला थी।／কেমন মানুষ ছিলেন? ―একজন অপরিচিত মহিলা ছিলেন।／ මොනවගේ
කෙනෙක්ද? -දන්නේ නැති ගැහැණු කෙනෙක්.）

㉔ □ 同女子 じょし （लड़की／বালিকা／ගැහැණු ළමයා）
▶**女子学生** （छात्रा／মেয়ে শিক্ষার্থী／ছাত্রী／ශිෂ්‍යාව）
_{がくせい}

㉕ □ 友達 ともだち （दोस्त／বন্ধু／යහළුවා）

㉖ □ 恋人 こいびと （प्रेमी／প্রেমিক／প্রেমিকা／පෙම්වතා／පෙම්වතිය）

㉗ □ 大人 おとな （वयस्क／প্রাপ্তবয়স্ক／වැඩිහිටි）

▶もう大人なんだから、自分で決めなさい。
_{おとな} _{じぶん き}

（अब तुम एक वयस्क हो, इसलिए अपने लिए खुद तय करो।／এখন বড় হয়েছো জন্য নিজে সিদ্ধান্ত নেও।／ වැඩිහිටියෙක් නිසා,
තනියම තීරණය කරන්න.）

㉘ □ 子供 こども （बच्चा／শিশু／ළමයි）

▶これは、子供が読む本じゃない。
_{よ ほん}

（यह एक ऐसी किताब नहीं है जिसे बच्चे पढ़ें।／এটি শিশুদের পড়ার বই নয়।／මේක,ළමයි කියවන පොතක් නොවෙයි.）

㉙ □ 赤ちゃん あかちゃん （बच्चा／বাচ্ছা／බබා）

㉚ □ 同赤ん坊 あかんぼう

1 数字

2 時間

3 人・家族

4 食べる 飲む

5 家

6 服・くつ

7 乗り物 交通

8 街

9 建物

10 自然

㉛ □ お年寄り おとしより (बुज़ुर्ग／বৃদ্ধ মানুষ／වයසක)

▶あのお年寄り、大丈夫(だいじょうぶ)かなあ。

(क्या वह बुज़ुर्ग व्यक्ति ठीक है?／ঐ বৃদ্ধ মানুষটা ঠিক আছে তো?／අර වයසක කෙනා හොඳින්ද?)

㉜ □ 若者 わかもの (युवा／তরুণ／තරුණ)

▶ここは、若者に人気(にんき)があるんですね。

(यह स्थान युवा लोगों के बीच लोकप्रिय है।／এই জায়গাটি তরুণদের কাছে জনপ্রিয়।／මෙතන, තරුණ අය අතර ජනප්‍රියයිනේ.)

★会話では「若い人」を使うことが多い。
(बातचीत में「若い人」अक्सर उपयोग किया जाता है।／কথোপকথনে প্রায়ই "তরুণ ব্যক্তি" ব্যবহার করা হয়।／「若い人」යන වචනය සංවාද වලදී බහුලව භාවිතා කරයි.)

㉝ □ ～たち (～लोग／~গণ／ගොල්ලා)

▶あの人たち

(वे लोग／ঐ লোকজনেরা／එගොල්ලා)

★複数の人を表すことば。
(कई लोगों का प्रतिनिधित्व करने वाले शब्द।／একাধিক ব্যক্তিকে নির্দেশ করার শব্দ।／පුද්ගලයන් නිරූපණය කරන බහු වචන පද.)

㉞ □ ～さん (～जी／~সান／විශේෂ වචනයක් නැහැ.)

▶スミスさん、妹(いもうと)さん、お医者(いしゃ)さん

(स्मिथ जी, बहन जी, डॉक्टर जी／স্মিথ-সান, ছোট বোন, ডাক্তার／සුමිත් , නංගි , වෛද්‍යවරයා)

★人を呼ぶときに付けることば。人以外にも使う（例：本屋さん）。
(लोगों को संबोधित करते समय संलग्न शब्द। लोगों के अलावा भी उपयोग किया जाता है।／কোনো ব্যক্তিকে ডাকার সময় নামের শেষে যোগ করা শব্দ। কোনো ব্যক্তি ছাড়াও অন্য কিছুর ক্ষেত্রেও ব্যবহার করা হয়। （যেমন বইয়ের দোকান）।／පුද්ගලයන්ට භාවිතා කිරීමේදී පසුයෙදුමක් ලෙස භාවිතා කරයි.ඊට අමතර භාවිතයන්ද ව්‍යවහාරයේ පවතී.)

㉟ □ ～ちゃん (～चान／~চান／විශේෂ වචනයක් නැහැ.)

▶マリちゃん

(मारी-चान／মারি-চ্যান／මාලි)

★親しみを込めた呼び方。
(परिचित बच्चों या व्यक्तियों को संबोधित करने का तरीका।／বন্ধুত্বপূর্ণভাবে ডাকার পদ্ধতি।／හිතවත් අයට කතාකරනකොට පාවිච්චි කරන ක්‍රමය.)

8

② 家族 (परिवार／পরিবার／පවුල)

❶ □ 家族 かぞく (परिवार／পরিবার／පවුල)

❷ □ 私 わたし (मैं／আমি／මම)

❸ □父 ちち (पिता／বাবা/পিতা／තාත්තා)

▶わたしの父は、普通(ふつう)の会社員(かいしゃいん)です。

(मेरे पिता एक साधारण कार्यालय कर्मचारी हैं।／আমার পিতা একজন সাধারণ অফিস কর্মী।／මගේ තාත්තා, සාමාන්‍ය කාර්යාල සේවකයෙක්.)

❹ □母 はは (माँ／মা/মাতা／අම්මා)

▶子(こ)どものころ、母によく注意(ちゅうい)されました。

(जब मैं बच्चा था, मेरी माँ से अक्सर मुझे चेतावनी मिलती थी।／ছোট বেলায় মা আমাকে প্রায়ই সতর্ক করতো।／පොඩිකාලේ, අම්මා ගොඩක් අවවාද කෙරුවා.)

❺ □ 兄 あに (बड़ा भाई／বড় ভাই／අයියා)

❻ □ 姉 あね (बड़ी बहन／বড় বোন／අක්කා)

❼ □ 妹 いもうと (छोटी बहन／ছোট বোন／නංගි)

❽ □ 弟 おとうと (छोटा भाई／ছোট ভাই／මල්ලි)

★一般的に、親や兄弟には「父·母·兄·姉·弟·妹」は使わない。「お～さん」や名前などを使う。「祖父·祖母」なども、直接的には使わない。
(सामान्य तौर पर अपने माता -पिता और भाई -बहनों के लिए 「父・母・兄・姉・弟・妹」 का उपयोग नहीं होता है।「お～さん」 और नामों का उपयोग करें।「祖父・祖母」का सीधे उपयोग नहीं किया जाता है।／সাধারণত, বাবা-মা এবং ভাইবোনের জন্য "বাবা, মা, বড় ভাই, বড় বোন, ছোট ভাই, ছোট বোন" ব্যবহার করা হয় না। 「お～さん」 বা নাম ব্যবহার করা হয়। "দাদা / দাদী" ইত্যাদি সরাসরি ব্যবহার করা হয় না।／සාමාන්‍යයෙන්, දෙමපියන් සහ සහෝදර සහෝදරියන් හැඳින්වීමට「父・母・兄・姉・弟・妹」පාවිච්චි කරන්නේ නැහැ.「お～さん」සහ නම වැනි වචන පාවිච්චි කරනවා.「祖父・祖母」වචනත්, කෙළින්ම පාවිච්චි කරන්නේ නැහැ.)

1 数字 2 時間 3 人・家族 4 食べる 飲む 5 家 6 服・くつ 7 乗り物 交通 8 街 9 建物 10 自然

❾ □ **祖父** そふ (दादा/नाना／দাদা／සීයා)

❿ □ **祖母** そぼ (दादी/नानी／দাদী／ආච්චි)

⓫ □ **おじ** (चाचा/मामा /ताऊ/मौसा/फूफा／চাচা/মামা/খালু/ফুপা／මාමා)

⓬ □ **おば** (चाची/मामी/ताई/मौसी/बुआ／খালা/ফুফু/চাচী/মামী／නැන්දා)

▶東京(とうきょう)におばが住んでいます。

(मेरी चाची टोक्यो में रहती है।／আমার খালা টোকিওতে বসবাস করেন।／මගේ නැන්දා ටෝකියෝ වල ජීවත් වෙනවා.)

★漢字で書くと、父か母の兄は「伯父」、姉は「伯母」、弟は「叔父」、妹は「叔母」だが、普段はあまり区別されていない。

(यदि आप कांजी में लिखते हैं, तो आपके पिता या माँ का बड़ा भाई「伯父」है, उनकी बड़ी बहन「伯母」है, उनका छोटा भाई「叔父」है और उनकी छोटी बहन「叔母」है, लेकिन यह आम तौर पर बहुत प्रतिष्ठित नहीं है।／কাঞ্জিতে লেখা হলে, বাবা বা মায়ের বড় ভাইকে হলেন "চাচা", বড় বোনকে একজন "খালা", একজন ভাইকে "চাচা," এবং ছোট বোনকে "খালা" হিসাবে লেখা হলেও, সাধারণত খুব বেশি পার্থক্য করা হয় না।／කන්ජි වලින් ලියනකොට, පියාගේ හෝ මවගේ අයියා「伯父」, අක්කා「伯母」, මල්ලි「叔父」, නංගි「叔母」වුණාට,සාමාන්‍යයෙන් එතරම් වෙනසක් කරලා නැහැ.)

⓭ □ **親** おや (माता-पिता／বাবা-মা／දෙමාපියන්)

▶留学(りゅうがく)のことは、親にはまだ言(い)ってません。

(मैंने अपने माता-पिता को विदेश में पढ़ने के बारे में अभी तक नहीं कहा है।／বিদেশে পড়াশোনার কথা, বাবা-মাকে এখনও বলিনি।／පිටරට අධ්‍යාපනය ගැන, දෙමවුපියන්ට තවම කිව්වේ නැහැ.)

⓮ □ **父親** ちちおや (पिता जी／বাবা／තාත්තා)

⓯ □ **母親** ははおや (माँ/माता जी／মা／අම්මා)

▶男(おとこ)の子(こ)は母親に似(に)るんですか。

(क्या उस लड़के की शक्ल उसकी माँ से मिलती है?／ছেলেটা কি দেখতে মায়ের মতো হয়েছে?／පිරිමි ළමයි අම්මා වගේද?)

⓰ □ **両親** りょうしん (माता-पिता／পিতামাতা／දෙමවුපියන්)

1 数字

2 時間

3 人・家族

4 食べる 飲む

5 家

6 服・くつ

7 交通 乗り物

8 街

9 建物

10 自然

⑰ ☐ **兄弟** きょうだい (भाई-बहन／ভাই／සහෝදර සහෝදරියෝ)

▸兄弟はいますか。

—はい、兄と妹がいます。
<small>あに いもうと</small>

(क्या आपके भाई बहन है? —हाँ, मेरा एक बड़ा भाई और एक छोटी बहन है।／কোন ভাইবোন আছে কি? —হ্যাঁ, বড় ভাই এবং ছোট বোন আছে।／සහෝදර සහෝදරියෝ ඉන්නවද? —ඔව්, අයියා කෙනෙකුයි නංගී කෙනෙකුයි ඉන්නවා.)

⑱ ☐ **お父さん** おとうさん (पिता जी／নিজের পিতা/বাবা／තාත්තා)

⑲ ☐ **お母さん** おかあさん (माँ/माता जी／নিজের মাতা/মা／අම්මා)

▸お母さん、わたしのめがね、知らない?

(माँ, मेरे चश्मे कहाँ हैं, आपको पता है क्या?／মা, আমার চশমা কোথায় আছে, জানা কি?／අම්මේ, මගේ කණ්ණාඩිය, තියෙන තැන දන්නවද?)

⑳ ☐ **お兄さん** おにいさん (बड़े भाई साहब／নিজের বড় ভাই／අයියා)

㉑ ☐ **お姉さん** おねえさん (बड़ी बहन जी／নিজের বড় (বোন／අක්කා)

㉒ ☐ **おじいさん** (दादा जी/नाना जी／দাদা／සීයා)

㉓ ☐ **おばあさん** (दादी जी/नानी जी／দাদী／ආච්චි)

▸おばあさんは毎年、たんじょう日プレゼントをくれます。
<small>まいとし び</small>

(मेरी दादी जी/नानी जी मुझे हर साल जन्म दिन का उपहार देती हैं।／দাদী আমাকে প্রতি বছর জন্মদিনের উপহার দিয়ে থাকে।／ආච්චි හැම අවුරුද්දේම උපන්දින තෑග්ගක් දෙනවා.)

㉔ ☐ **おじさん** (चाचा जी/मामा जी/ताऊ जी/मौसा जी/फूफा जी／চাচা／මාමා)

㉕ □ **おばさん** (चाची जी/मामी जी/ताई जी/मौसी जी/बुआ जी／থালা／නැන්දා)

▶東京のおばさんを訪ねるつもりです。
とうきょう　　　　　　　　たず
(मैं टोक्यो में अपनी चाची जी से मिलने जा रहा हूँ।／টোকিওতে থালার সাথে দেখা করার ইচ্ছা আছে।／ටෝකියෝ වල ඉන්න නැන්දව බලන්න යන්න ඉන්නවා.)

㉖ □ **夫** おっと (पति／स्वामी／මහත්තයා)

▶夫はわたしより３つ上です。
　　　　　　　　　　　うえ
(मेरे पति मुझसे तीन साल बड़े हैं।／আমার স্বামী আমার চেয়ে তিন বছরের বড়।／මගේ මහත්තයා මට වැඩිය අවුරුදු 3ක් වැඩිමල්.)

㉗ □ **妻** つま (पत्नी／স্ত্রী／නෝනත්)

▶妻も週に２日、働いています。
　　　しゅう　か　はたら
(मेरी पत्नी भी हफ़्ते में दो दिन काम करती है।／আমার স্ত্রীও সপ্তাহে দুদিন কাজ করে।／නෝනත් සතියකට දෙපොරක් වැඩ කරනවා.)

㉘ □ **息子** むすこ (बेटा／পুত্র/(ছেলে／පුතා)

▶息子さんはもう働いているんですか。
—いえ、息子はまだ学生です。
　　　　　　　　　　　　　がくせい
(क्या आपका बेटा काम कर रहा है? — नहीं, मेरा बेटा अभी भी छात्र है।／আপনার পুত্র কি এরই মধ্যে কাজ শুরু করেছে?／පුතා දැනටමත් වැඩ කරනවාද? —නැහැ, පුතා තාම ශිෂ්‍යයෙක්.)

㉙ □ **娘** むすめ (बेटी／কন্যা/(মেয়ে／දුව)

㉚ □ **子供** こども (बच्चा／বাচ্চা／ළමයි)

▶うちの子供も、これが大好きです。
　　　　　　　　　　だいす
(मेरा बच्चा भी इसे पसंद करता है।／আমার বাচ্চাও এটি খুব পছন্দ করে।／මගේ ළමයිනුත්, මේකට ගොඩක් ආසයි.)

㉛ □ 同子 こ (बच्चा／সন্তান／ළමයා)

▶うちの子を見なかったですか。
(क्या तुमने मेरे बच्चे को नहीं देखा?／আমার সন্তানকে দেখেছেন কি?／මගේ ළමයව දැක්කාද?)

㉜ □ 主人　しゅじん　(पति／পরিবারের প্রধান/স্বামী／මහත්තයා)

▶主人はいつも、帰(かえ)りが遅(おそ)いんです。

(मेरे पति हमेशा देर से लौटते हैं।／আমার স্বামী সবসময়, দেরী করে ফিরে।／මගේ මහත්තයා, නිතරම ගෙදර එනකොට පරක්කු වෙනවා.)

▶ご主人は、ワインはお好(す)きですか。

(क्या आपके पति को शराब पसंद है?／আপনার স্বামী ওয়াইন পছন্দ করে?／මහත්තයා, වයින් වලට කැමතියිද?)

㉝ □ 家内　かない　(पत्नी／নিজের স্ত্রী／බිරිඳ)

▶家内はいま、出(で)かけています。

(मेरी पत्नी अभी बाहर है।／আমার স্ত্রী এখন বাইরে আছে।／මගේ බිරිඳ දැන් එළියට ගිහිල්ලා.)

㉞ □ 奥さん　おくさん　(धर्म पत्नी／স্ত্রী／බිරිඳ)

▶奥さんも働(はたら)いているんですか。

(क्या आपकी धर्म पत्नी भी काम करती हैं?／আপনার স্ত্রীও কি কাজ করেন?／බිරිඳත් වැඩ කරනවද?)

1 数字
2 時間
3 人・家族
4 食べる 飲む
5 家
6 服・くつ
7 乗り物 交通

9

UNIT 4

食べる・飲む (খানা/পীনা／খাওয়া/পান করা／කනවා , බොනවා)

た の

① 食べ物 (খানা／খাবার/খাদ্য／කෑම)

もの

❶ □ 食べ物 (খানা／খাবার/খাদ্য／කෑම)

❷ □ くだもの (फल／ফল／පළතුරු)

❸ □ りんご (सेब／আপেল／ඇපල්)

❹ □ みかん (नारंगी／কমলালেবু／දොඩම්)

❺ □ レモン (नींबू／লেবু／ලෙමන්)

❻ □ バナナ (केला／কলা／කෙසෙල්)

❼ □ メロン (ख़रबूज़ा／মেলন／කොමඩු)

❽ □ いちご (स्ट्रॉबेरी／স্ট্রবেরি／ස්ට්‍රෝබෙරි)

❾ □ ぶどう (अंगूर／আঙ্গুর／මිදි)

⑩ □ すいか (तरबूज़／তরমুজ／කොමඩු)

⑪ □ 野菜（やさい） (सब्ज़ी／সবজি／එළවලු)

⑫ □ にんじん (गाजर／গাজর／කැරට්)

⑬ □ じゃがいも (आलू／আলু／අල)

⑭ □ たまねぎ (प्याज़／পেঁয়াজ／ලූනු)

⑮ □ きゅうり (खीरा／শসা／පිපිඤ්ඤා)

⑯ □ トマト (टमाटर／টমেটো／තක්කාලි)

⑰ □ 肉（にく） (माँस／মাংস／මස්)

⑱ □ 豚肉（ぶたにく） (सूअर का माँस／শুয়োরের মাংস／ඌරු මස්)

⑲ □ 鶏肉（とりにく） (मुर्गी का माँस／মুরগীর মাংস／කුකුල් මස්)

⑳ □ 牛肉（ぎゅうにく） (गाय का माँस／গরুর মাংস／හරක් මස්)

★「ポーク」「チキン」「ビーフ」は、メニューなどによく使われる。
(“पोर्क”, “चिकन”, और “बीफ़” का उपयोग अक्सर मेन्यू आदि में किया जाता है।／শুয়োরের মাংস” “মুরগির মাংস” “গরুর মাংস” প্রায়ই মেনুতে ব্যবহার করা হয়।／「ポーク」「チキン」「ビーフ」 මෙනියු වල ගොඩක් පාවිච්චි කරනවා.)

2 時間
3 人・家族
4 食べる 飲む
5 家
6 服・くつ
7 乗り物 交通
8 街
9 建物
10 自然

㉑ □ 魚 (मछली／মাছ／මාළු)
さかな

㉒ □ 卵／玉子 (अंडा／ডিম／බිත්තර)
たまご　たまご

㉓ □ ハム (हैम／হাম (হ্যাম)／හැම්)

㉔ □ ソーセージ (सॉसेज／সসেজ／සොසේජ්)

㉕ □ チーズ (पनीर／পনির／චීස්)

㉖ □ とうふ (टोफू／তোফু／තෝෆු)

㉗ □ ご飯 (पके हुए चावल／ভাত／බත්)
はん

㉘ □ 同米／お米
こめ

㉙ □ ライス (चावल／চাল／රයිස්)

★「ごはん」のこと。店でよく使われる。
("चावल" की बात। अक्सर दुकानों में उपयोग किया जाता है।／"চালকে" বোঝায়। প্রায়শই দোকানে ব্যবহৃত হয়।／< බත් > කියන වචනය ගොඩක් කඩවල පාවිච්චි කරනවා)

㉚ □ みそ汁 (मिसो सूप／মিসো স্যুপ／මිසෝ සුප්)
しる

㉛ □ うどん (उदोन／উদন／උදොන්)

㉜ □ そば (सोबा／সোবা／සොබ)

38

㉝ □ ラーメン （रामेन／রামেন／රාමෙන්）

㉞ □ パン （रोटी／পাউরুটি／පාන්）

㉟ □ サラダ （सलाद／সালাদ／සලාද）

㊱ □ スープ （सूप／স্যুপ／සුප්）

▶スープは静かに飲んでください。
しず　　の
（कृपया चुपचाप सूप पिएं／স্যুপটি চুপচাপ পান করুন।／සුප් සද්ද නොකරන්නැතුව බොන්න බොන්න.）

㊲ □ カレー （करी／তরকারি／කරි）

㊳ □ 牛丼 （बीफ़ बाउल／গরুর মাংসের বাটি／හරක්මස් උඳෙන්）
ぎゅうどん

㊴ □ 寿司 （सुशी／সুশি／සුෂි）
す　し

㊵ □ おにぎり （चावल का गोला／ভাতের বল／ඔනිගිරි）

㊶ □ さしみ （साशिमी／সাশিমি／සශිමි）

㊷ □ 天ぷら （तेमपुरा／তেম্পুরা／තෙන්පුර）
てん

㊸ □ すきやき （सुकियाकी／সুকিয়াকি／සුකියකි）

1 数字

2 時間

3 人・家族

4 食べる 飲む

5 家

6 服・くつ

7 乗り物 交通

8 街

9 建物

10 自然

㊹ □ スパゲティ (स्पघेटी／স্প্যাগেটি／ස්පැගටි)

㊺ □ ピザ (पिज़्ज़ा／পিজা／පීස)

㊻ □ パスタ (पास्ता／পাস্তা／පැස්ට)

▶わたしは、ピザよりパスタのほうがいいです。

(मैं पिज़्ज़ा की तुलना में पास्ता पसंद करता हूँ।／আমি পিজার চেয়ে পাস্তা বেশি পছন্দ করি।／මට,පීසා වලට වැඩිය පැස්ටා හොඳයි.)

㊼ □ サンドイッチ (सैंडविच／স্যান্ডউইচ／සැන්විච්)

㊽ □ ハンバーグ (हैमबर्ग／হ্যামবার্গার／හැම්බර්ග්)

㊾ □ ハンバーガー (हैमबर्गर／হ্যামবার্গার／හැම්බර්ගර්)

㊿ □ ステーキ (माँस का कबाब／স্টেক (মাংসের বা মাছের পুরু ফালি)／ස්ටේක්)

(51) □ ポテト (आलू／আলু／අල)

★特に「フライドポテト」のこと。
(विशेष रूप से "तले हुए आलू"।／বিশেষ করে "ফ্রেঞ্চ ফ্রাইকে" বোঝায়।／විශේෂයෙන්ම 「බැදපු අල」 ගැන.)

(52) □ お菓子(かし) (मिठाई／মিষ্টি／රසකැවිලි)

(53) □ 和菓子(わがし) (जापानी मिठाई／জাপানি মিষ্টি／ජපන් රසකැවිලි)

(54) □ 甘(あま)いもの (मीठी चीज़／মিষ্টি বস্তু／පැණිරස කෑම)

▶スーさんは、甘いものは好(す)きですか。

(सू जी, आपको मीठा पसंद है क्या?／সু-সান মিষ্টি পছন্দ করেন কি?／සූ ,පැණිරස කෑම වලට කැමතිද?)

1 数字

2 時間

3 人・家族

4 食べる 飲む

5 家

6 服・くつ

7 交通 乗り物

8 街

9 建物

10 自然

⑤⑤ □ アイスクリーム （आइसक्रीम／আইসক্রিম／අයිස්ක්‍රීම්）

⑤⑥ □ ケーキ （केक／কেক／කේක්）

⑤⑦ □ チーズケーキ （चीज़केक／চিজকেক／චීස් කේක්）

⑤⑧ □ チョコレート （चॉकलेट／চকোলেট／චොකලට්）

⑤⑨ □ クッキー （कुकी／কুকি／බිස්කට්）

⑥⓪ □ ドーナツ （डोनट／ডোনাট／ඩෝනට්）

⑥① □ ガム （गम／গাম／චුවිංගම්）

⑥② □ あめ （कैंडी／মিছরি／ටොෆි）

⑥③ □ おつまみ （स्नैक／হালকা খাবার／කෙටි කෑම）

▶お酒はあるけど、おつまみがないです。
　さけ
（मेरे पास शराब है, लेकिन कोई स्नैक नहीं है।／অ্যালকোহল আছে, কিন্তু কোনো হালকা খাবার নেই।／මත්පැන් තිබුණට,කෙටි කෑමක් නැහැ.）

ピザ

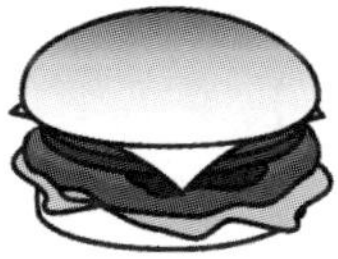

ハンバーガー

アイスクリーム

10 ② 飲むの (पीना／পান করা／බොනවා)

❶ □ 飲み物もの (पेय पदार्थ／পানীয়/কোমল পানীয়／බීම)

❷ □ ホット (गर्म／গরম／උණු)

▶ホットとアイス、どちらになさいますか。
——じゃ、私はホットで。
(आप गर्म लेंगे या ठंडा? —मैं गर्म लूँगा।／গরম এবং ঠান্ডার মধ্যে কোনটি খাবেন? —আচ্ছা, আমি গরম।／උණුයි අයිසුයි, ඕනේ මොනවද? එහෙනම් , මට උණු එකක් දෙන්න.)

❸ □ アイス (ठंडा／ঠাণ্ডা/আইসক্রিম／අයිස්)

★アイスクリームを短くした言い方でもある。
(यह आइसक्रीम का संक्षेपाक्षर है।／আইসক্রিমকে সংক্ষিপ্তভাবে বলারও একটি পদ্ধতি।／අයිස්ක්‍රීම් කෙටිකර කියනකොටත් පාවිච්චි කරනවා.)

❹ □ コーヒー (कॉफ़ी／কফি／කෝපි)

❺ □ アイスコーヒー (आइस्ड कॉफी／ঠাণ্ডা কফি／අයිස්කොපි)

❻ □ 紅茶こうちゃ (काली चाय／কালো চা／තේ)

コーヒー

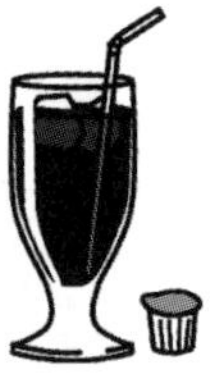

アイスコーヒー

❼ □ アイスティー (आइस्ड टी／আইসটি／අයිස්තේ)

❽ □ お茶（ちゃ） (चाय／চা/সবুজ চা／තේ)

▶どこかでお茶をしませんか。

(क्या आप कहीं चाय-वाय पीना पसंद करेंगे?／কোথাও চা পান করবেন কি?／කොහෙදිහරි තේ බොමුද?)

▶お茶をする：喫茶店（きっさてん）などで飲（の）み物（もの）を飲（の）んだり休（やす）んだりすること。

(お茶をする：यह कॉफ़ी शॉप पर पीने या आराम करने को कहते हैं।／চা পান করা: কফির বা চায়ের দোকান ইত্যাদিতে পান বা বিশ্রাম করা।／お茶をする：කෝපි හලකින් තේ බොන එක, විවේක ගන්න එක වගේ දේවල් කරන එක.)

▶お弁当（べんとう）とお茶を買（か）う

(कुछ खाने और पीने का ख़रीदूँगा।／দুপুরের খাবার এবং চা কেনা।／කෑමයි තේයි ගන්නවා.)

❾ □ 牛乳（ぎゅうにゅう） (गाय का दूध／গরুর দুধ／එළකිරි)

❿ □ ミルク (दूध／দুধ／කිරි)

▶コーヒーにミルクは入（い）れますか。

(क्या आप कॉफ़ी में दूध डालते हैं?／কফিতে দুধ দিবেন কি?／කෝපි වලට කිරි දානවද?)

> ★牛乳のほか、コーヒーに入れるミルクも表す。
> (गाय के दूध के अलावा यह कॉफ़ी में डालने वाले दूध का भी प्रतिनिधित्व है।／গরুর দুধ ছাড়াও, কফিতে দেওয়া দুধকেও বোঝায় (→উদাহরণ)।／එළකිරි වලට අමතරව, කෝපි වලට දාන කිරි ගැනත් කියනවා.)

⓫ □ コーラ (कोला／কোক／කොකාකෝලා)

⓬ □ ジュース (रस／জুস／ජූස්)

⓭ □ 水（みず） (पानी／পানি/জল／වතුර)

▶すみません、お水をください。

(कृपया मुझे पानी दे दीजिए।／মাফ করবেন, আমাকে পানি দিন।／සමාවෙන්න,වතුර දෙන්න.)

2 時間
3 人・家族
4 食べる 飲む
5 家
6 服・くつ
7 乗り物 交通
8 街
9 建物
10 自然

⓮ □ **お湯** (गर्म पानी／গরম পানি／උණු වතුර)

▶今、お湯をわかしています。
いま
(मैं अभी पानी उबाल रहा हूँ।／এখন, পানি ফুটানো হচ্ছে।／දැන් වතුර උණු කරන ගමන් ඉන්නවා.)

⓯ □ **ビール** (बियर／বিয়ার／බියර්)

⓰ □ **酒** (शराब／মদ／මත්පැන්)
さけ

▶①今日は車で来たから、お酒は飲めません。
きょう　くるま　き　　　　　　　　の
②ビールとお酒、どっちのほうが好きですか。
す
(①मैं आज गाड़ी से आया हूँ, इसलिए शराब नहीं पी सकता।／আজ গাড়িতে করে এসেছি। তাই মদ খেতে পারব না।／
අද වාහනයෙන් ආව නිසා, බොන්නේ නැහැ.)
(②आपको बियर या वाइन में क्या पसंद है?／বিয়ার এবং জাপানী সাকে, কোনটি পছন্দ করেন?／බියරුයි සාකෙයි කෝකටද
කැමතිද ?)

⓱ □ **ワイン** (वाइन／ওয়াইন／වයින්)

▶赤ワイン、白ワイン (लाल वाइन, सफेद वाइन／লাল ওয়াইন, সাদা ওয়াইন／රතු වයින්, සුදු වයින්)
あか　　しろ

⓲ □ **アルコール** (शराब／অ্যালকোহল／ඇල්කොහොල්)

⓳ □ **ドリンク** (गैर-मादक पेय／ড্রিংক／ඩ්‍රින්ක්)

★主に、メニューで使われる。
(मुख्य रूप से मेन्यू में उपयोग किया जाता है।／প্রধানত মেনুতে ব্যবহৃত হয়।／
වැඩි වශයෙන් මෙනියු වල පාවිච්චි කරනවා.)

料理・味 (पकवान/स्वाद／ରান্না/স্বাদ／කෑම . රස)
りょうり　あじ

1 数字

2 時間

3 人・家族

4 食べる 飲む

5 家

6 服・くつ

7 乗り物 交通

8 街

9 建物

10 自然

---

❶ ☐ 砂糖 (चीनी／চিনি／සීනි)
　　さとう

---

❷ ☐ 塩 (नमक／লবণ／ලුණු)
　　しお

---

❸ ☐ こしょう (काली मिर्च／মরিচ／ගම්මිරිස්)

---

❹ ☐ しょう油 (सोया सॉस／সয়া সস／සොයිසෝස්)
　　　　ゆ

▶それは、しょう油をかけて食べてください。
　　　　　　　　　　　　　　　た

(यह सोया सॉस के साथ खाइए।／সেটি, সয়া সস লাগিয়ে খান।／ඕකට, සොයිසෝස් දාලා කන්න.)

---

❺ ☐ みそ (मीसो／মিসো／මිසෝ)

---

❻ ☐ バター (मक्खन／মাখন／බටර්)

▶パンにバターを塗ってあげましょうか。
　　　　　　　　ぬ

(डबल रोटी पर मक्खन लगाकर दूँ क्या?／রুটিতে কি মাখন লাগিয়ে দেব?／පාන් වලට බටර් ගාලා දෙන්නද?)

---

❼ ☐ ジャム (जाम／জ্যাম／ජෑම්)

❽ □ ソース (चटनी／সস／සෝස්)

▶〈食堂(しょくどう)で〉そっちがしょうゆで、こっちがソースです。

(<कैफ़ेटेरिया में> यह सोया सॉस है और यहाँ पर यह सॉस है।／<ক্যাফেটেরিয়াতে> সেটি হল সয়া সস এবং এটি হল সস।／(ආපනශාලාවේදී) ගොඩක් වෙලාවට තියලා තියෙනවා)

▶トマトソースのスパゲティが食(た)べたい。

(मैं टमाटर सॉस का स्पघेटी खाना चाहता हूँ।／টমেটো সসের স্প্যাগেটি খেতে চাই।／තක්කාලි සෝස් ස්පැගටි කන්න ඕනේ.)

> ★日本のレストランでは、しょう油とソース（ウスターソース）が置かれることが多い。
> (जापानी रेस्तराँ में अक्सर सोया सॉस और सॉस (वॉर्सेस्टर सॉस) रखे जाते हैं।／জাপানি রেস্তোরাঁয়, সয়া সস এবং সস（ওরচেস্টারশায়ার সস）প্রায়ই রাখা হয়।／ජපානයේ අවන්හල්වල, සොයිසෝස් සහ සෝස් (ඔයිස්ටර් සෝස්) ගොඩක් වෙලාවට තියලා තියෙනවා.)

❾ □ 油(あぶら) (तेल／তেল／තෙල්)

❿ □ ケチャップ (केचप／কেচাপ／කෙචප්)

⓫ □ マヨネーズ (मेयोनेज़／মেয়নেজ／මයෝනෙස්)

⓬ □ 味(あじ) (स्वाद／স্বাদ／රස)

▶それはどんな味ですか。

(इसका किस तरह का स्वाद है?／এটির স্বাদ কেমন?／ඕකේ රස මොකක්ද?)

⓭ □ 甘(あま)い (मीठा／মিষ্টি／පැණි රසයි)

⓮ □ 辛(から)い (तेज़／ঝাল／සැරයි)

⓯ □ すっぱい (खट्टा／টক／ඇඹුල්)

⑯ □ 塩辛い（しおから） (नमकीन／লবণাক্ত/নোনতা／ලුණු රසයි)

⑰ □ 苦い（にが） (कड़वा／তিতা／තිත්තයි)

▶その薬（くすり）はそんなに苦くないよ。

(वह दवा उतनी कड़वी नहीं है।／ঔষধটি তেমন তিতা নয়।／ඔය බෙහෙත් එච්චර තිත්ත නැහැ.)

⑱ □ 濃い（こ） (मसालेदार／কড়া／වැඩියි)

▶それは、ちょっと味が濃いかもしれない。

(इसका स्वाद थोड़ा ज़्यादा मसालेदार हो सकता है।／সেটির স্বাদ একটু কড়া হতে পারে।／එක, ටිකක් රස වැඩිද දන්නේ නැහැ.)

⑲ □ 薄い（うす） (फीका／পাতলা／අඩුයි)

▶薄かったら、しょう油（ゆ）を足（た）して。

(यदि यह फीका लगे, तो सोया सॉस लगाएँ।／পাতলা হলে, সয়া সস যোগ করুন।／රස අඩු වුණොත් සෝයි සෝස් දන්න.)

⑳ □ 香り（かお） (ख़ुशबू／ঘ্রাণ／සුවඳ)

▶このバターの香りが好（す）きなんです。

(मुझे इस मक्खन की ख़ुशबू पसंद है।／এই মাখনের ঘ্রাণ পছন্দ করি।／මේ බටර් එකේ සුවඳට ආසයි.)

㉑ □ におい (गंध/बू／গন্ধ／සුවඳ)

▶カレーのにおいがする。となりの家（いえ）かなあ。

(करी की ख़ुशबू आ रही है। पड़ोस वाला घर है शायद।／তরকারির গন্ধ পাচ্ছি। হয়তোবা পাশের বাড়ির।／කරි වල සුවඳ එනවා. අල්ලපු ගෙදර වගේ.)

㉒ □ おいしい (स्वादिष्ट／সুস্বাদু／රසයි)

㉓ □ まずい (बुरा/ख़राब／সুস্বাদু নয়／රස නැහැ)

▶この店（みせ）はやめたほうがいい。まずいから。

(अच्छा होगा अगर यहाँ आना बंद करें। यह अच्छी नहीं है।／এই দোকানটি এড়িয়ে চলা ভালো। সুস্বাদু নয়।／මේ කඩේට නොයන එක හොඳයි)

1 数字
2 時間
3 人・家族
4 食べる 飲む
5 家
6 服・くつ
8 街
9 建物
10 自然

㉔ □ 料理(する) (पकाना／রান্না (করা)／උයනවා)
りょうり

▶彼女は料理が得意です。
かのじょ　とくい
(वह खाना बहुत अच्छा बनाती है।／মেয়েটি রান্নায় দক্ষ (ভালো)।／එයා උයන්න දක්ෂයි.)

㉕ □ 焼く (भूनना／সেকা/ঝলসানো／පුච්චනවා)
や

㉖ □ 揚げる (तलना／ভাজা／බදිනවා)
あ

㉗ □ ゆでる (उबालना／সিদ্ধ করা／තම්බනවා)

㉘ □ 冷やす (ठंडा करना／ঠাণ্ডা করা／සීතල කරනවා)
ひ

㉙ □ 冷凍(する) (जमाना／হিমায়িত (করা)／ශීත කරනවා)
れいとう

㉚ □ フライパン (तलने की कड़ाही／ফ্রাইং প্যান／ෆ්‍රයි පෑන් එක)

㉛ □ なべ (बर्तन／পাত্র/হাড়ি／හට්ටිය)

㉜ □ 包丁 (चाकू／ছুরি／පිහිය)
ほうちょう

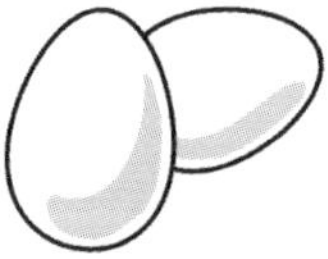

たまご

ハム

12 ④ 食事(しょくじ) (खाना／খাবার/খাওয়া／කෑම)

1 数字
2 時間
3 人・家族
4 食べる 飲む
5 家
6 服・くつ
7 乗り物 交通
8 街
9 建物
10 自然

❶ □ ご飯(はん) (पके हुए चावल／ভাত／බත්)

▶これからご飯ですか。

(अब खाने का वक्त है क्या?／এখন ভাত খাবেন কি?／දැන් බත් කන්න පුලුවන්ද?)

❷ □ 食事 (खाना／খাবার／කෑම)

▶食事の前(まえ)に手(て)を洗(あら)いましょう。

(खाने के पहले अपना हाथ धो लें।／খাওয়ার আগে হাত ধুয়ে নিন।／කෑමට කලින් අත් හෝදමු.)

❸ □ 朝(あさ)ご飯(はん) (नाश्ता／সকালের নাস্তা／උදේ කෑම)

❹ □ 昼(ひる)ご飯(はん) (लंच का खाना／দুপুরের খাবার／දවල් කෑම)

❺ □ 同 お昼／お昼ご飯 (लंच का खाना／দুপুরের খাবার／දවල් කෑම)

❻ □ ランチ (लंच／লাঞ্চ／ලන්ච්)

▶ホテルでランチをするのもいいですね。

(दोपहर का खाना होटल में करने से भी ठीक है, न?／হোটেলে লাঞ্চ খেলে ভালো হয়।／හොටෙල් එකෙන් ලන්ච් ගන්න එකත් හොඳයිනේ.)

★特に、店で食べる場合に使う。
(ख़ासकर जब दुकान पर खाना खाया जाए तब इस्तेमाल होता है।／বিশেষ করে রেস্তোরাঁয় খাওয়ার সময় ব্যবহার করা হয়।／විශේෂයෙන්ම,කඩෙන් කෑම කන කොට පාවිච්චි කරනවා.)

❼ □ ランチタイム (लंच टाइम／লাঞ্চের সময়／ලන්ච් ටයිම්)

▶ランチタイムは、きっと混(こ)みますよ。

(दोपहर के भोजन के समय पक्का भीड़ होगी।／লাঞ্চের সময়, নিশ্চিতভাবে ভিড় হবে।／ලන්ච් ටයිම් එකනම්,සෙනග ඉන්නවා.)

❽ □ 晩(ばん)ご飯(はん) (रात का खाना／রাতের খাবার／රෑ කෑම)

❾ □ 夕食（ゆうしょく） (रात का खाना／রাতের খাবার／රෑ කෑම)

❿ □ 夕飯（ゆうはん） (रात का खाना／রাতের খাবার／රෑ කෑම)

▶きょうの夕飯は何（なに）がいい？

(आज रात खाने में क्या ठीक रहेगा।／আজ রাতের খাবারে কি খেতে চান?／අද රෑ කෑමට හොඳ මොනවද?)

⓫ □ 和食（わしょく） (जापानी खाना／জাপানি খাবার／ජපන් කෑම)

⓬ □ 洋食（ようしょく） (पश्चिमी खाना／পশ্চিমা খাবার／යුරෝපීය කෑම)

⓭ □ 中華（ちゅうか）／中華料理（ちゅうかりょうり） (चीनी व्यंजन／চাইনিজ খাবার／චයිනීස්)

▶お昼（ひる）は中華にしませんか。

(क्या आप दोपहर के खाने में चीनी खाना पसंद करेंगे?／দুপুরের খাবারে কি চাইনিজ খাবার খেতে চান?／දවල් කෑමට චයිනීස් කමුද?)

⓮ □ イタリアン (इटालियन खाना／ইতালীয় খাবার／ඉතාලියන්)

▶きのう、中華だったから、きょうはイタリアンがいい。

(कल चीनी खाना था इसलिए आज मैं इटालीयन पसंद करूँगा।／গতকাল চাইনিজ খাবার খেয়েছি বিধায়, আজকে ইতালীয় খাবার খেতে চাই।／ඊයේ,චයිනීස් නිසා,අද ඉතාලියන් කමු.)

▶駅（えき）ビルのイタリアンに行（い）きませんか。

(क्या आप स्टेशन की बिल्डिंग में इटालीयन खाना खाने जाना चाहेंगे?／স্টেশন ভবনের ইতালীয় খাবারের রেস্তোরাঁয় যেতে চান কি?／ස්ටේෂන් බිල්ඩින් එකේ ඉතාලියන් එකට යමුද?)

⓯ □ メニュー (मेन्यू／মেন্যু (খাদ্যের তালিকা)／මෙනියු එක)

▶すみません。メニューを見（み）せてください。

(क्षमा कीजिए, ज़रा मुझे मेनू दिखाइए।／মাফ করবেন। মেন্যু দেখান।／සමාවෙන්න,මෙනියු එක පෙන්නනවද?)

1 数字

2 時間

3 人・家族

4 食べる 飲む

5 家

6 服・くつ

7 乗り物 交通

8 街

9 建物

10 自然

⑯ ☐ **おすすめ** （सिफारिश／মুখরোচক খাবার／යෝජනා／රෙකමන්ඩ් කරනවා／හොඳයි කියලා හිතනවා）

▶どれがおすすめですか。

（आप किसकी सिफारिश करेंगे／মুখরোচক খাবার (কোনটি)／කෝකද හොඳයි කියලා හිතන්නේ?）

⑰ ☐ **デザート** （मिठाई／ডেজার্ট／ඩෙසර්ට්, අතුරුපස）

▶デザートはどうする？　つける？
—うん、つけよう。

（डेसर्ट के बारे में क्या? लगाओ? —हाँ, चलो इसे डालते हैं।／ডেজার্ট কেমন? খাওয়া যায় কি? —হ্যা, খাওয়া যাক।／ඩෙසර්ට් මොකද කරන්නේ? ගන්නවද? —ඔව්, ගමු）

⑱ ☐ **定食** （थाली／সেট খাবার／සෙට් මෙනියු）
ていしょく

▶ハンバーグ定食

（हैम्बर्ग स्टेक थाली／হ্যামবার্গারের সেট খাবার／හැම්බර්ග් මෙනියු එක.）

⑲ ☐ **おかわり** （सेकंड／আরো খাবার খাওয়া／ආපහු බෙදාගන්නවා）

▶おかわりはどうですか。
—はい、お願いします。
　　　　　　ねが

（आप और लीजिए? —जी, मैं जरूर चाहूँगा।／আরো খাবার খেতে চান কি? —হ্যাঁ, দয়া করে আরো দিন।／ආපහු බෙදාගන්නවද? —ඔව්,දෙන්න.）

⑳ ☐ **弁当** （दिन का खाना／লাঞ্চ বক্স／කෑම පැකට්）　　　　**話**お弁当
べんとう

▶毎朝、お弁当を作っているんですか。
まいあさ　　　　　　つく

（क्या आप हर सुबह दोपहर का खाना बनाते हैं?／প্রতিদিন সকালে কি লাঞ্চ তৈরি করেন?／හැමදම උදේට කෑම පැකට් හදනවද?）

▶駅のホームでも、お弁当を売ってますよ。
えき

（हम स्टेशन के प्लैटफ़ॉर्म पर भी लंच बॉक्स बेचते हैं／স্টেশনের প্ল্যাটফর্মেও লাঞ্চ বক্স বিক্রি করা হয়।／ස්ටේෂන් එකේ කඩවෙල් කෑම පැකට් විකුණනවා.）

㉑ ☐ **会計** （लेखांकन／অর্থ প্রদান করা／බිල）
かいけい

▶会計はもう済みましたか。
　　　　　す

（क्या आपने अकाउंटिंग समाप्त कर ली है?／অর্থ প্রদান করা হয়েছে কি?／බිල ගෙවලා ඉවරද?）

㉒ □ おやつ (नाश्ता／হালকা খাবার／ස්නැක්)

▶おやつをたくさん食(た)べると、晩(ばん)ご飯(はん)が食べられなくなるよ。

(यदि आप बहुत सारे स्नैक्स खाएँ तो रात का खाना नहीं खा पाएँगे, भई।／অনেক বেশি হালকা খাবার খেলে, রাতের খাবার খেতে পারবেন না।／ස්නැක් ගොඩක් කනකොට, රෑ කෑම කන්න බැරිවෙනවා.)

㉓ □ 食器(しょっき) (बर्तन／থালাবাসন／පිඟන් ,කෝප්ප / මේස භාණ්ඩ)

㉔ □ はし (चॉपस्टिक्स／চপস্টিক／චොප්ස්ටික්ස්) 話おはし

㉕ □ 茶(ちゃ)わん (कप／বাটি／පිරිසි කෝප්පය)

㉖ □ 皿(さら) (प्लेट／থালা／පිඟාන) 話お皿

㉗ □ フォーク (काँटा／ফর্ক／ගෑරුප්පුව)

㉘ □ ナイフ (छुरी／ছুরি／පිහිය)

㉙ □ スプーン (चम्मच／চামচ／හැන්ද)

㉚ □ グラス (गिलास／গ্লাস／වීදුරුව)

▶ワインをグラスで２杯(はい)飲(の)んだだけです。

(मैंने सिर्फ़ दो गिलास वाइन पी है।／শুধু ২ গ্লাস ওয়াইন পান করেছি((খেয়েছি)।／වයින් වීදුරු 2ක් විතරයි බිව්වේ.)

1 数字

2 時間

3 人・家族

4 飲む 食べる

5 家

6 服・くつ

7 乗り物 交通

8 街

9 建物

10 自然

㉛ □ コップ (कप／কাপ／කෝප්පය)

▶ **このコップに水を入れてきてください。**
みず い
(इस कप में कृपया पानी डालकर आइएगा।／এই কাপটিতে পানি দিন।／මේ කෝප්පයට වතුර දාන්න.)

▶ **紙コップ** (कागज़ का कप／কাগজের কাপ／කඩදාසි කෝප්ප)
かみ

㉜ □ ストロー (स्ट्रॉ／স্ট্র／බට)

㉝ □ ナプキン (नैपकिन／ন্যাপকিন／නැප්කින්)

▶ **紙ナプキン** (कागज का नैपकिन／কাগজের ন্যাপকিন／කඩදාසි නැප්කින්)
かみ

ナイフ　　　　　フォーク

スプーン　　　　グラス

家
いえ (घर／বাড়ি/গৃহ／නිවාස)

---

❶ ☐ **家** (घर／বাড়ি/গৃহ／ගෙදර)

▶①いつか広い家に住みたい。
▶②家に電話しなければなりません。
　（① मैं किसी दिन एक बड़े घर में रहना चाहता हूँ।／কোনো এক দিন বড় বাড়িতে বসবাস করতে চাই।／කවදාහරි ලොකු ගෙදරක ජීවත් වෙන්න ඕනේ.）
　（② घर पर फ़ोन करना ज़रूरी है।／বাড়িতে ফোন করতে হবে।／ගෙදරට කතා කරන්න ඕනේ.）

---

❷ ☐ **部屋** (कमरा／রুম/ঘর／කාමරය)
　へ や

---

❸ ☐ **トイレ** (शौचालय／টয়লেট／ටොයිලට් එක)

❹ ☐ 同**お手洗い** (शौचालय／টয়লেট／ටොයිලට් එක)
　　　て あら

---

❺ ☐ **風呂** (नहाने का टब／গোসলখানা／නාන කාමරය)　　　　　　　**話お風呂**
　　ふ ろ

▶お風呂が付いている部屋がいいです。
　（मुझे नहाने के टब के साथ वाला कमरा चाहिए।／গোসলখানা সহ রুম হলে ভালো হয়।／නාන කාමරයක් තියෙන කාමරයක් හොඳයි.）

▶わたしはいつも、夕飯のあとにお風呂に入ります。
　　　　　　　　　　ゆうはん　　　　　　へ や
　（मैं हमेशा रात के खाने के बाद नहाता हूँ।／আমি সবসময়, রাতের খাবারের পর (গোসল করি।／මම සාමාන්‍යයෙන්, රෑ කෑමට පස්සේ නානවා.）

---

❻ ☐ **台所** (रसोईघर／রান্নাঘর／කුස්සිය)
　　だいどころ

❼ ☐ 同**キッチン** (रसोईघर／রান্নাঘর／කුස්සිය)

---

❽ ☐ **洗面所** (वॉश बेसिन／ওয়াশরুম／නාන කාමරය)
　　せんめんじょ

❾ □ **玄関**（げんかん） (प्रवेश द्वार／বাড়ির গেট／ඇතුල් වෙන තැන)

❿ □ **門**（もん） (द्वार/गेट／প্রবেশদ্বার／ගේට්ටුව)

⓫ □ **居間**（いま） (बैठक कक्ष／বসার ঘর／සාලය)

⓬ □ 同 **リビング** (बैठक कक्ष／বসার ঘর／සාලය)

⓭ □ **ベランダ** (बरामदा／বারান্দা／බැල්කනිය)

⓮ □ **庭**（にわ） (बग़ीचा／বাগান／වත්ත)

⓯ □ **ドア** (दरवाज़ा／দরজা／දොර)

▶ドアを開（あ）ける、ドアを閉（し）める

(दरवाज़ा खोलें, दरवाज़ा बंद करें।／দরজা খোলা, দরজা বন্ধ করা／දොර අරිනවා. දොර වහනවා.)

⓰ □ **窓**（まど） (खिड़की／জানালা／ජනේලය)

⓱ □ **天井**（てんじょう） (छत／ঘরের ছাদের ভিতরের দিক／සිවිලිම)

⓲ □ **床**（ゆか） (फ़र्श／মেঝে／බිම)

▶床がすべりやすいので、気（き）をつけてください。

(कृपया सावधान रहें क्योंकि फ़र्श पर फिसलन है।／মেঝে পিচ্ছিল জন্য সতর্ক থাকবেন।／බිම ලිස්සන්න පුළුවන් නිසා,පරිස්සමෙන්.)

⓳ □ **壁**（かべ） (दीवार／দেয়াল／බිත්තිය)

⓴ □ **屋根**（やね） (छत／ছাদ／වහල)

2 時間
3 人・家族
4 食べる 飲む
5 家
6 服・くつ
7 乗り物 交通
8 街
9 建物
10 自然

㉑ □ 家具 (फ़र्नीचर／আসবাবপত্র／ගෘහ භාණ්ඩ)
か ぐ

㉒ □ 机 (मेज़／ডেস্ক／මේසය)
つくえ

▶では、テストを始めます。机の上には何も置かないでください。
はじ　　　　　　　　　うえ　　なに　お

(परीक्षा शुरू करते हैं। मेज़ पर कुछ भी मत रखो।／তাহলে টেস্ট শুরু করা যাক। ডেস্কের উপর কিছু রাখবেন না।
／එහෙනම්,ටෙස්ට් එක පටන් ගන්නවා. මේසය උඩ මොකුත් තියන්න එපා.)

> ★一つのいすとセットになっている場合に、「つくえ」を使うことが多い。
>
> ("त्सुकुए" का प्रयोग तब किया जाता है जब मेज़ के साथ एक कुर्सी भी शामिल होती है।／একটি চেয়ারের সেটের ক্ষেত্রে প্রায়ই 「つくえ」 ব্যবহৃত হয়।／පුටුවක් සමග මේසයක් තිබෙන අවස්ථාවේදී, <つくえ> යන්න භාවිතා කරයි.)

㉓ □ いす (कुर्सी／চেয়ার／පුටුව)

㉔ □ 棚 (दराज़／তাক／රාක්කය)
たな

▶これをあそこの棚に置いてください。
お

(कृपया इसे उस दराज़ में रखिए।／এটা ওই তাকে রাখুন।／මේක අතන රාක්කයෙන් තියන්න.)

▶**本棚** (किताबों की अलमारी／বইয়ের তাক／පොත් රාක්කය)
ほんだな

㉕ □ テーブル (मेज़／টেবিল／ටේබල් එක)

▶あそこの丸いテーブルを使いましょう。
まる　　　　　　つか

(उस गोल टेबल का उपयोग करते हैं।／ওখানকার গোল টেবিল ব্যবহার করা যাক।／අතන රවුම් ටේබල් එක පාවිච්චි කරමු.)

㉖ □ ソファー (सोफ़ा／সোফা／සෝෆා එක)

㉗ □ ベッド (बिस्तर／বিছানা／ඇඳ)

㉘ □ **家電**（かでん） (घरेलू उपकरण／গৃহস্থালী যন্ত্রপাতি／විදුලි උපකරණ)

▶家電を買（か）うときは、どこに行（い）きますか。

(घरेलू उपकरण ख़रीदते समय आप कहाँ जाते हैं?／গৃহস্থালী যন্ত্রপাতি কেনার সময়, কোথায় যান?／විදුලි උපකරණ ගන්නකොට, කොහෙද යන්නේ?)

★家庭電気製品などを短くした言い方。
(घर के विद्युत उत्पादों को छोटा करके बोलने का तरीक़ा।／গৃহস্থালী যন্ত্রপাতি ইত্যাদিকে সংক্ষিপ্ত আকারে বলার পদ্ধতি।／ගෘහ විදුලි උපකරණ කෙටියෙන් කියන විදිහ.)

㉙ □ **エアコン** (एयर कंडीशनर／এয়ার কন্ডিশনার／ඒසී එක)

㉚ □ **クーラー** (कूलर／কুলার／කූලර් එක)

㉛ □ **空調**（くうちょう） (एयर कंडीशनिंग／শীতাতপনিয়ন্ত্রণ／වායු සමීකරණය)

★「エアコン」が最も一般的。「クーラー」は少し古い言い方。「空調」はビル全体や大きな部屋などについて使われる。
(“エアコン” सबसे आम शब्द है। “クーラー” थोड़ा पुराना है। “空調” का उपयोग पूरे भवन और बड़े कमरों के लिए किया जाता है।／সাধারণত “এয়ার কন্ডিশনার” বলা হয়। “কুলার” একটু পুরানো শব্দ। “শীতাতপনিয়ন্ত্রণ” সম্পূর্ণ ভবন এবং বড় কক্ষ ইত্যাদির জন্য ব্যবহার করা হয়।／වර්තමානයේ බහුලව භාවිතා කරන්නේ (ඒ.සී ඒසී) වන අතර කූලර් භාවිතය පරණ ක්‍රමයකි. විශාල ගොඩනැගිලි සහ විශාල බිකාමර වල වායුසමීකරණ භාවිතා කරයි.)

㉜ □ **冷房**（れいぼう） (कूलर／কুলার／කූලර් එක)

㉝ □ **暖房**（だんぼう） (हीटर／হিটার／හීටර් එක)

㉞ □ **ストーブ** (चूल्हा／চুলা／ගෑස් ලිප)

㉟ □ **テレビ** (टीवी／টিভি সেট／රූපවාහිනිය)

㊱ □ **ラジオ** (रेडियो／রেডিও／රේඩියෝ)

1 数字
2 時間
3 人・家族
4 食べる 飲む
5 家
6 服・くつ
8 街
9 建物
10 自然

㊲ □ ビデオ （वीडियो／ভিডিও／වීඩියෝ）

▶①写真（しゃしん）だけじゃなく、ビデオもありますよ。見（み）ますか。

（① केवल तस्वीरें ही नहीं, बल्कि वीडियो भी हैं। क्या आप देखेंगे?／শুধুমাত্র ছবি নয়, ভিডিও আছে। দেখবেন কি?／ෆොටෝ විතරක් නෙමෙයි , වීඩියොත් තියෙනවා , බලනවද?）

▶②結婚式（けっこんしき）の様子（ようす）は、ビデオにとりました。

（② शादी की वीडियो ली गई थी।／বিয়ের অনুষ্ঠানের দৃশ্য, ভিডিওতে ধারণ করা হয়েছে।／විවාහ උත්සවය වීඩියෝ කෙරුවා.）

▶③テレビと一緒（いっしょ）に、ビデオも買（か）いました。

（③ मैंने टीवी के साथ एक वीडियो प्लेयर भी ख़रीदा।／টিভির সাথে, ভিডিও কিনেছি।／T V එකත් එක්ක වීඩියෝ එකකුත් ගත්තා.）

㊳ □ リモコン （रिमोट／রিমোট কন্ট্রোলার／රිමෝට් එක）

㊴ □ 冷蔵庫（れいぞうこ） （फ्रिज／রেফ্রিজারেটর／ශීතකරණය）

㊵ □ 洗濯機（せんたくき） （वॉशिंग मशीन／ওয়াশিং মেশিন／රෙදි සෝදන යන්ත්‍රය）

㊶ □ 掃除機（そうじき） （वैक्यूम क्लीनर／ভ্যাকুয়াম ক্লিনার／වැක්යුම් ක්ලිනර් එක）

㊷ □ ポット （केतली／पात्र/पॉट／මුට්ටිය）

㊸ □ ドライヤー （हेयर ड्रायर／হেয়ার ড্রায়ার／ඩ්‍රයි එක）

㊹ □ ふとん （रज़ाई और गद्दा／তোশক／මෙට්ට）　漢 布団

㊺ □ カーテン （परदा／পর্দা／ජනෙල් රෙදි）

1 数字

2 時間

3 人・家族

4 食べる 飲む

5 家

6 服・くつ

7 乗り物 交通

8 街

9 建物

10 自然

㊻ □ スリッパ (चप्पल／স্লিপার／ සෙරෙප්පු)

㊼ □ カレンダー (कैलंडर／ক্যালেন্ডার／දින දර්ශනය)

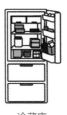

冷蔵庫
れいぞうこ

掃除機
そうじき

リモコン

テレビ

机／いす
つくえ

棚
たな

カーテン

ふとん

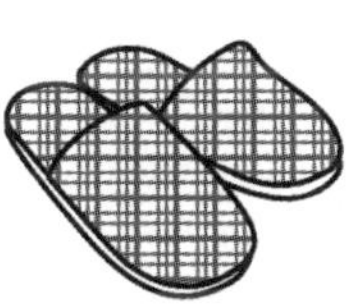

スリッパ

ポット

14

UNIT 6 服・くつ(ふく) (कपड़ा/जूता／পোশাক/জুতা／ඇඳුම්, සපත්තු)

❶ □ 服 (कपड़ा／পোশাক／ඇඳුම්)

▶あしたは、どんな服を着(き)て行(い)きますか。

(कल आप किस तरह के कपड़े पहनकर जाएँगे?／আগামীকাল, আপনি কোন ধরনের পোশাক পরে যাবেন?／හෙට, මොන වගේ ඇඳුමක් ඇඳගෙන යනවාද?)

「**〜を着る**」の例；
{服・着物・シャツ・スーツ・コート}を着る

❷ □ 洋服(ようふく) (पश्चिमी कपड़ा／পশ্চিমা পোশাক／යුරෝපීය ඇඳුම්)

▶結婚式(けっこんしき)には、着物(きもの)じゃなく、洋服で行(い)こうと思(おも)っています。

(शादी पर मैं किमोनो की बजाए विदेशी कपड़ों में जाने की सोच रहा हूँ।／বিয়ের অনুষ্ঠানে, কিমোনো নয় পশ্চিমা পোশাক পোশাক পরে যাওয়ার কথা ভাবছি।／විවාහ උත්සවයට,කිමෝනෝ නෙමෙයි,යුරෝපීය ඇඳුමක් අඳින්න හිතාගෙන ඉන්නවා.)

❸ □ 着物(きもの) (किमोनो／কিমোনো／කිමෝනෝ)

❹ □ シャツ (कमीज़／শার্ট／කමිසය)

❺ □ ワイシャツ (सफ़ेद कमीज़／সাদা শার্ট／සුදුකමිසය)

❻ □ ズボン (पैंट／প্যান্ট／කලිසම)

❼ □ スカート (स्कर्ट／স্কার্ট／සායය)

▶ときどき、スカートもはきます。

(कभी-कभी स्कर्ट भी पहनती हूँ।／মাঝে মাঝে স্কার্টও পরি।／ඉඳලා හිටලා සායත් අඳිනවා.)

「**〜をはく**」の例；
{ズボン・パンツ・ジーンズ・スカート・くつ・くつした・スリッパ}をはく

❽ □ パンツ (पैंट／প্যান্ট／පැන්ට)

▶①白(しろ)いパンツが似合(にあ)いますね。

(①सफ़ेद पैंट जचती है।／সাদা প্যান্ট আপনাকে মানায়।／සුදුපාට පැන්ට් එක ගැලපෙනවනේ.)

▶②パンツをはいたまま、温泉(おんせん)に入(はい)らないでください。

(②कृपया अपनी पैंट पहने ही ओनसेन में न जाएँ।／প্যান্ট পরা অবস্থায় উষ্ণ প্রস্রবণে প্রবেশ করবেন না।／යට ඇඳුම් ඇඳගෙනම, ඔන්සෙන් එකට බහින්න එපා.)

❾ □ Tシャツ (टी-शर्ट／টি-শার্ট／ටී ෂර්ට)

❿ □ セーター (स्वेटर／সোয়েটার／ස්වීටර්)

⓫ □ コート (कोट／কোট／කබාය, කෝට්)

▶寒(さむ)いから、コートを着(き)たほうがいい。

(ठंड है, इसलिए कोट पहनना अच्छा होगा।／ঠান্ডা বিধায় কোট পরলে ভাল হয়।／සීතල නිසා,කෝට් එකක් අඳිනවා නම් හොඳයි.)

⓬ □ 上着(うわぎ) (जैकेट／জ্যাকেট／කබාය)

▶暑(あつ)くなったから、上着を脱(ぬ)いだ。

(गर्मी हो गई तो मैंने कोट/जैकेट उतार दिया।／গরম পড়ায় জ্যাকেট খুলে ফেলেছি।／රස්නේ නිসා කබාය ගැලෙව්වා.)

> ★上に着るもので、服の種類は決まっていない。
> (यह ऊपर पहने वाला कपड़ा है, इसलिए कौन-से प्रकार का है, यह तय नहीं किया जा सकता।／উপরে পরার বস্তু বিধায়, পোশাকের ধরন নির্ধারণ করা হয় না।／උඩින් අඳින ඇඳුම නිසා, ඇඳුම් වර්ගය ගැන කියන්න අමාරුයි.)

⓭ □ スーツ (सूट／স্যুট／ฐුල් සූට)

▶あしたは面接(めんせつ)だから、スーツを着(き)て行(い)きます。

(कल इंटर्व्यू है, इसलिए सूट पहनकर जाऊँगा।／আগামীকাল সাক্ষাৎকার আছে বিধায়, স্যুট পরে যাব।／හෙට සම්මුඛ පරීක්ෂණය තියෙන නිසා,ෆුල්සූට් එක ඇඳගෙන යනවා.)

2 時間
3 人・家族
4 食べる飲む
5 家
6 服・くつ
7 乗り物交通
8 街
9 建物
10 自然

⓮ ☐ **ネクタイ** (टाई／টাই／ටයි එක)

▶赤いネクタイをしているのが、森さんです。
　あか　　　　　　　　　　　　もり
（लाल टाई पहनेवाले मोरी जी हैं।／লাল টাই পরা ব্যক্তিটি হলেন মরি-সান।／රතුපාට ටයි එක දාගෙන ඉන්නේ මොරි..)

⓯ ☐ **くつ** (जूता／জুতা／සපත්තු)

⓰ ☐ **サンダル** (चप्पल/सैंडल／স্যান্ডেল／සෙරෙප්පු)

⓱ ☐ **下着** (अंडरवियर／অন্তর্বাস／යට ඇඳුම්)
　　したぎ

⓲ ☐ **くつ下** (मोज़े／মোজা／මේස්)　　　　　　　　　　同ソックス
　　　した

⓳ ☐ **ジーンズ** (जींस／জিন্স／ජීන්)

▶マリアさんは、ジーンズが似合いますね。
　　　　　　　　　　　　　　　　に　あ
（मारिया पर जींस बहुत जचती है, ना।／মারিয়া-সানকে জিন্স ভালো মানায়।／මරියාට,ජීන්ස් ගැලපෙනවනේ.)

⓴ ☐ **スニーカー** (स्नीकर्स／স্নিকার／ස්නිකස්)

▶休みの日は、いつもスニーカーです。
　やす　ひ
（छुट्टियों के दिन पर हमेशा सनिकर्स पहनता हूँ।／ছুটির দিনে, সবসময় স্নিকার্স পরি।／නිවාඩු දවසට, නිතරම ස්නිකර් දානවා.)

㉑ ☐ **帽子** (टोपी／টুপি／තොප්පිය)
　　ぼうし

▶帽子をかぶっている人が、先生です。
　　　　　　　　　　ひと　せんせい
（टोपी पहनने वाला व्यक्ति शिक्षक है।／টুপি পরা ব্যক্তিটি হলেন শিক্ষক।／තොප්පිය දාල ඉන්න කෙනා, ගුරුවරයා.)

㉒ ☐ **マフラー** (मफ़लर／গলায় জড়ানোর স্কার্ফ／මෆ්ලර්)

▶このマフラーは、自分で編みました。
　　　　　　　　じぶん　あ
（यह मफ़लर मैंने खुद बुना है।／আমি নিজেই এই স্কার্ফ বুনেছি।／මේ මෆ්ලර් එක, තනියම ගෙතුවා.)

㉓ □ **手袋** (दस्ताने／গ্লাভস／ග්ලවුස්)
てぶくろ

▶寒いから、手袋をしたほうがいいですよ。
さむ

(ठंड है, इसलिए दस्ताने पहनना अच्छा रहेगा।／ঠান্ডা বিধায়, গ্লাভস পরলে ভালো হয়।／සීතල නිසා ග්ලවුස් දාන එක හොඳයි.)

㉔ □ **眼鏡** (चश्मा／চশমা／කන්නාඩි දෙක)
め が ね

▶映画を見るとき、めがねをかけます。
えい が み

(फिल्म देखते समय मैं चश्मा पहनता हूँ।／সিনেমা দেখার সময় চশমা পরি।／ෆිල්ම් එකක් බලනකොට කන්නාඩිය දානවා.)

㉕ □ **サングラス** (धूप का चश्मा／সানগ্লাস／සන්ග්ලාස්)

㉖ □ **指輪** (अँगूठी／আংটি／මුද්ද)
ゆび わ

▶指輪をする、指輪をつける

(अँगूठी पहनना／আংটি পরা, আংটি লাগানো／මුද්ද දානවා. මුද්ද පළදිනවා.)

㉗ □ **ボタン** (बटन／বোতাম／බොත්තම)

㉘ □ **ポケット** (जेब／পকেট／සාක්කුව)

㉙ □ **サイズ** (आकार／সাইজ／සයිස් එක)

㉚ □ **M(サイズ)** (एम (साइज़)／M (সাইজ)／M සයිස්)

㉛ □ **S(サイズ)** (एस (साइज़)／S (সাইজ)／S සයිස්)

㉜ □ **L(サイズ)** (एल (साइज़)／এল (সাইজ)／L සයිස්)

1 数字

2 時間

3 人・家族

4 食べる 飲む

5 家

6 服・くつ

7 交通 乗り物

8 街

9 建物

10 自然

㉝ □ 着(き)る (पहनना／পরিধান করা／අඳිනවා)

㉞ □ はく (पहनना／পরা/পরিধান করা／දානවා)

▶たまにジーンズをはきます。

(मैं कभी-कभी जींस पहनता हूँ।／মাঝে মাঝে জিনস পরি।／ඉඳලා හිටලා කලිසමක් අඳිනවා.)

㉟ □ かぶる (पहनना／পরা/পরিধান করা／දානවා)

▶外(そと)は暑(あつ)いから帽子(ぼうし)をかぶったほうがいいですよ。

(बाहर बहुत गर्मी है, इसलिए टोपी पहनना ठीक रहेगा।／বাইরে গরম বিধায়, টুপি পরা উচিত।／එළිය රස්නෙයි නිසා තොප්පිය දාන එක හොඳයි.)

㊱ □ かける ((चश्मा) लगाना／পরা (চশমা)／දානවා)

▶めがねをかけないと見(み)えません。

(जब तक चश्मा न लगाऊँ, तब तक ठीक नहीं दिखता।／চশমা না পরলে দেখতে পারি না।／කන්නාඩිය දැම්මේ නැත්නම් පෙන්නේ නැහැ.)

㊲ □ 試着(しちゃく)(する) (पहनकर देखना／পরে দেখা／දාලා බලනවා)

▶これ、試着してもいいですか。

(क्या यह मैं भी पहन करके देख लूँ?／এটি পরে দেখতে পারি কি?／මේක දාල බැලුවට කමක්නැද්ද?)

㊳ □ 脱(ぬ)ぐ (उतारना／খুলে ফেলা／ගලවනවා)

▶ここでくつを脱いでください。

(यहाँ कृपया जूते उतारिए।／এখানে জুতা খুলুন।／මෙතන සපත්තු ගලවන්න.)

> 「**〜を脱ぐ**」の例；
> {服・くつ・ぼうし}
> を脱ぐ

㊴ □ する (करना／করা／දානවා)

▶きょうは、変(か)わったネクタイをしていますね。

(आज आपने एक अलग-सी टाई पहनी है!／আজ একটি অদ্ভুত টাই পরেছেন, তাই না?／අද,වෙනස් ටයි එකක් දාලනේ.)

> 「**〜をする**」の例；
> {ネクタイ・マフラー・
> 手ぶくろ・ゆびわ・
> ベルト} をする

㊵ □ とる (लेना／খুলে ফেলা／ගලවනවා)

▶お風呂(ふろ)に入(はい)るときは、めがねをとります。

(स्नान करते समय मैं चश्मा उतार देता हूँ।／গোসল করার সময় চশমা খুলে ফেলি।／නානකොට, කන්නාඩිය ගලවනවා.)

帽子(ぼうし)をかぶる

ズボンをはく

くつをはく

スニーカー

くつした

ポケット

指輪(ゆびわ)

セーター

シャツを着(き)る

コートを脱(ぬ)ぐ

パンツ

スカート

スーツ

ネクタイ

試着(しちゃく)／試着(を)する

めがねをかける

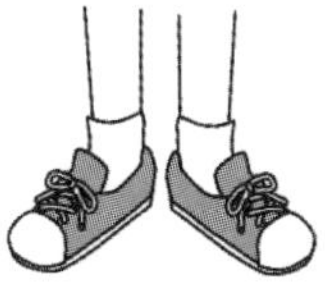

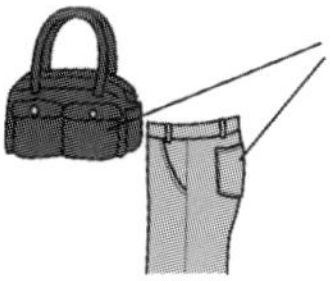

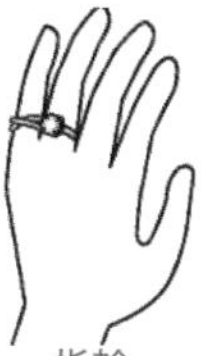

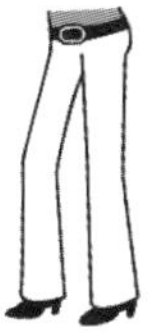

1 数字
2 時間
3 人・家族
4 食べる 飲む
5 家
6 服・くつ
7 乗り物 交通
8 街
9 建物
10 自然

15

UNIT 7

乗り物・交通 (वाहन／যানবাহন／වාහන/ගමනාගමනය)
の　もの　こうつう

❶ □ 交通 (ट्रैफ़िक／যাতায়ত/চলাচল／ගමනාගමනය)
こうつう

▶交通事故 (सड़कदुर्घटना／সড়ক দুর্ঘটনা／රථවාහන අනතුරු)
じこ

▶交通の便 (परिवहन सुविधा／পরিবহন সুবিধা／ප්‍රවාහනය)
べん

▶ここは交通の便がいいから、人気があります。
にんき

(यह जगह यहाँ लोकप्रिय है क्योंकि परिवहन सुविधा अच्छी है।／এই জায়গাটির পরিবহন ব্যবস্থা সুবিধাজনক হওয়ায়, জনপ্রিয়।／මෙතන ප්‍රවාහනය හොඳ නිසා,ජනප්‍රියයි.)

▶交通費 (परिवहनख़र्च／পরিবহণ ব্যয়/খরচ／ප්‍රවාහන වියදම්)
ひ

❷ □ 車 (गाड़ी／গাড়ি／වාහන)
くるま

▶車の免許は持っていますか。
めんきょ　も

(क्या आपके पास ड्राइविंग लाइसेंस है?／গাড়ির লাইসেন্স আছে কি?／වාහන බලපත්‍රය තියෙනවද?)

★会話では、「自動車」より「車」を使う。
(बातचीत में 「自動車」 के बजाय 「車」 का उपयोग करें।／কথোপকথনে, "মোটরগাড়ির" পরিবর্তে "গাড়ি" ব্যবহার করা হয়।／කතාකරනකොට,「自動車」 වැඩිය 「車」 පාවිච්චි කරනවා.)

❸ □ 同自動車 (कार／মোটরগাড়ি／වාහන)
じどうしゃ

▶来週、自動車工場を見学します。
らいしゅう　こうじょう　けんがく

(अगले हफ़्ते मैं एक कार फ़ैक्टरी का दौरा करूँगा।／পরের সপ্তাহে, গাড়ির কারখানা পরিদর্শন করব।／ලබන සතියේ වාහන කර්මාන්ත ශාලාවක් බලන්න යනවා.)

❹ □ タクシー (टैक्सी／ট্যাক্সি／ප්‍රොන්ටෝ)

▶フロントに電話して、タクシーを呼んでもらいましょう。
でんわ　よ

(फ़्रंट डेस्क को फ़ोन करके टैक्सी बुलवाते हैं।／সামনের ডেস্কে কল করে, ট্যাক্সি ডেকে আনতে পারেন কি?／පේජ්ප්‍රාන්ටෝ එකට කතා කරලා, ටැක්සියක් ගෙන්වගමු.)

❺ □ バス (बस／বাস／බස්)

❻ □ バス停 (बस स्टॉप／বাস স্টপেজ／බස් නැවතුම)
てい

▶観光バス (पर्यटन बस／ট্যুরিস্ট বাস／නැරඹුම් බස් රථ)
かんこう

❼ □ **電車**（でんしゃ） (रेलगाड़ी／রেলগাড়ি／කෝච්චිය)

❽ □ **地下鉄**（ちかてつ） (भूमिगत मार्ग ट्रेन／পাতাল রেল／උමං මාර්ගය)

❾ □ **新幹線**（しんかんせん） (बुलेट ट्रेन／বুলেট ট্রেন／අධිවේගී දුම්රිය)

❿ □ **飛行機**（ひこうき） (हवाई जहाज़／উড়োজাহাজ／ගුවන්යානය)

⓫ □ **船**（ふね） (पानी का जहाज़／জাহাজ／නැව)

⓬ □ **自転車**（じてんしゃ） (साइकिल／সাইকেল／සයිකලය)

⓭ □ **オートバイ** (मोटरसाइकिल／মোটর সাইকেল／මෝටර් සයිකලය)

⓮ □ 同バイク

⓯ □ **トラック** (ट्रक／ট্রাক／ට්‍රක් රථය)

⓰ □ **駅**（えき） (स्टेशन／স্টেশন／දුම්රියපළ)

⓱ □ **最寄りの**（もよ）* (सबसे नज़दीकी／নিকটতম／ළඟම)

▶最寄りの駅はどこですか。

(निकटतम स्टेशन कहाँ है?／নিকটতম স্টেশনটি কোথায়?／ළඟම දුම්රියපළ කොහෙද?)

⓲ □ **乗る**（の） (वाहन पर चढ़ना／চড়া／නගිනවා.)

▶いつも８時（じ）25分（ふん）の電車に乗ります。

(मैं हमेशा 8:25 की ट्रेन पर चढ़ता हूँ।／সবসময় 8 টা 25 মিনিটের ট্রেনে চড়ি।／නිතරම 8යි 25හේ දුම්රියට නගිනවා.)

⑲ □ 降りる (वाहन से उतरना／নামা／බහිනවා.)
お

▶お金は、バスを降りるときに払います。
かね　　　　　　　　　　　　はら

(बस से उतरने पर पैसे का भुगतान करें।／অর্থ, বাস থেকে নামার সময় পরিশোধ করা হয়।／සල්ලි බස් එකෙන් බහිනකොට
ගෙවනවා.)

⑳ □ 乗り換える (वाहन बदलना／যানবাহন (ট্রেন, বাস ইত্যাদি) বদল করা
の　　か　　　　　　　　　　　　　　／මාරුවෙනවා.)

▶次の駅で急行に乗り換えてください。
つぎ　えき　きゅうこう

(कृपया अगले स्टेशन पर एक्सप्रेस ट्रेन में बदलें।／পরবর্তী স্টেশনে দ্রুতগামী ট্রেনে বদল করুন।／ඊළඟ ස්ටේෂන් එකෙන්
සීඝ්‍රගාමී දුම්රියට මාරුවෙන්න.)

㉑ □ 乗り換え (वाहन बदलना／যানবাহন (ট্রেন, বাস ইত্যাদি) বদল／මාරුකරනවා)
の　　か

▶これだと、乗り換えなしで行けるので、便利です。
い　　　　　　　　　べんり

(यह सुविधाजनक है क्योंकि आप बिना वाहन बदले जा सकते हैं।／এটি দিয়ে ট্রেন বদল না করে যাওয়া যায় বিধায় সুবিধাজনক।
／මේකට තෑග්ගොත්, දුම්රිය මාරු කරන්නේ නැතුව යන්න පුළුවන් නිසා ලේසියි.)

㉒ □ 乗り場 (प्लैटफॉर्म/स्टॉप/स्टैंड／প্ল্যাটফর্ম／නැවතුම්පොළ)
の　ば

▶バス乗り場、新幹線乗り場
しんかんせん

(बस स्टॉप, शिनकानसेन प्लैटफॉर्म／বাসের প্ল্যাটফর্ম, শিনকানসেনের প্ল্যাটফর্ম／බස් නැවතුම්පොළ , දුම්රිය නැවතුම්පොළ)

㉓ □ ホーム (प्लैटफॉर्म／প্ল্যাটফর্ম／ප්ලැට්ෆෝම් එක)

▶駅のホームにも売店があります。
えき　　　　　　　ばいてん

(स्टेशन के प्लैटफॉर्म पर भी एक दुकान है।／স্টেশনের প্ল্যাটফর্মেও দোকান আছে।／ස්ටේෂන් එකේ ප්ලැට් ෆෝම් එකෙත් කඩ
තියෙනවා.)

㉔ □ ～番線 (～ प्लैटफॉर्म नंबर／~নং ప్ల్యాట్ఫర్మ్／වේදිකාව)
ばんせん

▶2番線の電車は、急行横浜行きです。
でんしゃ　　きゅうこうよこはまゆ

(प्लैटफॉर्म नंबर 2 की एक्सप्रेस ट्रेन योकोहामा के लिए है।／2 নং প্ল্যাটফর্মের ট্রেনটি হল, ইয়োকোহামাগামী দ্রুতগামী ট্রেন।／
දෙවන වේදිකාවේ දුම්රිය, යොකොහම බලා යන සීඝ්‍රගාමී දුම්රියයි.)

㉕ □ 切符（きっぷ） (টিকট／টিকেট／ප්‍රවේශපත්)

▶切符売り場（きっぷうりば） (टिकट खिड़की／টিকেট অফিস／ප්‍රවේශපත් කවුළුව)

㉖ □ チケット (টিকট／টিকেট／ටිකට්)

★「切符」…主に乗り物に使われる。
「チケット」…映画やイベント、乗り物では新幹線や飛行機などに使われる。
(「切符」... मुख्य रूप से वाहनों के लिए उपयोग किया जाता है। 「チケット」... फ़िल्मों या किसी आयोजन और शिनकानसेन और हवाई जहाज़ जैसे वाहनों के लिए उपयोग किया जाता है।／“কিপ্পু (টিকেট)”...প্রধানত যানবাহনের জন্য ব্যবহৃত হয়। “চিকেততো (টিকেট)”... সিনেমা বা ইভেন্ট এবং যানবাহনের ক্ষেত্রে শিনকানসেন বা বিমান ইত্যাদির জন্য ব্যবহার করা হয়।／「切符」 වැඩි වශයෙන් නගින තැනේදී පාවිච්චි කරනවා. 「チケット」 චිත්‍රපට,උත්සව,නගින තැනේදී අධිවේගී දුම්රිය,ගුවන්යානා වලදී පාවිච්චි කරනවා.)

㉗ □ 改札（かいさつ） (टिकट गेट／টিকেট গেট／ප්‍රවේශ පත්‍ර කවුළුව)

▶3時に駅（えき）の改札で会（あ）いましょう。

(3 बजे स्टेशन के टिकट गेट पर मिलते हैं।／3 টায় স্টেশনের টিকিট গেটে দেখা করা যাক ।／3ට ප්‍රවේශ පත්‍ර කවුළුව ළඟදී හම්බවෙමු.)

㉘ □ 急行（きゅうこう） (एक्सप्रेस ट्रेन／দ্রুতগামী ট্রেন／සීඝ්‍රගාමී)

㉙ □ 特急（とっきゅう） (सीमित एक्सप्रेस ट्रेन／সীমিত দ্রুতগামী ট্রেন／අධි සීඝ්‍රගාමී)

㉚ □ 快速（かいそく） (रैपिड ट्रेन／এক্সপ্রেস／වේගවත්)

▶この駅には快速は止（と）まりません。

(रैपिड ट्रेन इस स्टेशन पर नहीं रुकती।／এই স্টেশনে এক্সপ্রেস ট্রেন থামে না।／මේ දුම්රියපොළේ වේගවත් දුම්රිය නතර කරන්නේ නෑ.)

㉛ □ 各駅（かくえき）／各駅停車（かくえきていしゃ） (प्रत्येक स्टेशन/प्रत्येक स्टेशन पर रुकना／লোকাল ট্রেন／සාමාන්‍ය දුම්රිය නැවතුම්පොළ) 同 普通列車（ふつうれっしゃ）

▶各駅だと、1時間以上（じかんいじょう）かかります。

(प्रत्येक स्टेशन पर रुकती है इसलिए एक घंटे से अधिक समय लगता है।／লোকাল ট্রেন হলে এক ঘন্টার বেশি সময় লাগে।／සාමාන්‍ය නැවතුම නම්,පැයක් විතර යනවා.)

2 時間
3 人・家族
4 食べる 飲む
5 家
6 服・くつ
7 乗り物 交通
8 街
9 建物
10 自然

㉜ □ 席（せき） (सीट／আসন／ආසන)

▶指定席（していせき）、自由席（じゆうせき）

(आरक्षित सीटें, अनारक्षित सीटें／সংরক্ষিত আসন, অসংরক্ষিত আসন／වෙන්කළ ආසන, වෙන් නොකළ ආසන)

▶お金（かね）がないから、自由席で行（い）きます。

(मेरे पास पैसे नहीं हैं, इसलिए मैं अनारक्षित सीट पर जाऊँगा।／অর্থ নেই বিধায়, অসংরক্ষিত আসন দিয়ে যাবো।／සල්ලි නැතිනිසා, වෙන් නොකළ ආසනයක යනවා.)

㉝ □ 道（みち） (सड़क/रास्ता／পথ／පාර)

▶住所（じゅうしょ）はわかるけど、道がわかりません。

(मुझे पता मालूम है, लेकिन रास्ता नहीं।／ঠিকানা জানা থাকলেও, পথ সম্পর্কে জানি না।／ලිපිනය දන්නවා, ඒත් පාර දන්නේ නැහැ.)

▶道がせまくて、車（くるま）が通（とお）れないみたいですね。

(ऐसा लगता है कि सड़क सकरी है और कार निकल नहीं पाएगी।／পথটি সরু হওয়ায়, গাড়ি অতিক্রম করতে পারবে না বলে মনে হয়।／පාර පටු නිසා, වාහන වලට යන්න බැහැ වගේ.)

▶近道（ちかみち） (छोटारास्ता／সংক্ষিপ্ত পথ／කෙටිපාරවල්)

㉞ □ 道路（どうろ） (सड़क／সড়ক／මාර්ගය)

▶新（あたら）しい道路ができたら、渋滞（じゅうたい）がかなり減（へ）るでしょう。

(नई सड़क बन जाने के बाद ट्रैफ़िक जाम काफ़ी कम हो जाएगा।／নতুন সড়ক নির্মিত হলে, যানজট অনেকাংশে হ্রাস পাবে।／අලුත් පාර හැදුවට පස්සේ, ගොඩක් දුරට තදබදය අඩුවෙයි.)

▶高速道路（こうそくどうろ） (राजमार्ग／হাইওয়ে／අධිවේගී මාර්ගය)

㉟ □ 通（とお）り (गली／স্ট্রিট／වීදිය,)

▶～通（どお）り、大通（おおどお）り (~ स्ट्रीट, मेन स्ट्रीट／~স্ট্রিট, এভিনিউ／වීදිය, මහා වීදිය)

▶お店（みせ）はＡＢＣ通りにあります。

(दुकान एबीसी स्ट्रीट पर है।／দোকানটি ABC স্ট্রিটে অবস্থিত।／කඩේ A B C වීදියේ තියෙනවා.)

▶この道をまっすぐ行（い）くと、大通りに出（で）ます。

(यदि आप इस सड़क पर सीधे जाते हैं, तो आप मेन स्ट्रीट पर निकलेंगे।／এই রাস্তা ধরে সোজা গেলে এভিনিউতে বের হওয়া যায়।／මේ පාරේ කෙලින්ම ගියොත්, මහා වීදියට යනවා.)

★「通り」……人や車が通るための町の中の道。特に、店や建物が並ぶ道。「道路」……交通（特に車）のために作った道。
(「通り」... लोगों और कारों के लिए शहर के अंदर की सड़क। विशेष रूप से सड़क जहाँ दुकानें और इमारतें पंक्तिबद्ध हैं। 「道路」... परिवहन (विशेष रूप से कारों) के लिए बनाई गई सड़क।／"স্ট্রিট"...মানুষ বা গাড়ি চলাচলের জন্য শহরের মধ্যে একটি রাস্তা। বিশেষ করে দোকানপাট ও ভবন দিয়ে সারিবদ্ধ রাস্তা। "সড়ক".... যাতায়াতের (বিশেষ করে গাড়ি) জন্য নির্মিত রাস্তা ।／「通り」මිනිසුන්ට සහ වාහන වලට යන්න පුළුවන් නගරය ඇතුලේ තියෙන පාරවල්.විශේෂයෙන්ම කඩ,ගොඩනැගිලි තියෙන පාරවල්ග 「道路」 මනාගමනය(විශේෂයෙන්ම වාහන)සඳහා තියෙන පාර)

㊱ □ 交差点（こうさてん） (चौराहा／চৌরাস্তা／හංදිය)

▶すみません、地下鉄（ちかてつ）の入り口（いぐち）はどこでしょうか。
——この先（さき）の交差点にありますよ。
(मुझे क्षमा करें, मेट्रो का प्रवेश द्वार कहाँ है? —आगे के चौराहे पर है।／মাফ করবেন, পাতাল রেলের প্রবেশদ্বার কোথায়? সামনের চৌরাস্তায়।／සමාවෙන්න,උමං මාර්ගයට ඇතුල්වෙන තැන කොහෙද?..ඉස්සරහ තියෙන හන්දියේ තියෙනවා.)

㊲ □ 角（かど） (कोना／রাস্তার বাঁক বা মোড়／වංගුව)

▶四つ角（よかど） (चौराहा／দুই রাস্তার সংযোগস্থল／වංගු4ක්)

㊳ □ 信号（しんごう） (यातायात संकेत／ট্রাফিক সিগন্যাল／කලර් ලයිට)

㊴ □ 踏切（ふみきり） (रेलवे क्रॉसिंग／রেলক্রসিং／රේල් පාර මාරුවීම)

㊵ □ 駐車場（ちゅうしゃじょう） (पार्किंग／পার্কিং／වාහන නැවතුම්පොළ)

㊶ □ 橋（はし） (पुल／সেতু／පාලම)

㊷ □ 歩道橋（ほどうきょう） (पैदल यात्रियों के लिए पुल／পথচারী পারাপার সেতু／පදික පාලම)

㊸ □ トンネル (सुरंग／টানেল／උමග)

2 時間
3 人・家族
4 食べる 飲む
5 家
6 服・くつ
7 乗り物 交通
8 街
9 建物
10 自然

44 □ 港(みなと) (बंदरगाह／বন্দর／වරාය)

45 □ 空港(くうこう) (एयरपोर्ट／বিমানবন্দর／ගුවන්තොටුපොළ)

46 □ 遅(おく)れる (लेट होना／দেরী হওয়া／පරක්කුවෙනවා)

▶電車(でんしゃ)が遅れて、遅刻(ちこく)してしまった。

(ट्रेन लेट होने के कारण मुझे देर हो गई।／ট্রেন দেরি করায়, দেরি করে ফেলেছি।／කෝච්චිය පරක්කු වුණ නිසා, ප්‍රමාද වුණා.)

47 □ 乗(の)り遅(おく)れる (यातायात का साधन देर होने के कारण छूट जाना／(উড়োজাহাজ ইত্যাদি) ধরতে ব্যর্থ হওয়া／මගහැරෙනවා)

▶飛行機(ひこうき)に乗り遅れたら、困(こま)ります。

(यदि आपका विमान छूट जाता हैं, तो आप मुसीबत में पड़ जाएँगे।／উড়োজাহাজ ধরতে ব্যর্থ হলে, সমস্যায় পড়ে যাবো।／ගුවන්යානය මගහැරුනොත්,අපහසුතාවයට පත්වෙනවා.)

48 □ 出発(しゅっぱつ)(する) (रवाना होना／রওনা হওয়া／පිටත්වෙනවා)

▶あしたは何時(なんじ)に出発しますか。

(कल आप किस समय रवाना होएँगे?／আগামীকাল কয়টায় রওনা হবেন?／හෙට පිටත්වෙන්නේ කීයටද?)

49 □ 着(つ)く (पहुँचना／পৌঁছা／එනවා,ළඟාවෙනවා.)

▶東京(とうきょう)へは何時(なんじ)ごろに着きますか。

(आप टोक्यो किस समय पहुँचेंगे?／টোকিওতে কয়টার দিকে পৌঁছাবেন?／ටෝක්යෝ වලට කීයට විතරද එන්නේ.)

50 □ 止(と)まる (रुकना／থামা／නතරවෙනවා)

▶電車(でんしゃ)が急(きゅう)に止まって、びっくりしました。

(ट्रेन के अचानक रुक जाने से मुझे आश्चर्य हुआ।／ট্রেন হঠাৎ থেকে যাওয়ায়, অবাক হয়েছি।／කෝච්චිය එක පාරටම නතර වුණ නිසා, බයවුණා.)

51 □ 止(と)める／停(と)める (खड़ा करना／থামা/পার্ক করা／නතරකරනවා)

▶ここに自転車(じてんしゃ)を止めないでください。

(यहाँ साइकिल खड़ी न करें।／দয়া করে এখানে সাইকেল পার্ক করবেন না।／මෙතන සයිකල් නතර කරන්න එපා.)

52 □ 運転(うんてん)(する) (गाड़ी चलाना／গাড়ি চালানো／පදවනවා)

53 □ 〜目(め) (~वाँ／~তম／වෙනි වංගුව)

▶「元町(もとまち)」は、ここから３つ目です。

(मोटोमाची यहाँ से तीसरा है।／“মোতোমাচি” এখান থেকে তৃতীয়তম।／මෙතන ඉඳලා තුන් වෙනි වංගුව)

54 □ 通(とお)る (गुज़रना／মধ্য দিয়ে অতিক্রম করা／පහුකරනවා)

▶このバスは「さくら公園(こうえん)」を通りますか。

(क्या यह बस “सकुरा पार्क” से होकर गुज़रती है?／এই বাস “সাকুরা পার্কের” মধ্য দিয়ে অতিক্রম করবে কি?／මේ බස් එක සකුර උයන පහුකරනවද?)

▶この細(ほそ)い道(みち)を通って行(い)くんですか。

(क्या आप इस संकीर्ण सड़क से गुज़रेंगे?／এই সরু রাস্তা অতিক্রম করে যাবো কি?／මේ පටු පාර පහුකරගෙන යනවද?)

55 □ 曲(ま)がる (मुड़ना／মোড় নেওয়া／හැරෙනවා)

▶駅(えき)はどこですか。 —あの角(かど)を左(ひだり)に曲がるとすぐです。

(स्टेशन कहाँ है? —जैसे ही आप उस कोने से बाएँ मुड़ेंगे, वहीं है।／স্টেশন কোথায়। —ঐ বাঁকের বাম দিকে মোড় নেওয়ার পরেই।／ස්ටේෂන් එක කොහෙද?...අර වංගුවෙන් දකුණට හැරුනගමන් තියෙනවා.)

56 □ 渡(わた)る (पार करना／পার হওয়া／මාරුවෙනවා)

▶道路(どうろ)を渡る時(とき)、車(くるま)に気(き)をつけてください。

(सड़क पार करते समय कार से सावधान रहें।／রাস্তা পার হওয়ার সময় গাড়ির দিকে নজর রাখুন।／පාර මරුවෙනකොට, වාහන වලින් පරිස්සම් වෙන්න.)

1 数字 / 2 時間 / 3 人・家族 / 4 食べる 飲む / 5 家 / 6 服・くつ / 7 乗り物 交通 / 8 街 / 9 建物 / 10 自然

自転車
じてんしゃ

車／自動車
くるま　じどうしゃ

バス

電車
でんしゃ

トラック

飛行機
ひこうき

船
ふね

駐車場
ちゅうしゃじょう

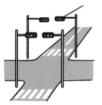

交差点／信号
こうさてん　しんごう

16

UNIT 8

街 まち

(शहर/दुकान／শহর/দোকান／නගරය . කඩය)

❶ □ 町 まち/ちょう (शहर／টাউন／නගරය)

市・町・村と区別され、「町」は、「市」より小さく、「村」より大きい。
(市, 町 और 村 अलग-अलग हैं। 「町」「市」 से छोटा है और 「村」 से बड़ा है।／শহর, টাউন ও গ্রামে ভাগ করা হয় এবং “টাউন” “শহর” থেকে ছোট ও “গ্রাম” থেকে বড় হয়ে থাকে।／නගර, ගම් වලට වඩා වෙනස්, 「町」、「市」 වඩා පුංචි වන අතර 「村」 ගමට වඩා ලොකුයි.)

❷ □ 街 まち/がい (शहर／এলাকা／නගරය)

▶学生街 がくせいがい (छात्र ज़िला／শিক্ষার্থীর এলাকা／ශිෂ්‍ය නගරය)
▶オフィス街 (दफ़्तर का इलाक़ा／অফিস এলাকা／කාර්යාල විදිය)

★店が多く、にぎやかなところに使うことが多い。
(इसका उपयोग कई दुकानों के साथ जीवंत स्थानों में किया जाता है।／অনেক দোকান আছে, এমন ব্যস্ত জায়গার জন্য প্রায়শই ব্যবহৃত হয়।／ගොඩක් දුරට කඩවල් ගොඩක් තියෙන ඝෝෂාකාරී තැන්වල පාවිච්චි කරනවා.)

❸ □ 銀行 ぎんこう (बैंक／ব্যাংক／බැංකුව)

❹ □ 銀行員 いん (बैंकर／ব্যাংককর্মচারী／බැංකුනිලධාරියා)

❺ □ 郵便局 ゆうびんきょく (डाक घर／পোস্ট অফিস／තැපැල් කාර්යාලය)

❻ □ レストラン (रेस्तोराँ／রেঁস্তোরা／අවන්හල)

▶この階 かい には、レストランはありませんね。
(इस मंज़िल पर कोई रेस्तराँ नहीं है, ना।／এই তলায় কোনো রেস্তোরাঁ নেই।／මේ මහලේ, අවන්හලක් නැහැ.)

❼ □ 食堂 しょくどう (कैंटीन／ক্যাফেটেরিয়া／ආපනශාලාව)

❽ □ 学生食堂 がくせい (छात्र कैंटीन／শিক্ষার্থীর ক্যাফেটেরিয়া／ශිෂ්‍යන්ගේ ආපන ශාලාව)

❾ □ 社員食堂 しゃいん (कंपनी कैंटीन／কর্মচারীর ক্যাফেটেরিয়া／ආයතන සේවකයන්ගේ ආපන ශාලාව)

1 数字 2 時間 3 人・家族 4 食べる 飲む 5 家 6 服・くつ 7 乗り物 交通 8 街 9 建物 10 自然

⑩ □ 喫茶店（きっさてん） (कॉफ़ी की दुकान／কফির দোকান／කෝපි හල)

▶駅前（えきまえ）の喫茶店で打（う）ち合（あ）わせをしました。

(स्टेशन के सामने वाले कॉफ़ी शॉप में मिलते हैं।／স্টেশনের সামনের কফির দোকানে সাক্ষাৎ করেছি।／ස්ටේෂන් එක ඉස්සරහ කෝපි කඩේක, හම්බවුණා)

⑪ □ カフェ (कैफ़े／ক্যাফে／කැෆේ)

▶インターネットカフェ (इंटरनेट कैफ़े／ইন্টারনেট ক্যাফে／ඉන්ටර්නට් කැෆේ)

▶おしゃれなカフェですね。ここでちょっと休（やす）みましょうか。

(यह स्टाइलिश कैफ़े है। क्यों न हम यहाँ पर थोड़ा आराम करें?／ফ্যাশন দুরস্ত কফির দোকান নয় কি? এখানে একটু বিশ্রাম নেয়া যায় কি?／ලස්සන කැෆේ එකක්නේ.මෙතන ටිකක් විවේක ගමුද?)

⑫ □ ファーストフード店（てん） (फ़ास्ट फ़ूड रेस्तोरॉं／ফাস্ট ফুডের দোকান／ක්ෂණික ආහාර කඩය)

⑬ □ ファーストフード (फ़ास्ट फ़ूड／ফাস্ট ফুড／ක්ෂණික ආහාර)

▶時間（じかん）がないから、その辺（へん）のファーストフードのお店（みせ）にしよう。

(मेरे पास समय नहीं है, तो क्यों न हम वहाँ की फ़ास्ट फ़ूड शॉप चलें।／সময় নেই বিধায় সেই দিকের ফাস্ট ফুডের দোকানে যাওয়া যাক।／වෙලාව නැතිනිසා,ළඟ තියෙන ක්ෂණික ආහාර කඩේකට යමු.)

⑭ □ スーパー／スーパーマーケット (सुपरमार्केट／সুপারমার্কেট／සුපිරිවෙළඳ සැල)

⑮ □ コンビニ (सुविधा स्टोर／কনভেনিয়েন্স স্টোর／කන්වීනියන්ට් ස්ටෝර් එක) 同コンビニエンスストア

⑯ □ ～屋（や） (~वाला／~দোকান／කඩේ)

⑰ □ パン屋 (बेकरी／রুটির দোকান／පාන් කඩේ)

⑱ □ 本屋（ほんや） (किताब की दुकान／বইয়ের দোকান／පොත් සාප්පුව)

⑲ □ 薬屋（くすりや） (केमिस्ट／ফার্মেসি／ඔසුසළ)

⑳ □ 同 薬局（やっきょく） (फ़ार्मेसी／ঔষধালয়／බෙහෙත් සාප්පුව)

㉑ □ 同 ドラッグストア (दवाई की दुकान／ঔষধের দোকান／ෆාමසි)

㉒ □ 花屋（はなや） (फूलों की दुकान／ফুলের দোকান／මල්කඩේ)

㉓ □ 電気店（でんきてん） (इलेक्ट्रॉनिक्स की दुकान／ইলেকট্রনিক্সের দোকান／විදුලි උපකරණ සාප්පුව)　同 電気屋 電器屋

㉔ □ 不動産屋（ふどうさんや）* (रियाल्टार／রিয়েল এস্টেট এজেন্ট／දේපළ වෙළඳාම්)

㉕ □ 店（みせ） (दुकान／দোকান／කඩේ)

▶そのお店（みせ）は、どこにあるんですか。

(वह दुकान कहाँ है?／সেই দোকানটি কোথায় অবস্থিত?／ඒ කඩේ තියෙන්නේ කොහෙද?)

★店の呼び方には、「～屋」「～店」「～ショップ」がある。
(दुकान के नाम के साथ "~दुकान" या "~शॉप" लग जाता है।／দোকানের নামের জন্য 「～屋」, 「～店」「～ショップ」রয়েছে। 「～屋」「～店」「～ショップ」／වෙළඳසැල් වල නම් වලට, 「කඩය」「සංකීර්ණය සාප්පුව」 වගේ වචන තියෙනවා.)

㉖ □ 商店街（しょうてんがい） (ख़रीदारी वाली सड़क／শপিং স্ট্রিট／සාප්පු සංකීර්ණය)

▶その店は、さくら商店街の中（なか）にあります。

(वह दुकान सकुरा शॉपिंग सड़क में स्थित है।／সেই দোকানটি সাকুরা শপিং স্ট্রিটের মধ্যে অবস্থিত।／ඒ කඩය, සකුර සාප්පු සංකීර්ණය ඇතුලේ තියෙනවා.)

㉗ □ 病院（びょういん） (अस्पताल／হাসপাতাল／රෝහල)

㉘ □ 歯医者（はいしゃ） (दंत चिकित्सक／দাঁতের ডাক্তার／දන්ත වෛද්‍යවරයා)

▶あしたは歯医者に行かなければなりません。

(कल दंतचिकित्सक के पास जाना पड़ेगा।／আগামীকাল দাঁতের ডাক্তারের কাছে যেতে হবে।／හෙට දන්ත වෛද්‍යවරයා ළඟට යන්න ඕනේ.)

2 時間
3 人・家族
4 食べる 飲む
5 家
6 服・くつ
8 街
9 建物
10 自然

㉙ □ **美容院**(びよういん) (ब्यूटी सैलून／বিউটি পার্লার／රූපලාවන්‍යාගාරය /සැලූන් එක)

▶美容院は予約(よやく)した？

(क्या आपने ब्यूटी सैलून में आरक्षण किया?／বিউটি পার্লার রিজার্ভেশন করেছি?／රූපලාවන්‍යාගාරයේ වෙලාවක් වෙන් කෙරුවද?)

㉚ □ **マンション** (अपार्टमेंट／ম্যানশন／මහල් නිවාස)

▶もう少(すこ)し広(ひろ)いマンションに引(ひ)っ越(こ)したいです。

(मैं थोड़े बड़े अपार्टमेंट में जाना चाहता हूँ।／আর একটু বড় ম্যানশনে ঘর বদল করতে চাই।／තව ටිකක් ලොකු මහල් නිවාසයකට යන්න ආසයි.)

㉛ □ **アパート** (अपार्टमेंट／অ্যাপার্টমেন্ট／තට්ටු ගෙවල්)

▶学生(がくせい)の時(とき)は、古(ふる)くて小(ちい)さいアパートに住(す)んでいました。

(जब मैं छात्र था, तब मैं एक पुराने और छोटे अपार्टमेंट में रहता था।／ছাত্রকালীন অবস্থায়, পুরানো এবং ছোট অ্যাপার্টমেন্টে বসবাস করেছি।／ශිෂ්‍යයෙක් කාලේ,පරණ,පොඩි තට්ටු ගෙදරක ජීවත්වුණා.)

㉜ □ **家**(いえ/うち) (घर／বাড়ি／ගෙදර)

▶どんな家(いえ)に住(す)みたいですか。

(आप किस तरह के घर में रहना चाहते हैं?／কোন ধরনের বাড়িতে বসবাস করতে চান?／මොන වගේ ගෙදරකද ජීවත් වෙන්න කැමති ?)

▶家に電話(でんわ)しないといけません。

(आपको घर फ़ोन करना पड़ेगा।／বাড়িতে ফোন করতে হবে।／ගෙදරට කතාකරන්න ඕනේ.)

▶今度(こんど)、家(うち)に遊(あそ)びに来(き)て。

(अगली बार आप मेरे घर समय बिताने आइएगा।／পরের বার, বাড়িতে বেড়াতে এসো।／ඊළඟ සැරේ / ඊළඟ පාර අපේ ගෙදර සෙල්ලම් කරන්න එන්න.)

㉝ □ **警察**(けいさつ) (पुलिस／পুলিশ／පොලීසිය)

▶警察に連絡(れんらく)したほうがいいですよ。

(आपको पुलिस से संपर्क करना चाहिए।／পুলিশের সাথে যোগাযোগ করা উচিত।／පොලීසියට කතා කරන එක හොඳයි)

㉞ □ **警察官**(かん) (पुलिसवाला／পুলিশ কর্মকর্তা／පොලිස්නිලධාරියා)

㉟ □ **おまわりさん** (पुलिसवाला／পুলিশ কর্মকর্তা／පොලිස්නිලධාරියා/පොලිස්ඔෆිසර්)

㊱ ☐ **交番** (पुलिस चौकी／পুলিশ বক্স／පොලිස් මුරපොළ)
こうばん

▶場所、よくわからないですね。
ばしょ
——あそこに交番があるから、聞いてみましょう。
き
(मैं ठीक से जगह नहीं जानता।——वहाँ पर पुलिस चौकी है, इसलिए वहाँ चलकर पता करते हैं।／স্থানটি সম্পর্কে ভালোভাবে জানি না।
——এখানে পুলিশ বক্স আছে বিধায়, জিজ্ঞেস করা যাক।／තැන හරියට දන්නේ නැහැනේ. ——අතන පොලිස් මුරපොළක්
තියෙන නිසා, අහල බලමු.)

㊲ ☐ **役所** (सरकारी कार्यालय／সরকারি দফতর／රජයේ කාර්යාලය)
やくしょ

▶**市役所** (म्युनिसिपल ऑफिस／সিটি হল／රජයේ කාර්යාලය)
し

㊳ ☐ **大使館** (राजदूतावास／দূতাবাস／තානාපති කාර්යාලය)
たい し かん

㊴ ☐ **公園** (पार्क／উদ্যান／পার্ক／පාර්ක් එක)
こうえん

㊵ ☐ **ベンチ** (बेंच／বেঞ্চ／බංකුව)
▶あそこのベンチでちょっと休まない?
やす
(क्या आप वहाँ बेंच पर थोड़ा आराम करना चाहेंगे?／ঐখানের বেঞ্চে একটু বিশ্রাম নিতে চান কি?／අතන තියෙන බංකුව උඩ
ටිකක් විවේක ගමුද?)

㊶ ☐ **図書館** (पुस्तकालय／গ্রন্থাগার／පුස්තකාලය)
と しょ かん

㊷ ☐ **スポーツジム／ジム** (स्पोर्ट्स जिम／জিম／স্পোর্টস জিম／জিম／ක්‍රීඩාගාරය)

㊸ ☐ **神社** (धर्मस्थल／উপাসনালয়／දේවාලය)
じん じゃ

㊹ ☐ **寺** (मंदिर／মন্দির／පන්සල)
てら

㊺ ☐ **デパート** (डिपार्टमेंट स्टोर／ডিপার্টমেন্ট (স্টোর／ඩිපාර්ට්මන්ට් ස්ටෝර් එක)

1 数字
2 時間
3 人・家族
4 食べる 飲む
5 家
6 服・くつ
7 交通 乗り物
8 街
9 建物
10 自然

㊻ □ 映画館（えいがかん） (सिनेमा घर／সিনেমা হল／චිත්‍රපටි ශාලාව)

㊼ □ 美術館（びじゅつかん） (कला संग्रहालय／শিল্প（চারুকলা）জাদুঘর／කලාගාරය)

㊽ □ 駅（えき） (स्टेशन／স্টেশন／දුම්රියපොළ)

㊾ □ 駅前（まえ） (स्टेशन के सामने／স্টেশনের সামনে／දුම්රියපළ ඉස්සරහ)

▶ATMなら、駅前にいくつかありますよ。

(ATM की बात है तो स्टेशन के सामने कई हैं।／স্টেশনের সামনে বেশ কিছু ATM রয়েছে।／ATM නම් දුම්රියපළ ඉස්සරහ කීපයක්ම තියෙනවා.)

㊿ □ ホテル (होटल／হোটেল／හෝටලය)

(51) □ 売店（ばいてん） (सटॉल／খোলা দোকান／කඩය)

▶駅の売店でも売ってます。

(इसे स्टेशन की दुकान पर भी बेचा जाता है।／স্টেশনের খোলা দোকানেও বিক্রি করা হয়।／ස්ටේෂන් එකේ කඩවලත් විකුණනවා.)

(52) □ ビル (इमारत／ভবন／ගොඩනැගිල්ල)

(53) □ 駅（えき）ビル (स्टेशन-भवन／স্টেশন ভবন／දුම්රියපළේ ගොඩනැගිල්ල)

▶駅ビルにパン屋ができたそうです。

(सुना है कि स्टेशन बिल्डिंग में कोई बेकरी खुल गई है।／স্টেশন ভবনে রুটির দোকান খোলা হয়েছে বলে মনে হয়।／ස්ටේෂන් එකේ ගොඩනැගිල්ලක පාන් කඩයක් දාලනේ.)

▶会社員（いん） (कंपनी के कर्मचारी／কোম্পানির কর্মচারী／සමාගම් සේවකයා)

(54) □ 駐車場（ちゅうしゃじょう） (पार्किंग／পার্কিং／වාහන නැවතුම් පොළ/වාහන නවත්වන ස්ථානය/කාර් පාර්ක් එක)

(55) □ 会社（かいしゃ） (कंपनी／প্রতিষ্ঠান／සමාගම)

56 ☐ **工場** （कारखाना／কারখানা／කර්මාන්තශාලාව）
こうじょう

▶あした、ビール工場を見学します。
けんがく

（मैं कल बियर कारखाने का दौरा करूँगा।／আগামীকাল, বিয়ার কারখানা পর্যবেক্ষণ করবো।／හෙට බියර් කර්මාන්ත ශාලාව බලන්න යනවා.）

57 ☐ **空港** （हवाई अड्डा／বিমানবন্দর／ගුවන්තොටුපොළ）
くうこう

▶空港までどうやって行きますか？
い

（आप हवाई अड्डे पर कैसे जाते हैं?／বিমানবন্দরে পর্যন্ত কিভাবে যাওয়া যায়?／ගුවන්තොටුපළට යන්නේ කොහොමද?）

---

58 ☐ **パン屋** （बेकरी／রুটির দোকান／පාන් කඩේ）
や

59 ☐ **八百屋** （सब्जी की दुकान／সবজির দোকান／එළවලු කඩේ）
や お や

60 ☐ **くだもの屋** （फल की दुकान／ফলের দোকান／පළතුරු කඩේ）

61 ☐ **肉屋** （कसाई／কসাইখানা／මස් කඩේ）
にく

62 ☐ **魚屋** （मछली की दुकान／মাছের দোকান／මාළු කඩේ）
さかな

63 ☐ **酒屋** （शराब की दुकान／মদের দোকান／බෙරුම）
さか

64 ☐ **寿司屋** （सुशी की दुकान／সুশির দোকান／සුෂි රෙස්ටුරන්ට්）
ず し

65 ☐ **牛丼屋** （बीफ बाउल रेस्तोराँ／গরুর মাংসের বাটির রেস্তোরাঁ／ගුරුදෙන් රෙස්ටුරන්ට්）
ぎゅうどん

66 ☐ **文具店／文房具屋** （स्टेशनरी की दुकान／স্টেশনারি দোকান／පොත් සාප්පුව）
ぶんぐてん ぶんぼうぐ や

67 ☐ **くつ屋** （जूते की दुकान／জুতার দোকান／සපත්තු කඩේ）
や

68 ☐ **クリーニング屋** （ड्राई क्लीनर／ড্রাই ক্লিনার／ඇඳුම් සෝදන ස්ථානය）
や

69 ☐ **コインランドリー** （कॉइन लॉन्ड्री／কয়েন লন্ড্রি／ඇඳුම් සෝදන ස්ථානය）

70 ☐ **床屋** （नाई／নাপিতের দোকান／බාබර් සාප්පුව）
とこ や

71 ☐ **カメラ屋** （कैमरे की दुकान／ক্যামেরার দোকান／කැමරා කඩේ）
や

72 ☐ **めがね屋／メガネ屋** （चश्मे की दुकान／চশমার দোকান／කන්නාඩි කඩය）
や や

73 ☐ **スポーツ用品店** （खेल के सामान की दुकान／খেলার সামগ্রীর দোকান／ක්‍රීඩා බඩු කඩේ）
ようひんてん

74 ☐ **ＣＤショップ** （सीडी की दुकान／সিডির দোকান／CD කඩේ）

75 ☐ **レンタルショップ** （किराए की दुकान／রেন্টাল শপ／කුලී කඩය）

76 ☐ **携帯ショップ** （मोबाइल की दुकान／মোবাইলের দোকান／ෆෝන් කඩය）
けいたい

77 ☐ **古本屋** （प्रयुक्त किताबों की दुकान／পুরানো বইয়ের দোকান／පරණ පොත් කඩේ）
ふるほん や

公園
こうえん

ベンチ

交番
こうばん

病院
びょういん

工場
こうじょう

郵便局
ゆうびんきょく

UNIT 9

建物 たてもの
(इमारत／ভবন／ගොඩනැගිලි)

❶ □ 建物 (इमारत／ভবন／ගොඩනැගිල්ල)

❷ □ 建てる (た) (निर्माण／निर्माणकरा／ගොඩනගනවා.)

❸ □ 建つ (इमारतखड़ाहोना／निर्मित／ඉදිකරනවා)

❹ □ 入口 (いりぐち) (प्रवेश द्वार／প্রবেশ পথ／ඇතුල්වීමේ දොරටුව)

❺ □ 出口 (でぐち) (निकास द्वार／প্রস্থান／පිටවීමේ දොරටුව)

❻ □ 玄関 (げんかん) (स्वागत द्वार／প্রবেশদ্বার／ඇතුල්වෙන ස්ථානය/තැන)

❼ □ ロビー (लॉबी／লবি／ලොබිය)

❽ □ 受付 (うけつけ) (स्वागत कक्ष／অভ্যর্থনা／පිළිගැනීමේ ස්ථානය)

❾ □ 階段 (かいだん) (सीढ़ियाँ／সিঁড়ি／පඩිපෙළ)

❿ □ エスカレーター (चलती सीढ़ी／এসকেলেটর／එස්කැලේටර් එක)

⓫ □ エレベーター (लिफ़्ट／এলিভেটর／විදුලි සෝපානය)

⓬ □ ろうか (दालान／করিডোর／කොරිඩෝව)

⓭ □ 非常口 (ひじょうぐち) (आपातकालीन निकास／জরুরী বহির্গমন পথ／හදිසි පිටවීමේ දොරටුව)

1 数字
2 時間
3 人・家族
4 食べる 飲む
5 家
6 服・くつ
7 乗り物 交通
8 街
9 建物
10 自然

UNIT 10

自然（しぜん）
(प्रकृति／প্রকৃতি／ස්වාභාවධර්මය)

❶ □ 自然（しぜん） (प्रकृति／প্রকৃতি／ස්වාභාවධර්මය)

▶短（みじか）い間（あいだ）でしたが、北海道（ほっかいどう）の自然を楽（たの）しむことができました。

(कम समय था, लेकिन मैं होक्काईदो की प्रकृति का आनंद ले सका।／কিছু সময়ের জন্য হলেও, হোক্কাইডোর প্রকৃতি উপভোগ করতে পেরেছি।／කෙටි කාලයක් වුණාට,හොක්කයිදෝ වල ස්වභාවධර්මය රස විඳින්න පුළුවන් වුණා.)

▶子（こ）どものころ、アメリカに住（す）んでいたので、英語（えいご）は自然に覚（おぼ）えました。

(जब मैं बच्चा था, तब मैं अमेरिका में रहता था और इसलिए मैंने अपने आप अँग्रेज़ी सीखी।／ছোটকালে, আমেরিকায় বসবাস করেছি বিধায়, ইংরেজি ভাষা স্বাভাবিকভাবে শিখেছি।／පොඩිකාලේ,ඇමරිකාවේ ජීවත් වුණ නිසා , ඉංග්‍රීසි භාෂාව නිකන්ම ඉගෙන ගන්න පුළුවන් වුණා)

❷ □ 山（やま／さん） (पहाड़／পর্বত／කන්ද)

▶富士山（ふじさん） (फ़ूजी पहाड़／ফুজি পর্বত／ෆුජිකන්ද)

❸ □ 川（かわ） (नदी／নদী／ගඟ)

❹ □ 海（うみ） (समुद्र／মহাসাগর／මුහුද)

❺ □ 波（なみ） (लहर／তরঙ্গ/ঢেউ／රැල්ල)

❻ □ 海岸（かいがん） (समुद्रतट／সমুদ্রতীর／වෙරළ)

❼ □ 空（そら） (आकाश／আকাশ／අහස)

❽ □ 雲（くも） (बादल／মেঘ／වලාකුළ)

❾ ☐ 太陽 （सूरज／সূর্য／ඉර）
たいよう

❿ ☐ 同日
ひ

⓫ ☐ 月 （चाँद／চাঁদ／හඳ）
つき

⓬ ☐ 星 （तारा／তারা／තරු）
ほし

⓭ ☐ 宇宙 （ब्रह्मांड／মহাবিশ্ব／විශ්වය）
う ちゅう

⓮ ☐ 湖 （झील／হ্রদ／විල）
みずうみ

⓯ ☐ 池 （तालाब／পুকুর／පොකුණ）
いけ

⓰ ☐ 島 （द्वीप／দ্বীপ／දූපත）
しま

⓱ ☐ 森 （जंगल／অরণ্য／වනාන්තරය）
もり

⓲ ☐ 林 （जंगल／বন／කැලෑ）
はやし

⓳ ☐ 石 （पत्थर／পাথর／ගල）
いし

⓴ ☐ 砂 （बालू／বালি／වැලි）
すな

㉑ ☐ 丘 （पहाड़ी／পাহাড়／කඳුකරය）
おか

UNIT 11

教育・学校
きょういく　がっこう

(शिक्षा/स्कूल／শিক্ষা/বিদ্যালয়／අධ්‍යාපනය , පාසල්)

❶ □ 学校 (विद्यालय／বিদ্যালয়／ඉස්කෝලේ)
がっこう

❷ □ 小学校 (प्राथमिक विद्यालय／প্রাথমিক বিদ্যালয়／ප්‍රාථමික පාසැල)
しょうがっこう

❸ □ 小学生 (प्राथमिक विद्यालय के छात्र／প্রাথমিক বিদ্যালয়ের ছাত্র／ප්‍රාථමික පාසල් ශිෂ්‍යයා)
しょうがくせい

❹ □ 中学校 (माध्यमिक विद्यालय／জুনিয়র হাই স্কুল／මධ්‍යම පාසැල)
ちゅうがっこう

❺ □ 中学生 (माध्यमिक विद्यालय के छात्र／মাধ্যমিক বিদ্যালয়ের শিক্ষার্থী／මධ්‍යම පාසල් ශිෂ්‍යයා)
ちゅうがくせい

❻ □ 高校 (उच्च माध्यमिक विद्यालय／উচ্চ বিদ্যালয／උසස් පාසැල)
こうこう

❼ □ 高校生 (उच्च माध्यमिक विद्यालय के छात्र／উচ্চ বিদ্যালয়ের ছাত্র／උසස් පාසල් ශිෂ්‍යයා)
こうこうせい

❽ □ 大学 (विश्वविद्यालय／বিশ্ববিদ্যালয়／විශ්ව විද්‍යාලය)
だいがく

❾ □ 大学生 (विश्वविद्यालय का छात्र／বিশ্ববিদ্যালয়ের ছাত্র／විශ්ව විද්‍යාල ශිෂ්‍යයා)
だいがくせい

❿ □ 大学院 (स्नातकोत्तर／গ্রাজুয়েট স্কুল／පශ්චාත් උපාධි පාසැල)
だいがくいん

⓫ □ 学生 (विद्यार्थी／শিক্ষার্থী (ছাত্র/ছাত্রী)／ශිෂ්‍යයා)
がくせい

▶妹は働いていますが、弟はまだ学生です。
いもうと　はたら　おとうと

(मेरी बहन काम कर रही है, लेकिन मेरा भाई अभी भी छात्र है।／আমার ছোট বোন কাজ করলেও আমার ছোট ভাই এখনও ছাত্র।／නංගි වැඩ කරන අතර , මල්ලි තාම ශිෂ්‍යයෙක්.)

⓬ □ **生徒**（せいと） (विद्यार्थी／শিক্ষার্থী（ছাত্র/ছাত্রী）／සිසුවා)

▶彼女も、この料理教室の生徒です。
（かのじょ／りょうりきょうしつ）

(वह भी इस कुकिंग क्लास की छात्रा है।／মেয়েটিও এই রান্নার ক্লাসের ছাত্রী।／එයත්, මේ ගෘහ විද්‍යා පන්තියේ සිසුවෙක්.)

⓭ □ **教師**（きょうし） (अध्यापक／শিক্ষক／ගුරුවරයා)

▶日本語教師（にほんご） (जापानी शिक्षक／জাপানি ভাষার শিক্ষক／ජපන් භාෂා ගුරුවරයා)

⓮ □ **先生**（せんせい） (अध्यापक／সেনসেই（শিক্ষক）／ගුරුවරයා)

★「教師」…学校などで、職業として学問の指導をしている人。「先生」…高い知識や技術を持つ人、指導する立場の人などに使う(例: 教師、医者、作家など)。尊敬の気持ちを表す。
(「教師」... एक व्यक्ति जो स्कूल में एक पेशे के रूप में अध्यापक है। 「先生」... उन लोगों के लिए उपयोग किया जाता है जिनके पास उच्च ज्ञान और कौशल है और जो सिखा रहे हैं (जैसे, शिक्षक, डॉक्टर, लेखक आदि)। सम्मान व्यक्त करने की अभिव्यक्ति।／“শিক্ষক”… বিদ্যালয় ইত্যাদিতে, পেশা হিসাবে শিক্ষা প্রদান করা ব্যক্তি। “সেনসেই（শিক্ষক）”…. উচ্চতর জ্ঞান বা দক্ষতা সম্পন্ন ব্যক্তি, নির্দেশ প্রদান করার অবস্থানে থাকা ব্যক্তির জন্য ব্যবহার করা হয় (যেমন, শিক্ষক, ডাক্তার, লেখক, ইত্যাদি)। সম্মানের অনুভূতি প্রকাশ করে। ／「教師」...පාසල් වල,රැකියාව ලෙස ශාස්ත්‍රීය උපදෙස් දෙන පුද්ගලයන්.「先生」... උසස් දැනුමක්,කුසලතා තියෙන අය,මාර්ගෝපදේශක තනතුරකඉන්න අයටපාවිච්චි කරනවා. (උදාහරණ:ගුරුවරයා,වෛද්‍යවරයා,ලේඛකයා ආදිය) ගෞරවනීය හැඟීම ප්‍රකාශ කරයි.)

⓯ □ **教授**（きょうじゅ） (प्रोफ़ेसर／অধ্যাপক／මහාචාර්යවරයා)

⓰ □ **～年生**（ねんせい） (~कक्षा का विद्यार्थी／~শ্রেণীর শিক্ষার্থী／වසර)

★4年生は「よねんせい」と読む。

⓱ □ **図書館**（としょかん） (पुस्तकालय／গ্রন্থাগার/লাইব্রেরি／පුස්තකාලය)

⓲ □ **図書室**（としょしつ） (पुस्तकालय／গ্রন্থাগার／පුස්තකාලය)

⓳ □ **教室**（きょうしつ） (कक्षा／শ্রেণীকক্ষ/ক্লাসরুম／නැටුම් කාමරය)

▶土曜日は、市の日本語教室に通っています。
（どようび／し／にほんご／かよ）

(शनिवार को मैं शहर की जापानी भाषा कक्षा में जाता हूँ।／শনিবার, শহরের জাপানি ভাষার ক্লাসে যাতায়ত করি। ／සෙනසුරාදා,ටවුන් එකේ ජපන්භාෂා පන්තියට යනවා.)

▶ダンス教室 (नृत्य की कक्षा／নাচের ক্লাস／නැටුම් පන්ති)

12 趣味・芸術・スポーツ
13 文房具
14 体
15 毎日の生活
16 人生
17 店・商品
18 職業
19 イベント
20 物・荷物

⑳ □ **寮** (ছাত্রাবাস／ছাত্রাবাস／නේවාසිකාගාරය)
りょう

㉑ □ **体育館** (जिम／জিম／ක්‍රීඩාගාරය)
たいいくかん

㉒ □ **授業** (कक्षा／ক্লাস／පාඩම)
じゅぎょう

▶これから森先生の授業に出ます。
もりせんせい　で
(मैं मोरी टीचर की कक्षा में जा रहा हूँ।／এখন থেকে মোরি-সেনসেইয়ের ক্লাস করতে যাচ্ছি।／ඊටපස්සේ මොරි ටීචර්ගේ පාඩමට යනවා.)

▶授業料 (पढ़ाई शुल्क/फ़ीस／টিউশন ফি／පන්ති ගාස්තුව)
りょう

㉓ □ **教える** (पढ़ाना／শেখানো/জানানো／උගන්නනවා)
おし

▶国に帰ったら、子供たちに日本語を教えたい。
くに　かえ　こども　にほんご
(जब मैं अपने देश लौटूँगा, तो मैं बच्चों को जापानी पढ़ाना चाहता हूँ।／দেশে ফিরে গেলে শিশুদের জাপানি ভাষা শেখাতে চাই।／රටට ගියාම,ළමයින්ට ජපන් භාෂාව උගන්නන්න ඕනේ.)

▶すみません、やり方／住所を教えてもらえませんか。
かた　じゅうしょ
(क्षमा करें, क्या आप मुझे बता सकते हैं कि यह कैसे करना है?/यह पता कहाँ है?／মাফ করবেন, করার পদ্ধতি/ঠিকানা সম্পর্কে জানাতে পারেন কি?／සමාවෙන්න,කරන විදිහ /ලිපිනය කියලා දෙන්න පුළුවන්ද?)

㉔ □ **学ぶ** (पढ़ना／পড়াশুনা করা／ඉගෙන ගන්නවා)
まな

▶大学で法律を学んでいます。
だいがく　ほうりつ
(मैं विश्वविद्यालय में क़ानून पढ़ रहा हूँ।／বিশ্ববিদ্যালয়ে আইন বিষয়ে পড়াশুনা করছি।／විශ්ව විද්‍යාලයේ නීතිය ඉගෙන ගන්නවා.)

㉕ □ **習う** (सीखना／শেখা／හදාරනවා)
なら

▶日本の料理を習ってみたいです。
にほん　りょうり　なら
(मैं जापानी भोजन सीखना चाहता हूँ।／জাপানি রান্না শিখে দেখতে চাই।／ජපන් කෑම උයන එක හදාරන්න ආසයි.)

㉖ □ **勉強(する)** (पढ़ाई／অধ্যয়ন করা／ඉගෙනීම)
べんきょう

▶日本語を勉強しています。
にほんご
(मैं जापानी पढ़ रहा हूँ।／জাপানি ভাষা অধ্যয়ন করছি।／ජපන් භාෂාව ඉගෙන ගන්නවා.)

㉗ □ 入学(にゅうがく)(する) (प्रवेश/अड्मिशन／ভর্তি／ඇතුළත් කිරීම)

▶大学(だいがく)に入学する

(विश्वविद्यालय में प्रवेश/अड्मिशन लेना／বিশ্ববিদ্যালয়ে ভর্তি হওয়া।／විශ්ව විශ්වවිද්‍යාලයට ඇතුල් වෙනවා.)

㉘ □ 卒業(そつぎょう)(する) (स्नातक／স্নাতক শেষ (করা)／උපාධිය)

▶大学を卒業する

(विश्वविद्याल से स्नातक होना／বিশ্ববিদ্যালয় থেকে স্নাতক ডিগ্রি অর্জন করেছি।／විශ්ව විද්‍යාලයේ උපාධිය ගන්නවා.)

㉙ □ 研究(けんきゅう)(する) (अध्ययन／গবেষণা／හදාරනවා)

▶大学院(だいがくいん)で日本の文化(ぶんか)を研究しています。

(मैं स्नातकोत्तर में जापानी संस्कृति का अध्ययन कर रहा हूँ।／গ্র্যাজুয়েট স্কুলে জাপানের সংস্কৃতি নিয়ে গবেষণা করছি।／පශ්චාත් උපාධි පාසලේ ජපන් සංස්කෘතිය ගැන පර්යේෂණයක් කරනවා)

㉚ □ クラス (कक्षा／ক্লাস/শ্রেণী／පන්තිය)

▶わたしたちは同(おな)じクラスです。

(हम एक ही कक्षा में हैं।／আমরা একই শ্রেণীতে পড়ি।／අපි එකම පන්තියේ.)

▶クラスメート (सहपाठी／সহপাঠী／පන්තියේයාලුවෝ)

㉛ □ 教育(きょういく)(する) (शिक्षित (करना)／শিক্ষাদান (করা)／ඉගෙනීමට යොමු කරනවා)

▶若(わか)い人(ひと)をもっと教育しなければならない。

(आपको युवाओं को और अधिक शिक्षित करना होगा।／তরুণদের আরও শিক্ষাদান করতে হবে।／තරුණ අයව තවත් ඉගෙනීමට යොමුකරන්න ඕනේ.)

▶教育に問題(もんだい)があると思(おも)います。

(मुझे लगता है कि शिक्षा में समस्या है।／শিক্ষা নিয়ে সমস্যা আছে বলে মনে হয়।／අධ්‍යාපනයේ ප්‍රශ්න තියෙනවා කියලා හිතනවා.)

11 教育・学校
12 趣味・芸術・スポーツ
13 文房具
14 体
15 毎日の生活
16 人生
17 店・商品
18 職業
19 イベント
20 物・荷物

UNIT 12

20

趣味・芸術・スポーツ (शौक़, कला, खेल／শখ/চারুকলা/খেলাধুলা／විනෝදාංශ . කලා . ක්‍රීඩා)
しゅみ　げいじゅつ

❶ □ 趣味 (शौक़／শখ／විනෝදාංශය)

▶私はお菓子をつくるのが趣味です。
わたし　かし

(मेरा शौक़ मिठाई बनाना है।／মিষ্টি তৈরি করা হল আমার শখ।／රසකැවිලි හදන එක මගේ විනෝදාංශයයි.)

❷ □ 映画 (फ़िल्म／চলচ্চিত্র／චිත්‍රපටිය)
えいが

❸ □ 音楽 (संगीत／সঙ্গীত／සංගීතය)
おんがく

❹ □ 絵 (चित्र／ছবি／චිත්‍ර)
え

▶昔から絵をかくのが好きなんです。
むかし　す

(मुझे हमेशा से ही चित्र बनाना पसंद है।／অনেক আগে থেকে ছবি আঁকা পছন্দ করি।／ඉස්සර ඉඳලා චිත්‍ර අඳින එකට ආසයි.)

❺ □ 写真 (तस्वीर／ফটো/আলোকচিত্র／ඡායාරූපය)
しゃしん

❻ □ 写真を撮る (तस्वीर खींचना／ফটো তোলা／ඡායාරූපයක් ගන්නවා)
と

▶ここで写真を撮りましょう。

(चलो, यहाँ एक तस्वीर खींचते हैं।／এখানে ফটো তোলা যাক।／මෙතන ඡායාරූපයක් ගමු.)

❼ □ 歌う (गाना／গান গাওয়া／ගායනා කරනවා)
うた

❽ □ 歌 (गाना／গান／සින්දුව)

❾ □ 踊る （नाचना／নাচা／නටනවා）
おど

❿ □ 踊り （नाच／নাচ／නර්තනය）

▶私は歌も踊りも苦手なんです。
わたし　　　　　　　　　　にがて
（मैं गाने और नृत्य दोनों में ही अच्छा नहीं हूँ／আমি গান বা নাচ কোনোটিতেই দক্ষ নই।／මම ගායනයටයි නර්තනයටයි දක්ෂ නැහැ.）

⓫ □ ダンス （नाच/डांस／ড্যান্স／ඩාන්ස් කරනවා）

▶見て。あの鳥、ダンスをしているみたい。
み　　　　とり
（देखो (ज़रा)! लगता है जैसे वह चिड़िया नाच रही है।／দেখো। ঐ পাখিটি ড্যান্স করছে বলে মনে হয়।／බලන්න.අර කුරුල්ලා නටනවා වගේ.）

⓬ □ ジャズ （जैज़／জ্যাজ／ජෑස්）

⓭ □ ポップス （पॉप／পপ সঙ্গীত／පොප්）

▶日本のポップスにも興味があります。
にほん　　　　　　　　きょうみ
（मुझे जापानी पॉप में भी दिलचस्पी है।／জাপানের পপ সঙ্গীতেও আগ্রহ আছে।／ජපන් පොප් සංගීතයටත් උනන්දුයි.）

⓮ □ ロック （रॉक／রক সঙ্গীত／රොක්）

⓯ □ クラシック （क्लासिक／ক্লাসিক সঙ্গীত／ක්ලැසික්）

⓰ □ レコード （रिकार्ड／রেকর্ড／රෙකෝඩ්）

⓱ □ ＣＤ （सीडी／সিডি／සිඩි තැටිය）

▶友達にジャズのＣＤを借りました。
ともだち　　　　　　　　か
（मैंने अपने दोस्त से जैज़ का सीडी उधार लिया／বন্ধুর কাছ থেকে জ্যাজের সিডি ধার নিয়েছি।／යාලුවගෙන් ජෑස් සිඩි එකක් ඉල්ලා ගත්තා.）

11 教育・学校

12 趣味・芸術・スポーツ

13 文房具

14 体

15 毎日の生活

16 人生

17 店・商品

18 職業

19 イベント

20 物・荷物

⑱ □ ピアノ (पियानो／পিয়ানো／පියානෝව)

⑲ □ ギター (गिटार／গিটার／ගිටාර් එක)

⑳ □ 楽器(がっき) (संगीत के उपकरण／বাদ্যযন্ত্র／සංගීත භාණ්ඩ)

㉑ □ 弾(ひ)く (बजाना／বাজানো／වාදනය කරනවා)

▶石井(いしい)さん、ピアノが弾けるんですか。いいですね。

(इशी जी, क्या आप पियानो बजा सकते हैं? बढ़िया बात है, न!／ইশি-সান, পিয়ানো বাজাতে পারেন কি? চমৎকার।／ඉෂි මහත්මයා, පියානෝ ගහන්න පුළුවන්ද? ෂෝක්නේ...)

㉒ □ カラオケ (कराओके／কারাওকে／කැරෝකි)

▶土曜(どよう)の夜(よる)、みんなでカラオケに行(い)かない？

(शनिवार की रात को क्यों न हम सब कराओके के लिए चलें?／শনিবার রাতে, সবাই মিলে কারাওকে যাবেন কি?／සෙනසුරාදා රෑට ඔක්කොමල්ලම කැරෝකි යමුද?)

㉓ □ 漫画(まんが) (माँगा／কমিক্স/মাঙ্গা／කොමික්)

▶日本人(にほんじん)は大人(おとな)も漫画を読(よ)むので、びっくりしました。

(मुझे हैरानी हुई कि जापान में बड़े लोग भी माँगा पढ़ते हैं।／জাপানে প্রাপ্তবয়স্করাও কমিক্স/মাঙ্গা পড়ে বিধায়, বিস্মিত হয়েছিলাম।／ජපන් ජාතික වැඩිහිටි අයත් කොමික් කියවන එක ගැන, පුදුම හිතුණා.)

㉔ □ アニメ (आनिमे／অ্যানিমে／ඇනිමේ)

▶日本(にほん)のアニメが好(す)きで、よく見(み)ます。

(मुझे जापानी आनिमे पसंद है, इसलिए मैं अक्सर देखता हूँ।／জাপানের এনিমে পছন্দ করি বিধায়, প্রায়ই দেখে থাকি।／ජපානයේ ඇනිමේ වලට කැමති නිසා, ගොඩක් බලනවා.)

㉕ □ ゲーム (खेल／গেম／ගේම්)

▶ひまなときは、たいていゲームをします。

(जब मुझे फ़ुरसत मिलती है तब मैं आम तौर पर गेम खेलता हूँ।／অবসর সময়, সাধারণত গেম খেলি।／නිවාඩු වෙලාවට සාමාන්‍යයෙන් ගේම් ගහනවා.)

㉖ □ ジョギング (जॉगिंग／জগিং／ජොගින්)

▶毎朝(まいあさ)、家(いえ)の近(ちか)くをジョギングしています。

(रोज़ सुबह मैं घर के पास जॉगिंग करता हूँ।／প্রতিদিন সকালে, বাড়ির কাছাকাছি জগিং করি।／හැමදාම උදේට ගෙදර ළඟ ජොගින් කරනවා.)

㉗ □ 散歩(さんぽ)(する) (सैर करना／হাঁটা／ඇවිදිනවා)

▶天気(てんき)がよかったので、近くの公園(こうえん)を散歩しました。

(मौसम अच्छा था तो मैंने पास के पार्क में सैर की।／আবহাওয়া ভালো ছিল বিধায়, কাছের পার্কে হাঁটতে গিয়েছিলাম।／කාලගුණය හොඳ නිසා, ළඟ තියෙන පාක් එකේ ඇවිද්දා.)

㉘ □ ハイキング (पैदल यात्रा／পর্বতারোহণ/হাইকিং／කඳු නගිනවා)

▶今度(こんど)、「たかお山(さん)」にハイキングに行(い)きませんか。

(अगली बार क्या आप ताकाओ पहाड़ पर पैदल यात्रा पर नहीं चलेंगे?／পরের বার “মাউন্ট তাকাওতে” হাইকিং করতে যাবেন কি?／මේ පාර තකඕ කන්ද නගින්න යමුද?)

㉙ □ 旅行(りょこう)(する) (यात्रा／ভ্রমণ／විනෝද ගමන)

▶どこか旅行に行きたいです。

(मैं कहीं पर यात्रा के लिए जाना चाहता हूँ।／কোথাও ভ্রমণ করতে চাই।／කොහේහරි විනෝද ගමනක් යන්න ආසයි.)

㉚ □ ツアー (पर्यटन／ট্যুর/সফর／සංචාරය)

▶旅行会社(りょこうがいしゃ)で安(やす)くていいツアーを見(み)つけました。

(मुझे एक ट्रैवल कंपनी में एक सस्ती और अच्छी यात्रा मिली।／ট্রাভেল এজেন্সিতে সস্তা ও ভাল ট্যুর খুঁজে পেয়েছি।／සංචාර ආයතනයකින් ලාභ හොඳ සංචාරයක් හම්බවුණා.)

㉛ □ 温泉（おんせん） (गर्म झरना／উষ্ণ প্রস্রবণ／උණුදිය උල්පත්)

㉜ □ スポーツ (खेलकूद／ক্রীড়া／ක්‍රීඩා)

㉝ □ サッカー (फ़ुटबॉल／ফুটবল／පා පන්දු)

㉞ □ テニス (टेनिस／টেনিস／ටෙනිස්)

㉟ □ 野球（やきゅう） (बेसबॉल／বেসবল／බේස්බෝල්)

㊱ □ ゴルフ (गोल्फ़／গলফ／ගොල්ෆ්)

㊲ □ スキー (स्कीइंग／স্কি／හිම ක්‍රීඩා)

㊳ □ 卓球（たっきゅう） (टेबल टेनिस／টেবিল টেনিস／මේස පන්දු)　同 ピンポン

㊴ □ 柔道（じゅうどう） (जूडो／জুদো／ජූඩෝ)

㊵ □ 相撲（すもう） (सुमो／সুমো／සුමෝ)

㊶ □ 運動（うんどう） (व्यायाम／ব্যায়াম／ව්‍යායාම)

UNIT 13

文房具（ぶんぼうぐ） (लेखन सामग्री／স্টেশনারী দ্রব্যাদি／ලිපි ද්‍රව්‍ය)

❶ □ 鉛筆（えんぴつ） (पेंसिल／পেনসিল／පැන්සල)

❷ □ ペン (कलम／কলম／පෑන)

❸ □ ボールペン (बॉलपेन／বলপয়েন্ট কলম／බෝල්පොයින්ට් පෑන)

❹ □ 万年筆（まんねんひつ） (स्याही क़लम／ফাউন্টেন পেন／තීන්ත පෑන)

❺ □ シャープペンシル/シャーペン (मैकेनिकल पेंसिल／শার্প পেন্সিল／ෂාප් පෑන)

❻ □ マーカー (मार्कर पेन／মার্কার／මාකර් එක)

❼ □ ノート (कॉपी／নোট／සටහන් පොත)

❽ □ 手帳（てちょう） (पॉकेट बुक／ডায়েরি／කාලසටහන)

❾ □ メモ(する) (मेमो (डीओ)／নোট (করা)／මතක සටහන)

▶これから試験（しけん）のことを言（い）いますから、メモしてください。

(मैं आपको अब परीक्षा के बारे में बताऊँगा, इसलिए कृपया लिखें।／এখন থেকে পরীক্ষার বিষয়ে বলবো বিধায়, নোট করুন।／මෙතන ඉඳලා විභාගය ගැන කියන නිසා,සටහන් කරගන්න.)

▶しまった！メモをなくしてしまった。

(उफ़! मैंने अपना मेमो खो दिया।／উফ! নোট হারিয়ে ফেলেছি।／අයියෝ, සටහන නැතිවුණා.)

▶メモ帳 (नोटपैड／নোটপ্যাড／සටහන)

⑩ □ 用紙（ようし） (कागज़／কাগজ／කොළ)

▶コピー用紙、メモ用紙

(फ़ोटोकापी का कागज़, मेमो का कागज़／কপির কাগজ, নোটের কাগজ／පිටපත් කොළ , සටහන් කොළ)

⑪ □ 消（け）しゴム (रबड़／রবার／මකනය)

⑫ □ はさみ (कैंची／কাঁচি／කතුර)

⑬ □ カッター (कटर／কাটার／කටර් එක)

⑭ □ クリップ (क्लिप／ক্লিপ／ක්ලිප්)

⑮ □ ふせん (स्टिकी नोट／স্টিকি নোট／අලවන සටහන්)

⑯ □ 定規（じょうぎ） (मापक/फ़ुट्टा／রুলার／අඩි කෝදුව)

⑰ □ インク (स्याही／কালি／තීන්ත පෑන)

▶もうすぐインクがなくなりそうです。

(स्याही जल्द ही ख़त्म होने की संभावना है।／খুব শীঘ্রই কালি শেষ হয়ে যাবে বলে মনে হয়।／තීන්ත ඉවර වෙන්න ලඟයි.)

⑱ □ しん (पेंसिल लीड／সীস/স্ট্যাপল／කටු)

▶シャーペン/ホッチキスのしん

(मैकेनिकल पेंसिल/ स्टेपलर की पिन／শার্প পেন্সিলের সীস/স্ট্যাপলারের স্ট্যাপল／ශාර්ප් පැන්සල් /ස්ටෙප්ලර් වල කටු)

12 趣味・芸術・スポーツ
13 文房具
14 体
15 毎日の生活
16 人生
17 店・商品
18 職業
19 イベント
20 物・荷物

⑲ □ 消す(け) (मिटाना／মুছে ফেলা／මකනවා)

▶〈教室(きょうしつ)で、先生(せんせい)が〉これはもう消していいですか。

(<कक्षा में शिक्षक> क्या अब इसे मिटा सकते हैं?／[শ্রেণীকক্ষে, শিক্ষক] এটি এখন মুছে ফেলতে পারি কি?／<පන්තියේ, ගුරුවරයා> මේක මැකුවට කැමක් නැද්ද?)

⑳ □ 消える(き) (मिटना／অদৃশ্য／මැකෙනවා)

▶これを使(つか)うと、きれいに消えますよ。

(यदि आप इसका उपयोग करते हैं, तो यह बड़ी सफ़ाई से गायब हो जाएगा।／এটি ব্যবহার করা হলে, সুন্দরভাবে মুছে যাবে।／මේක පාවිච්චි කෙරුවොත්, හොඳට මැකෙනවා.)

㉑ □ 切る(き) (काटना／কাটা／කපනවා)

㉒ □ とめる (बंद करना／থামা／අලවනවා)

▶セロテープでとめる

(स्टेपलर/सेलो टेप से बंद करना／সেলোটেপ লাগানো／සෙලෝටේප් වලින් අලවනවා.)

㉓ □ 文房具(ぶんぼうぐ) (लेखन सामग्री／স্টেশনারী দ্রব্যাদি／ලිපි ද්‍රව්‍ය)

はさみ

カッター

ボールペン

ふせん

シャーペン／しん

じょうぎ

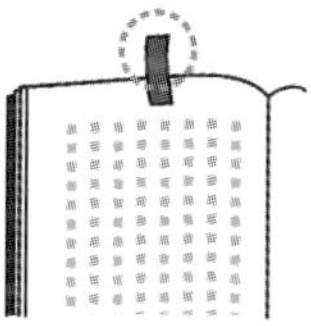

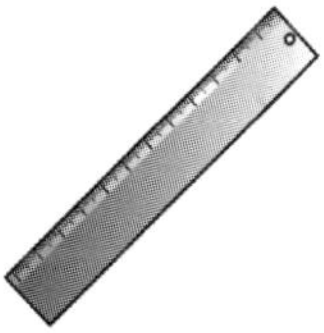

UNIT 14

体 からだ (शरीर／শরীর／ශරීරය)

❶ □ 頭 あたま (सिर／মাথা／ඔළුව)

❷ □ 髪 かみ (बाल／চুল／කොණ්ඩය)

▶髪を切(き)ったんですか。似合(にあ)いますね。

(क्या आपने बाल कटवाए हैं? अच्छे लग रहे हैं।／চুল কেটেছেন কি? আপনার জন্য মানানসই হয়েছে।／කොන්ඩෙ කැපුවද? ගැළපෙනවා.)

▶髪型(かみがた) (बाल की स्टाइल／চুলের স্টাইল／කොන්ඩ මෝස්තරය)

❸ □ 顔 かお (चेहरा／মুখমন্ডল／මුහුණ)

▶顔はよく覚(おぼ)えていません。

(मुझे चेहरा ठीक से याद नहीं है।／মুখটা খুব ভালোভাবে মনে নেই।／මුණ හරියට මතක නැහැ.)

❹ □ 目 め (आँख／চোখ／ඇස)

❺ □ 鼻 はな (नाक／নাক／නහය)

❻ □ 耳 みみ (कान／কান／කන)

❼ □ 口 くち (मुँह／মুখ／කට)

❽ □ のど (गला／গলা／උගුර)

▶ああ、のどが渇(かわ)いた。

(ओह, मेरा गला सूख गया।／ওহ, গলা শুকিয়ে গেছে।／අනේ, තිබහයි.)

❾ □ 歯(は) (दाँत／দাঁত／දත්)

▶歯を磨(みが)く (दाँतों को ब्रश करना／দাঁত মাজা／දත් මදිනවා)

❿ □ 体(からだ) (शरीर／শরীর／ඇඟ)

⓫ □ 体にいい (शरीर के लिए अच्छा है／শরীরের জন্য ভালো／ඇඟට හොඳයි)

▶これは体にいいから食(た)べて。

(यह शरीर के लिए अच्छा है, इसलिए खाएँ।／শরীরের জন্য ভালো বিধায় এটি খাও।／මේක ඇඟට හොඳ නිසා කන්න.)

⓬ □ 首(くび) (गरदन／ঘাড়／බෙල්ල)

⓭ □ 腕(うで) (बाँह／বাহু／අත)

⓮ □ 手(て) (हाथ／হাত／අත)

▶重(おも)いから、両手(りょうて)で持(も)ったほうがいいですよ。

(यह भारी है, इसलिए इसे दोनों हाथों से पकड़ना बेहतर है।／এটি ভারী, তাই উভয় হাত দিয়ে বহন করা ভাল।／බරනිසා අත් දෙකෙන්ම අල්ලා ගන්න එක හොඳයි.)

⓯ □ 指(ゆび) (उँगली／আঙুল／ඇඟිල්ල)

▶親(おや)指 (अँगूठा／বুড়ো আঙুল／මාපටඇඟිල්ල)

⓰ □ 胸(むね) (छाती／বুক／පපුව)

12 趣味・芸術・スポーツ
13 文房具
14 体
15 毎日の生活
16 人生
17 店・商品
18 職業
19 イベント
20 物・荷物

⑰ □ お腹(なか) (पेट／পেট／බඩ)

⑱ □ お腹が空(す)く (भूख लगना／ক্ষুধা লাগা／බඩගිනි වෙනවා)

▶お腹が空きましたね。お昼(ひる)を食(た)べましょう。

(मुझे भूख लगी है। आइए दोपहर का भोजन खाएँ।／ক্ষুধা লেগেছে, তাই নয় কি? দুপুরের খাবার খাওয়া যাক।／බඩගිනියි. දවල් කෑම කමු.)

⑲ □ お腹がいっぱい (पेट भर जाना／পেট ভরে যাওয়া／බඩ පිරිලා)

▶これはどうですか。おいしいですよ。
―いえ、もうお腹いっぱいです。

(यह कैसा है? यह स्वादिष्ट है। —नहीं, मेरा पेट भर गया है।／এটা কেমন? এটা কিন্তু সুস্বাদু। —না, ধন্যবাদ, ইতিমধ্যে পেট ভরে গেছে।／මේක කොහොමද? රසයි......බැහැ , ගොඩක් බඩ පිරිලා.)

⑳ □ お腹をこわす (पेट ख़राब होना／পেট ব্যাথা করা／බඩ යනවා)

▶昨日(きのう)からお腹をこわしているんです。

(कल से मेरा पेट ख़राब है।／গতকাল থেকে পেটে ব্যাথা করছে।／ඊයේ ඉඳලා බඩ යනවා.)

㉑ □ 足(あし) (पैर／পা／කකුල)

▶あー、足が疲(つか)れた。ちょっと休(やす)まない?

(आह, मेरे पाँव थक गए। थोड़ा आराम नहीं कर सकते क्या?／আহ, পা ক্লান্ত হয়ে পড়েছে। একটু বিশ্রাম নেয়া যায় কি?／ආ ආ , කකුල් රිදෙනවා. ටිකක් මහන්සි අරිමුද?)

▶足のサイズはいくつですか。

(आपके पैर का साइज़ क्या है?／পায়ের সাইজ কত?／කකුලේ සයිස් එක කීයද?)

㉒ □ ひげ (दाढ़ी/मूँछ／দাড়ি／රැවුල)

▶ひげをそる (शेव करना／দাড়ি কামানো／රැවුල කපනවා.)

㉓ □ 肩(かた) (कंधा／কাঁধ／උරහිස)

㉔ □ 背中(せなか) (पीठ／পিঠ／පිට)

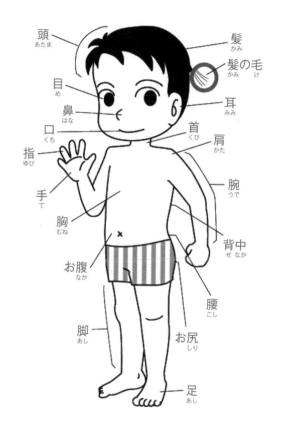

頭
あたま

髪
かみ

髪の毛
かみ　け

目
め

耳
みみ

鼻
はな

首
くび

肩
かた

口
くち

指
ゆび

腕
うで

手
て

胸
むね

背中
せ　なか

お腹
なか

腰
こし

脚
あし

お尻
しり

足
あし

11 教育・学校

12 趣味・芸術・スポーツ

13 文房具

14 体

15 毎日の生活

16 人生

17 店・商品

18 職業

19 イベント

20 物・荷物

毎日の生活 (まいにち せいかつ) (दैनिक जीवन／প্রাত্যহিক জীবন／එදිනෙදා ජීවිතය)

❶ □ 起きる(お) (उठना／বিছানা থেকে ওঠা／නැගිටිනවා)

❷ □ 目が覚める(め さ) (जागना／জেগেউঠা／ඇහැරෙනවා)

▶けさ、地震(じしん)で目が覚めました。

(मैं आज सुबह भूकंप से जाग गया।／সকালে ভূমিকম্পে জেগে উঠেছি।／අද උදේ,භූමි කම්පාවෙන් ඇහැරුණා.)

❸ □ 目覚まし時計(ざ どけい) (अलार्म घड़ी／অ্যালার্ম ঘড়ি／එලාම් ඔරලෝසුව)

▶目覚ましをセットするのを忘(わす)れました。

(मैं अलार्म सेट करना भूल गया।／অ্যালার্ম ঘড়ি সেট করতে ভুলে গেছি।／එලාම් එක තියන්න අමතකවුණා.)

❹ □ 洗う(あら) (धोना／ধোয়া／හෝදනවා)

▶顔(かお)/食器(しょっき)を洗う

(चेहरा/बर्तन धोना／মুখ/থালা-বাসন ধোয়া／මූණ /පිඟාන හෝදනවා.)

❺ □ 石けん(せっ) (साबुन／সাবান／සබන්)

❻ □ 洗剤(せんざい) (डिटर्जेंट／ডিটারজেন্ট／ඩිටර්ජන්ට්)

▶洗剤でよく洗ったほうがいい。

(इसे डिटर्जेंट से धोना बेहतर है।／ডিটারজেন্ট দিয়ে ভালভাবে ধুয়ে ফেলা ভাল।／ඩිටර්ජන්ට් වලින් හෝදන එක හොඳයි.)

❼ □ 散歩(さんぽ) (सैर／হাঁটা／ඇවිදිනවා)

❽ □ 犬(いぬ)の散歩(をする)

(कुत्ते को सैर कराना／কুকুরকে সাথে নিয়ে হাঁটা／බල්ලාව ඇවිද්දවනවා)

▶毎朝(まいあさ)、犬の散歩をしています。

(मैं हर सुबह कुत्ते को सैर कराता हूँ।／প্রতিদিন সকালে কুকুরকে সাথে নিয়ে হাঁটি।／හැමදාම උදේට, බල්ලව ඇවිද්දවනවා.)

❾ □ お湯(ゆ) (गर्म पानी／গরম পানি／උණුවතුර)

❿ □ わかす (उबालना／পানি ফোটানো／උණු කරනවා)

▶いま、お湯(ゆ)を沸(わ)かしています。

(मैं अभी पानी गर्म कर रहा हूँ।／এখন, পানি ফুটিয়ে তুলছি।／දැන්, වතුර උණු කරනවා.)

⓫ □ 沸(わ)く (उबलना／পানি ফোটা／උතුරනවා)

▶お湯(ゆ)が沸(わ)いたみたいですね。

(ऐसा लगता है कि पानी गर्म हो गया है।／পানি ফুটেছে বলে মনে হয়।／වතුර උතුරනවා වගේ.)

⓬ □ ポット (मटका／পাত্র／හට්ටිය)

⓭ □ シャワー (नहाने का फव्वारा／শাওয়ার／ෂවර්)

⓮ □ 浴(あ)びる (नहाना／গোসল করা／නානවා)

▶シャワーを浴(あ)びたらどうですか。

(कैसा रहेगा अगर आप नहा लें?／গোসল করলে কেমন হয়?／නෑවනම් හොඳයි නේද?)

⓯ □ 着替(きが)える (कपड़े बदलना／কাপড় পরিবর্তন করা／ඇඳුම් මාරු කරනවා)

▶もう出(で)られる？　—ちょっと待(ま)って。まだ着替えてない。

(क्या आप बाहर जाने के लिए तैयार हैं? —ज़रा ठहरिए। मैंने अभी तक कपड़े नहीं बदले हैं।／এখন বের হতে পারেন কি? —একটু অপেক্ষা করুন। এখনও কাপড় পরিবর্তন করিনি।／දැන්වත් යන්න පුළුවන්ද? —ටිකක් ඉන්න. තාම ඇඳුම් මරුකෙරුවේ නැහැ.)

⓰ □ 化粧(けしょう) (मेकअप／মেকআপ／මේකප් කරනවා)

▶姉(あね)はいつも、化粧に30分(ぷん)くらい時間(じかん)をかけています。

(मेरी बड़ी बहन हमेशा मेकअप पर लगभग 30 मिनट लगाती है।／আমার বড় বোন সবসময় মেকআপ করার জন্য প্রায় 30 মিনিট সময় নেয়।／අක්කාට සාමාන්‍යයෙන්, මේකප් කරන්න මිනිත්තු 30 ක විතර වෙලාවක් යනවා.)

⓱ □ 磨(みが)く (माँजना／ব্রাশ করা／මදිනවා)

▶わたしは朝(あさ)と夜(よる)に、歯(は)を磨いています。

(मैं सुबह और रात में अपने दाँत ब्रश करता हूँ।／আমি সকালে এবং রাতে দাঁত ব্রাশ করি।／මම උදේටයි රෑටයි, දත් මදිනවා.)

12 趣味・芸術 スポーツ
13 文房具
14 体
15 毎日の生活
16 人生
17 店・商品
18 職業
19 イベント
20 物・荷物

⑱ □ **出(で)る** (निकलना/रवाना होना／বের হওয়া／පිටත් වෙනවා)

▶いつも8時(じ)ごろに家(いえ)を出ます。

(मैं हमेशा 8 बजे के आसपास घर से निकलता हूँ।／সবসময় 8 টার দিকে বাসা থেকে বের হই।／සාමාන්‍යයෙන් 8ට විතර ගෙදරින් පිටත් වෙනවා.)

⑲ □ **出かける** (बाहर जाना／বাইরে বেরোনো／ගමනක් යනවා)

▶出かけるときは、窓(まど)を閉(し)めます。

(बाहर जाते समय खिड़की बंद करते हैं।／বাইরে বেরোনোর সময় জানালা বন্ধ করি।／ගමනක් යනකොට, ජනේලය වහනවා.)

⑳ □ **かぎ** (चाबी／চাবি／යතුර)

㉑ □ **かぎをかける** (ताला लगाना／তালা／යතුර දානවා)

▶かぎ、かけてきた？

(ताला लगा के आए, न?／চাবি লাগিয়ে এসেছি।／යතුර දාලද ආවෙ?)

㉒ □ **ごみ** (कूड़ा／আবর্জনা／කුණු)

㉓ □ **捨(す)てる** (फेंकना／ফেলে দেওয়া／විසිකරනවා)

▶ここには、ごみを捨てないでください。

(कृपया यहाँ कूड़ा मत फेंकिए।／এখানে আবর্জনা ফেলবেন না।／මෙතනට කුණු විසි කරන්න එපා.)

㉔ □ **ごみを出(だ)す** (कूड़ा बाहर रखना／আবর্জনা বের করা／කුණු දානවා)

▶出(で)かけるときに、ごみを出してくれない？

(बाहर जाते समय क्या आप कूड़ा बाहर रख सकते हैं?／বাইরে বেরোনো সময় আবর্জনা বের করতে পার কি?／යන වෙලාවට කුණු එක දාන්න පුළුවන්ද?)

㉕ □ **掃除(そうじ)** (सफ़ाई करना／পরিষ্কার করা／පිරිසිදු කරනවා)

▶お客(きゃく)さんが来(く)るから、部屋(へや)を掃除しないと。

(मुझे कमरे को साफ़ करना होगा क्योंकि मेहमान आने वाले हैं।／অতিথিরা আসছে বিধায়, ঘর পরিষ্কার করতে হবে।／අමුත්තන් එන නිසා, කාමරය පිරිසදු කරන්න ඕනේ.)

▶掃除機(き) (वैक्यूम क्लीनर／ভ্যাকুয়াম ক্লিনার／වැකුම් යන්ත්‍රය)

12 趣味・芸術・スポーツ
13 文房具
14 体
15 毎日の生活
16 人生
17 店・商品
18 職業
19 イベント
20 物・荷物

㉖ □ 洗濯（せんたく） (कपड़े धोना／ধোয়া／රෙදි සෝදනවා)

▶洗たく機 (वॉशिंग मशीन／ওয়াশিং মেশিন／රෙදි සෝදන යන්ත්‍රය)

㉗ □ クリーニング (ड्राइ क्लीन／ড্রাই ক্লিনিং／සෝදනවා)

▶これもクリーニングに出したほうがいいね。

(इसे भी ड्राइ क्लीन के लिए देना सही रहेगा।／এটিও ড্রাই ক্লিনিংয়ের জন্য পাঠালে ভাল হয়।／මේකත් සෝදනවනම් හොඳයි.)

㉘ □ 料理（りょうり） (खाना बनाना／রান্না／කෑම)

㉙ □ 留守（るす） (अनुपस्थिति／বাড়ি থেকে দূরে থাকা／ගෙදර නෑ)

▶おばさんに電話（でんわ）したけど、留守だった。

(मैंने अपनी चाची/ताई/बुआ/मौसी/मामी को फ़ोन किया, लेकिन वे घर पर नहीं थीं।／থালাকে ফোন করেছিলাম, কিন্তু সে বাড়ি থেকে দূরে ছিল।／නැන්දාට කතා කෙරුවට, ගෙදර හිටියේ නෑ.)

▶留守番（ばん）

(किसी की ग़ैरहाज़िरी में देखभाल करने वाला／কেয়ারটেকার／පණිවිඩ යන්ත්‍රය)

㉚ □ 留守番電話（でんわ） (आंसरिंग मशीन／টেলিফোন মেসেজ রেকর্ডার／දුරකථන පණිවිඩ යන්ත්‍රය)

▶留守番電話にメッセージを残（のこ）してください。

(कृपया आंसरिंग मशीन पर संदेश छोड़ दें।／টেলিফোন মেসেজ রেকর্ডারে একটি বার্তা দিন।／පණිවිඩ යන්ත්‍රයට පණිවිඩය තියන්න.)

㉛ □ 働く（はたら） (काम करना／কাজ করা／වැඩ කරනවා)

▶一日何時間（いちにちなんじかん）くらい働いているんですか。

(आप दिन में कितने घंटे काम करते हैं?／দিনে কত ঘণ্টা কাজ করেন?／දවසකට පැය කීයක් විතර වැඩ කරනවද?)

㉜ □ 休む（やす） (आराम करना／বিশ্রাম নেওয়া／විවේක ගන්නවා)

▶疲（つか）れたら、休んでください。

(यदि आप थक गए हैं, तो आराम करें।／ক্লান্ত বোধ করলে, বিশ্রাম নিন।／මහන්සි වුණොම,විවේක ගන්න.)

㉝ □ 片づける(かた) (व्यवस्थित करना／গুছিয়ে রাখা／අස් කරනවා)

▶使(つか)ったら、ちゃんと片づけておいてください。

(यदि आप इसका उपयोग करते हैं, तो कृपया इसे बाद में ठीक से व्यवस्थित करें।／ব্যবহার করলে সঠিকভাবে গুছিয়ে রাখুন।／පාවිච්චි කෙරුවනම්, හරියට අස් කරන්න.)

▶後(あと)片づけ (बाद में व्यवस्थित करना／গোছানো／අස් කරනවා)

㉞ □ 帰る(かえ) (घर जाना／বাড়ি ফেরা／ආපසු යනවා)

▶そろそろ帰りましょう。

(चलो, जल्द ही घर जाते हैं।／শীঘ্রই বাড়ি ফিরে চলুন।／යන වෙලාව හරි නිසා, ආපසු යමු.)

㉟ □ 買(か)い物(もの) (खरीदारी／কেনাকাটা／බඩු ගන්නවා)

㊱ □ 風呂(ふろ) (नहाने का टब／গোসলখানা／නාන කාමරය)

㊲ □ お風呂に入(はい)る (नहाने के टब में घुसना／গোসল করা／ටබ් එකට බහිනවා.)

㊳ □ 電気(でんき) (बिजली／বৈদ্যুতিক বাতি／විදුලිය)

㊴ □ 電気をつける (लाइट को चालू करना／বাতি জ্বালানো／විදුලිය දානවා)

㊵ □ 電気を消(け)す (बत्ती बंद करना／বাতি নেভানো／විදුලිය වහනවා)

㊶ □ 寝(ね)る (सोना／ঘুমানো／නිදා ගන්නවා)

▶きのうはよく寝(ら)れましたか。

(क्या आप कल अच्छी तरह से सो पाए?／গতকাল ভালভাবে ঘুমাতে পেরেছেলিন কি?／ඊයේ හොඳට නිදා ගන්න පුළුවන් වුණාද?)

㊷ □ パジャマ (पाजामा／পায়জামা／නිදන ඇඳුම)

㊸ □ 生活(せいかつ) (जीवन／জীবনযাপন／ජීවිතය)

▶いまの生活には慣(な)れました。

(मुझे अपने वर्तमान जीवन की आदत हो गई।／বর্তমান জীবনযাপনে অভ্যস্ত হয়ে গেছি।／දැන් ජීවිතයට පුරුදු වුණා.)

起きる
お

化粧／化粧(を)する
け しょう

かぎをかける

ごみを捨てる／ごみを出す
す

掃除
そう じ

洗濯
せんたく

料理
りょう り

電気をつける
でん き

11 教育・学校

12 趣味・芸術・スポーツ

13 文房具

14 体

15 毎日の生活

16 人生

17 店・商品

18 職業

19 イベント

20 物・荷物

UNIT 16

人生(じんせい) (ज़िंदगी／জীবন／ජීවිතය)

❶ □ 生(う)まれる (पैदा होना／জন্মগ্রহণ করা／ඉපදෙනවා)

▶子(こ)どもが生まれたんですか。よかったですね。

(बच्चा पैदा हुआ है क्या? कितनी अच्छी बात है।／সন্তান জন্মগ্রহণ করেছে কি? খুব ভালো হয়েছে।／ළමයා ඉපදුනද? හොඳයි.)

❷ □ 生む (जन्म देना／জন্ম দেওয়া／උපද්දවනවා)

❸ □ 赤(あか)ちゃん (शिशु／শিশু／බබා)

❹ □ 名前(なまえ)をつける (नाम देना／নাম দেওয়া／නම් තබනවා , දානවා)

▶私(わたし)は祖父(そふ)に名前をつけてもらいました。

(मेरे दादा ने मुझे नाम दिया था।／দাদা আমার নাম রেখেছেন।／මට මගේ සීයා නම දැම්මා.)

❺ □ 住(す)む (रहना／বসবাস করা／ජීවත් වෙනවා)

▶家族(かぞく)は北京(ペキン)に住んでいます。

(मेरा परिवार बीजिंग में रहता है।／আমার পরিবার বেইজিংয়ে বসবাস করে।／පවුල බීජිං වල ජීවත් වෙනවා.)

❻ □ 住所(じゅうしょ) (पता／ঠিকানা／ලිපිනය)

❼ □ 引(ひ)っ越(こ)し(する) (शिफ़्ट／বাসস্থান পরিবর্তন／ගෙවල් මාරු කිරීම)

▶いま、引越しの準備(じゅんび)で大変(たいへん)なんです。

(मैं अभी शिफ़्ट करने के काम में बहुत व्यस्त हूँ।／এখন বাসস্থান পরিবর্তনের প্রস্তুতিতে কঠিন অবস্থায় আছি।／දැන්,ගෙවල් මාරුකරන දේවල් ලෑස්ති කරන එක හරිම අමාරුයි.)

❽ □ 引っ越す (शिफ़्ट करना／বাসস্থান পরিবর্তন করা／ගෙවල් මාරු කරනවා)

▶いつ引っ越す予定(よてい)ですか。

(आपका कब शिफ़्ट करने का इरादा है?／কখন বাসস্থান পরিবর্তন করার পরিকল্পনা করছেন?／ගෙවල් මාරු කරන්නේ කොයි කලේද?)

❾ □ **慣(な)れる** (आदत पड़ना／অভ্যস্ত হওয়া／හුරුවෙනවා)

▶日本(にほん)の生活(せいかつ)に慣れましたか。

(क्या आपको जापान में रहने की आदत पड़ गई है?／জাপানের জীবনযাপনে অভ্যস্ত হয়েছেন কি?／ජපානයේ ජීවිතයට හුරු වුනාද?)

❿ □ **習慣(しゅうかん)** (रिवाज़／অভ্যাস／පුරුදු)

⓫ □ **留学(りゅうがく)(する)** (विदेश में पढ़ाई करना／বিদেশে অধ্যয়ন করা／විදේශීය අධ්‍යාපනය)

▶高橋(たかはし)さんは、アメリカに２年間(ねんかん)留学していたそうです。

(सुना है कि ताकाहाशि जी ने दो साल संयुक्त राज्य अमेरिका में पढ़ाई की।／তাকাহাশি-সান যুক্তরাষ্ট্রে দুই বছর অধ্যয়ন করেছেন বলে শুনেছি।／තකහෂි , ඇමරිකාවේ අවුරුදු 2ක් ඉගෙනගෙනලු.)

⓬ □ **留学生(せい)** (अंतरराष्ट्रीय छात्र／আন্তর্জাতিক ছাত্র／ජාත්‍යන්තර ශිෂ්‍යයා)

⓭ □ **結婚(けっこん)(する)** (शादी／বিবাহ／කසාදය (බඳිනවා))

▶石井(いしい)さんは結婚しているんですか。
—ええ。彼女(かのじょ)はもう、子(こ)どももいますよ。

(क्या इशी जी शादी-शुदा हैं? —जी, उनका तो पहले से एक बच्चा भी है।／ইশি-সান কি বিবাহিত? —হ্যাঁ। মেয়েটির ইতিমধ্যে সন্তান রয়েছে।／ඉෂි මහතා කසාද බැඳලද? —ඔව් අනේ ! එයාට ළමයෙකුත් ඉන්නවා.)

⓮ □ **結婚式(けっこんしき)** (शादी／বিবাহ করা／විවාහ උත්සවය)

⓯ □ **独身(どくしん)** (अविवाहित／অবিবাহিত／තනිකඩ)

▶弟(おとうと)さんは結婚していますか。　—いいえ、まだ独身です。

(क्या आपका छोटा भाई शादी-शुदा है? —नहीं, वह अभी तक अविवाहित है।／আপনার ছোট ভাই কি বিবাহিত? —না, এখনও অবিবাহিত।／මල්ලි බැඳලද? —නැහැ,තවම තනිකඩයි.)

⓰ □ **離婚(りこん)(する)** (तलाक़／বিবাহবিচ্ছেদ／දික්කසාදය)

11 教育・学校
12 趣味・芸術・スポーツ
13 文房具
14 体
15 毎日の生活
16 人生
17 店・商品
18 職業
19 イベント

⑰ □ 別(わか)れる (अलग होना／ছাড়াছাড়ি হয়ে যাওয়া/বিচ্ছেদ হওয়া／වෙන්වෙනවා)

▶あの二人(ふたり)はもう別れたみたいです。

(लगता है कि वे दोनों अलग हो गए।／ইতিমধ্যেই দুজনের ছাড়াছাড়ি হয়ে গেছে বলে মনে হয়।／අරය දැනටමත් වෙන්වෙලා වගේ.)

▶家族(かぞく)と別れて暮(く)らすのは寂(さび)しいです。

(परिवार से अलग होकर रहने में बहुत अकेलापन है।／পরিবার থেকে বিচ্ছিন্ন হয়ে একাকী বোধ করি।／පවුලෙන් වෙන්වෙලා ජීවත් වෙන එක පාලුයි.)

⑱ □ 死(し)ぬ (मरना／মারা／මැරෙනවා)

▶お腹(なか)が空(す)いて死にそうです。

(लग रहा है जैसे कि मैं भूक के मारे मर जाऊँगा।／ক্ষুধায় মারা যাচ্ছি বলে মনে হয়।／බඩගිනි වැඩි වෙලා,මැරෙන්න වගේ.)

⑲ □ 出身(しゅっしん) (जन्मस्थल／জন্মস্থান／උපන් ස්ථානය)

▶ご出身は？　—韓国(かんこく)のプサンです。

(आपका जन्मस्थल क्या है? —कोरिया का पुसान है।／জন্মস্থান? —দক্ষিণ কোরিয়ার বুসান।／උපන්ස්ථානය ? කොරියාවේ පුසාන්)

⑳ □ 誕生日(たんじょうび) (जन्म दिन／জন্মদিন／උපන් දිනය)

▶誕生日、おめでとうございます。

(जन्म दिन की शुभकामनाएँ।／জন্মদিনের শুভেচ্ছা জানাই।／සුභ උපන්දිනයක් වේවා.-)

㉑ □ 大人(おとな) (वयस्क／প্রাপ্তবয়স্ক/বড় হওয়া／වැඩිහිටි)

▶〈切符(きっぷ)売(う)り場(ば)で〉大人２枚(まい)、子(こ)ども１枚、お願(ねが)いします。

(<टिकेट बिक्री की जगह पर > कृपया दो वयस्क और एक बच्चे की दें।／<টিকিট অফিসে> প্রাপ্তবয়স্কের জন্য দুটি টিকিট এবং শিশুর জন্য একটি টিকিট দিন।／ප්‍රවේශපත්‍ර කාර්යාලයේදී වැඩිහිටි 2යි, කුඩා 1යි දෙන්න.)

▶息子(むすこ)さん、ずいぶん大人になりましたね。

(आपका बेटा काफ़ी बड़ा हो गया है/आपका बेटा अब वयस्क हो गया है／আপনার ছেলে বেশ বড় হয়েছে।／පුතා හොඳටම ලොකුවෙලානේ.)

㉒ □ **将来**（しょうらい） (भविष्य／ভবিষ্যৎ／අනාගතය)

▶将来、通訳（つうやく）になりたいと思（おも）っています。

(मैं भविष्य में एक दुभाषिया बनना चाहता हूँ।／ভবিষ্যতে দোভাষী হতে চাই।／අනාගතයේදී , පරිවර්තකයෙකු වෙන්න ආසයි.)

㉓ □ **未来**（みらい） (भविष्य／ভবিষ্যৎ／අනාගතය)

▶この国（くに）の未来は、どうなるのでしょうか。

(इस देश के भविष्य का क्या होगा?／এই দেশের ভবিষ্যৎ কি হবে?／මේ රටේ අනාගතය මොනා වෙයිද?)

㉔ □ **昔**（むかし） (बहुत समय पहले／বহুদিন পূর্বে／ඉස්සර)

▶昔はもっと太（ふと）っていました。

(बहुत समय पहले यह और मोटा हुआ करता था।／বহুদিন পূর্বে মোটা ছিলাম।／ඉස්සර තවත් මහතයි.)

㉕ □ **夢**（ゆめ） (सपना／স্বপ্ন／හීනය)

▶子どものころの夢は、サッカー選手（せんしゅ）になることでした。

(मेरे बचपन का सपना था कि मैं फ़ुटबॉल का खिलाड़ी बनूँ।／ছোটবেলার স্বপ্ন ছিল ফুটবলের খেলোয়ার হওয়া।／පොඩිකාලේ හීනය, පා පන්දු ක්‍රීඩකයෙක් වෙන එක.)

▶けさ、また恐（こわ）い夢を見（み）ました。

(मैंने सुबह फिर से एक डरावना सपना देखा।／সকালে, আবার ভয়ঙ্কর স্বপ্ন দেখেছি।／අද උදේ ආයෙත් , නරක හීනයක් දැක්කා.)

㉖ □ **人生**（じんせい） (ज़िंदगी／জীবন／ජීවිතය)

11 教育・学校
12 趣味・芸術・スポーツ
13 文房具
14 体
15 毎日の生活
16 人生
17 店・商品
18 職業
19 イベント

25

UNIT 17

店・商品
みせ しょうひん

(दुकान/उत्पाद／দোকান/পণ্যদ্রব্য／වෙළඳසැල . නිෂ්පාදන)

❶ □ 店（みせ） (दुकान／দোকান／කඩේ, කඩය)

❷ □ 開く（あく） (खुलना／খোলা／අරිනවා)

▶お店は何時（なんじ）から開いているんですか。

(दुकान कब खुलती है?／দোকান কয়টা থেকে খোলা থাকে?／කඩේ අරින්නේ කීයටද?)

❸ □ 閉まる（しまる） (बंद होना／বন্ধ হওয়া／වහනවා)

▶お店に行（い）ったんだけど、もう閉まってた。

(मैं दुकान गया, लेकिन वह पहले से ही बंद थी।／দোকানে গিয়েছিলাম, কিন্তু ইতিমধ্যে বন্ধ হয়ে গিয়েছিল।／කඩේට ගියාට වහල තිබුණා.)

❹ □ 商品（しょうひん） (उत्पाद／পণ্যদ্রব্য／නිෂ්පාදන)

❺ □ 値段（ねだん） (दाम／মূল্য／මිළ , ගාණ)

▶値段が書（か）いてないね。いくらだろう。

(दाम नहीं लिखा है। कितने का होगा?／কোন মূল্য লেখা নেই। এটার মূল্য কত হতে পারে?／ගාණ ලියල නැහැනේ, කීයද?)

❻ □ 高い（たかい） (महँगा／ব্যয়বহুল／ගණන්)

❼ □ 安い（やすい） (सस्ता／সস্তা／ලාභයි)

❽ □ 半額（はんがく） (आधा दाम／অর্ধেক／මිලෙන් භාගයක්)

▶閉店前（へいてんまえ）に行ったら、半額で買（か）えたよ。

(जब मैं दुकान बंद होने से पहले गया, तो मैं इसे आधे दाम पर ख़रीद पाया।／দোকান বন্ধ হয়ে যাওয়ার আগে গেলে, অর্ধেক মূল্যে ক্রয় করতে পারতাম।／කඩේ වහන්න කලින් ගියාම, භාගයක්ම අඩුවෙන් ගන්න පුළුවන් වුණා.)

❾ □ 割引（わりびき） (छूट／ছাড়／වට්ටම)

❿ □ ～割引 (~छूट／~ছাড়／වට්ටමක්)

▶学生（がくせい）は1（いち）割引です。

(छात्रों को 10 प्रतिशत की छूट मिलती है।／শিক্ষার্থীর জন্য 10% ছাড়।／පාසැල් සිසුන්ට 10%ක වට්ටමක් ලැබෙනවා.)

⓫ □ 不良品（ふりょうひん） (दोषपूर्ण उत्पाद／ত্রুটিপূর্ণ পণ্য／නරක නිෂ්පාදන)

⓬ □ 返品（へんぴん） (वापस करना／পণ্য ফেরত প্রদান／ආපහු දෙනවා)

⓭ □ 返品する (वापस करना／পণ্য ফেরত দেওয়া／ආපහු දෙනවා)

⓮ □ 交換（こうかん）する (अदला-बदली／বিনিময় করা／මාරු කරනවා)

▶サイズが大（おお）きすぎたんですが、返品できますか。

(साइज़ बहुत बड़ा था, क्या मैं इसे वापस कर सकता हूँ?／সাইজ অনেক বড় হয়ে গেছে, পণ্যটি ফেরত দিতে পারি কি?／සයිස් එක ලොකු වැඩි වුණා නිසා,ආපහු දෙන්න පුළුවන්ද?)

⓯ □ サービス (सेवा／পরিষেবা／සේවාව , සර්විස් එක)

▶この店（みせ）はサービスがいいですね。

(इस स्टोर में अच्छी सेवा है।／এই দোকানের পরিষেবা ভালো।／මේ කඩේ සර්විස් එක හොඳයිනේ.)

⓰ □ サービスする (सेवा करना／বিনামূল্যে প্রদান করা／සේවාව සපයනවා ,සර්විස් එකක් දෙනවා)

▶たくさん買ったら、1個（いっこ）サービスしてくれた。

(जब मैंने बहुत कुछ ख़रीदा, तो उसने मुझे एक और मुफ़्त में दी।／অনেক ক্রয় করলে, একটি বিনামূল্যে দেওয়া হয়।／ගොඩක් ගත්තම, සර්විස් එක විදිහට එකක් නොමිළේ දුන්නා.)

⓱ □ 無料（むりょう） (मुफ़्त／বিনামূল্যে／නොමිලේ)

▶子（こ）どもは無料です。

(बच्चों को मुफ़्त में मिलेगा।／শিশুরা বিনামূল্যে।／ළමයිට නොමිලේ.)

⓲ □ レジ (नक़दी-रजिस्टर／ক্যাশ রেজিস্টার／මුදල් යන්ත්‍රය)

11 教育・学校
12 趣味・芸術・スポーツ
13 文房具
14 体
15 毎日の生活
16 人生
17 店・商品
18 職業
19 イベント

26

UNIT 18

職業 (व्यवसाय／পশা／රැකියා)
しょくぎょう

---

❶ □ 仕事 (काम／কাজ／රැකියාව, රස්සාව ,වැඩ)
しごと

▶どんな仕事をしているんですか。

(आप किस प्रकार का काम करते हैं？／কোন ধরনের কাজ করছেন？／මොනවගේ වැඩක්ද කරන්නේ?)

---

❷ □ 職業 (व्यवसाय／পশা／රස්සාව)
しょくぎょう

▶彼の職業は何ですか。 —高校の教師です。
かれ　　　しょくぎょう　　なん　　　　　　　　　こうこう　　きょうし

(उसका व्यवसाय क्या है？ —वह एक हाई स्कूल शिक्षक है।／তার পেশা কি？ —উচ্চ বিদ্যালয়ের শিক্ষক।／එයාගේ රස්සාව මොකක්ද？ —උසස් පාසලක ගුරුවරයෙක්.)

---

❸ □ 会社員 (कंपनी के कर्मचारी／কোম্পানির কর্মচারী／කාර්යාල සේවකයා)
かいしゃいん

❹ □ サラリーマン

(कंपनी के कर्मचारी／অফিস কর্মী／කාර්යාල සේවකයා)

---

❺ □ 主婦 (गृहिणी／গৃহিণী／ගෘහණිය)
しゅふ

---

❻ □ 大家 (मकान मालिक／বাড়িওয়ালা／ඉඩම් හිමියා)　　　　　　　　**話大家さん**
おおや

---

❼ □ 運転手 (चालक／ড্রাইভার／රියැදුරු)
うんてんしゅ

---

❽ □ 医者 (चिकित्सक／ডাক্তার／වෛද්‍යවරයා)　　　　　　　　**話お医者さん**
いしゃ

---

❾ □ 看護婦／看護師 (नर्स／নার্স／හෙදිය)
かんごふ　　　　し

⑩ □ **通訳(つうやく)(する)** (दुभाषिया (अनुवाद करना)／ভাষান্তরিত করা／පරිවර්තකයා)

⑪ □ **ガイド** (मार्गदर्शक／গাইড／මගපෙන්වන්නා ,ගයිඩ්) 話ガイドさん

▶ガイドさんに聞いてみたら？

(क्यों न मर्गदर्शक से पूछ के देखें?／গাইডকে প্রশ্ন করলে কেমন হয়?／ගයිඩ්ගෙන් අහලා බැලුවනම්)

⑫ □ **店員(てんいん)** (लिपिक／বিক্রয়কর্মী／වෙළඳ සේවක)

⑬ □ **駅員(えきいん)** (स्टेशन स्टाफ़／স্টেশন কর্মী／දුම්රිය සේවක)

⑭ □ **スタッフ** (कर्मचारी／কর্মী／කාර්යමණ්ඩලය)

▶ホテル/会場(かいじょう)のスタッフ

(होटल/स्थल का कर्मचारी／হোটেল/ভেন্যুর কর্মী／හෝටල් /ස්ථාන වල කාර්යමණ්ඩල)

⑮ □ **係(かかり)** (लिपिक／দায়িত্বপ্রাপ্ত ব্যক্তি／භාර පුද්ගලයා)

▶係の人(ひと)に聞いてみましょう。

(चलो, लिपिक से पूछ के देखें।／দায়িত্বপ্রাপ্ত ব্যক্তিকে প্রশ্ন করে দেখা যাক।／වගකිවයුත්තාගෙන් අහල බලමු.)

⑯ □ **プロ** (पेशेवर／পেশাদার／වෘත්තීය)

▶プロになりたいと思(おも)ったことはありますか。

(पेशेवर बनने के बारे में क्या तुमने कभी सोचा है?／কখনও একজন পেশাদার হতে চেয়েছিলেন কি?／වෘත්තිමය වශයෙන් කරන දෙයක් ගැන හිතුවද?)

⑰ □ **アマチュア** (शौक़िया／অপেশাদার／ආධුනික) 話アマ

▶あの人(ひと)、うまいですね。アマチュアとは思えないです。

(वह व्यक्ति अच्छा है। मुझे नहीं लगता कि यह एक शौक़िया है।／ঐ ব্যক্তিটি বেশ দক্ষ। অপেশাদার বলে মনে হয় না।／අරයා, දක්ෂයිනේද. ආධුනිකයෙක් කියලා හිතන්න අමාරුයි.)

⓲ □ 選手（せんしゅ） (खिलाड़ी／খেলোয়াড়／ක්‍රීඩකයා)

▶その人は有名（ゆうめい）な選手ですか。

(क्या वह व्यक्ति एक प्रसिद्ध खिलाड़ी है?／সেই ব্যক্তিটি কি একজন বিখ্যাত খেলোয়াড়?／එයා ප්‍රසිද්ධ ක්‍රීඩකයෙක්ද?)

⓳ □ 画家（が か） (चित्रकार／চিত্রশিল্পী／චිත්‍ර ශිල්පියා)

▶漫（まん）画家 (माँगा कलाकार／মাঙ্গা শিল্পী／කොමික් ශිල්පියා)

⓴ □ 作家（さっ か） (लेखक／লেখক／ලේඛකයා)

㉑ □ 歌手（か しゅ） (गायक／গায়ক／ගායකයා)

㉒ □ ミュージシャン (संगीतकार／সঙ্গীত বিশারদ／සන්ගීත්ක්නය)

㉓ □ 社長（しゃちょう） (अध्यक्ष／কোম্পানির প্রেসিডেন্ট／සභාපති)

㉔ □ 部長（ぶ ちょう） (निदेशक／পরিচালক／ප්‍රධාන කළමනාකරු)

㉕ □ 課長（か ちょう） (प्रबंधक／ব্যবস্থাপক／අංශ ප්‍රධානියා)

㉖ □ 社員（しゃいん） (कर्मचारी／কর্মচারী／ස්ථිර සේවකයා)

㉗ □ 店長（てんちょう） (स्टोर प्रबंधक／স্টোর ম্যানেজার／වෙළඳසැල් කළමනාකරු)

㉘ □ アルバイト (अंशकालिक नौकरी／খণ্ডকালীন কাজ／අර්ධකාලීන රැකියා) 話バイト

▶パート (पार्ट टाइम नौकरी／পার্টটাইম／අර්ධකාලීන රැකියා , පාර්ට්ටයිම් ජොබ්)

UNIT 19

イベント （आयोजन／ইভেন্ট／උත්සවය）

11 教育・学校

12 趣味・スポーツ

13 文房具

14 体

15 毎日の生活

16 人生

17 店・商品

18 職業

19 イベント

20 物・荷物

❶ □ **正月**
しょうがつ （नया साल／নববর্ষ／අවුරුදු උත්සවය）

❷ □ **花見**
はなみ （चेरी ब्लॉसम देखना／চেরি ফুল ফোটা (দেখা)／අවුරුදු උත්සවය）

▶ もうすぐ花見の季節ですね。今年はどこに行きますか。
きせつ ことし い
（जल्दी ही चेरी ब्लॉसम देखने का मौसम होगा। आप इस साल कहाँ जा रहे हैं?／খুব শীঘ্রই চেরি ফুল ফোটা (দেখার) মৌসুম। এই বছর কোথায় যাচ্ছেন?／සකුරා මල් පිපෙන කාලය ළඟයි. මේ අවුරුද්දේ යන්නේ කොහෙද?）

❸ □ **クリスマス** （क्रिसमस／বড়দিন／නත්තල් උත්සවය）

❹ □ **夏休み**
なつやす （गर्मी की छुट्टी／গ্রীষ্মকালীন ছুটি／ගිම්හාන නිවාඩුව）

❺ □ **祭り**
まつ （त्योहार／উৎসব／උත්සවය）

❻ □ **パーティー** （पार्टी／পার্টি／සාදය）

❼ □ **飲み会**
の かい （शराब पीने जाना／মদের পার্টি／බොන සාදය）

▶ きょうは飲み会があるから、帰りが遅くなると思う。
かえ おそ おも
（आज एक पीने की पार्टी है, इसलिए मुझे लगता है कि मेरी वापसी में देर हो जाएगी।／আজ মদের পার্টি আছে বিধায় বাড়ি ফিরতে দেরি হবে বলে মনে হয়।／අද බොන සාදය තියෙන නිසා, එන්න පරක්කු වෙයි කියලා හිතනවා.）

❽ □ **セール／バーゲン** （सेल／বিক্রয় (সেল)／সুলভ বিক্রয়／විකිණීම）

▶ いま、さくらデパートでセールをしているから、一緒に行きませんか。
いっしょ
（अभी सकुरा डिपार्टमेंट स्टोर में सेल चल रही है, साथ में चलेंगे क्या?／এখন সাকুরা ডিপার্টমেন্ট স্টোরে বিক্রয় (সেল) চলছে বিধায়, এক সাথে যাবেন কি?／දැන්,සකුර ගොඩනැගිල්ලේ සේල් එකක් තියෙන නිසා,එකට යමුද?）

❾ □ **フリマ** （कबाड़ी बाज़ार (मुक्त बाज़ार)／ফ্রিমা（ফ্রি মার্কেট）／රිසයිකල් මාර්කට් එක） **話** フリーマーケット

❿ □ **試合** （खेल／খেলা／තරහය）
　　　しあい

⓫ □ **コンサート** （संगीत समारोह／কনসার্ট／ප්‍රසංගය）

⓬ □ **展示会** （प्रदर्शनी／প্রদর্শনী／ප්‍රදර්ශනය）
　　　てんじかい

⓭ □ **展覧会** （प्रदर्शनी／প্রদর্শনী／ප්‍රදර්ශනය）
　　　てんらんかい

⓮ □ **オリンピック** （ओलिंपिक／অলিম্পিক／ඔලිම්පික්）

⓯ □ **ワールドカップ** （विश्व कप／বিশ্বকাপ／ලෝක කුසලානය）

⓰ □ **イベント** （आयोजन／ইভেন্ট／උත්සවය/ ඉවෙන්ට් එක）

　　▶今月はイベントが多くて、忙しい。
　　　こんげつ　　　　　　　　おお　　　　いそが
　　　（इस महीने कई आयोजन हैं इस कारण मैं व्यस्त हूँ।／এই মাসে অনেক ইভেন্ট আছে বিধায় ব্যস্ত।／මේ මාසේ උත්සව වැඩි නිසා,
　　　කාර්යබහුලයි.）

⓱ □ **会場** （कार्यक्रम का स्थान／ভেন্যু／ශාලාව）
　　　かいじょう

　　▶会場までの行き方を教えてください。
　　　　　　　　　い　かた　おし
　　　（कृपया मुझे बताएँ कि कार्यक्रम स्थल पर कैसे जाना है।／ভেন্যু পর্যন্ত যাওয়ার পদ্ধতি সম্পর্কে বলুন।／ශාලාවට යන හැටි කියලා
　　　දෙන්න.）

　　▶試験会場、展示会場、コンサート会場
　　　しけん　　　　てんじ
　　　（परीक्षा स्थल, प्रदर्शनी स्थल, कॉन्सर्ट स्थल／পরীক্ষার ভেন্যু, প্রদর্শনীর ভেন্যু, কনসার্টের ভেন্যু／විභාග ශාලාව, ප්‍රදර්ශන ශාලාව,
　　　ප්‍රසංග ශාලාව）

UNIT 20 物・荷物（もの にもつ）

(चीजें/सामान／বস্তু/লাগেজ／බඩු . බඩු බාහිරාදිය)

❶ □ 鍵（かぎ） (चाबी／চাবি／යතුර)

▶家（いえ）を出（で）る時（とき）、ちゃんとかぎをかけた？

(घर से निकलते समय ठीक से चाबी लगाई क्या?／ঘর থেকে বের হওয়ার সময় ঠিকমতো চাবি লাগিয়েছিলে কি?／ගෙදරින් එළියට යනකොට හරියට යතුර දැම්මද?)

▶かぎがかかって（いて）、中（なか）に入（はい）れません。

(चाबी लगी हुई है, इसलिए मैं अंदर नहीं घुस सकता।／চাবি লাগানো থাকায় ভিতরে প্রবেশ করতে পারছি না।／යතුර දාල නිසා,ඇතුලට යන්න බැහැ.)

❷ □ 財布（さいふ） (बटुआ／মানিব্যাগ／පසුම්බිය, පර්ස් එක)

▶財布を落（お）とす 同財布をなくす

(बटुआ गिरा देना／মানিব্যাগ ফেলে দেওয়া／පර්ස් එක වැටෙනවා., පර්ස් එක නැතිවෙනවා.)

❸ □ ハンカチ (रूमाल／রুমাল／ලේන්සුව)

❹ □ ティッシュ／ティッシュペーパー (टिशू/टिशू पेपर／টিস্যু / টিস্যু পেপার／ටිෂූ /ටිෂූ පේපර්)

▶ティッシュ、ない？ —ソファの上（うえ）にあるよ。

(टिशु नहीं है क्या ? —सोफ़ा के ऊपर है, ना।／টিস্যু নেই? —সোফায় উপর আছে।／ටිෂූ නැද්ද? —සෝෆා එක උඩ තියෙනවා.)

❺ □ ケータイ (मोबाइल／মোবাইল (মোবাইল ফোন)／ජංගම දුරකථනය)

❻ □ 携帯電話（けいたいでんわ） (मोबाइल फ़ोन／মোবাইল ফোন／ජංගම දුරකථනය)

★会話では「ケータイ」だが、書くときはさまざま（主に「ケータイ」「携帯」「携帯電話」の3つ）。
(जापानी भाषा में बात करते समय मोबाइल फ़ोन को 「ケータイ」 कहेंगे, लेकिन लिखते समय यह तीन प्रकार से लिखा जा सकता है जैसे- 「ケータイ」, 「携帯」, 「携帯電話」 इत्यादि।／কথোপকথনে, “মোবাইল” ব্যবহার করা হলেও লেখার সময় বিভিন্ন শব্দ ব্যবহার করা হয় (প্রধানত 「ケータイ」「携帯」এবং 「携帯電話」; এই তিনটি)।／කතාකරනකොට, 「ケータイ」 (වුණාට,ලියනකොට විවිධාකාරයි.විශේෂයෙන්ම 「ケータイ」「携帯」「携帯電話」 යන 3.)

11 教育・学校 / 12 趣味・芸術・スポーツ / 13 文房具 / 14 体 / 15 毎日の生活 / 16 人生 / 17 店・商品 / 18 職業 / 19 イベント / 20 物・荷物

❼ □ 身分証明書（पहचान पत्र／পরিচয় পত্র／හැඳුනුම්පත）
みぶんしょうめいしょ

❽ □ パスポート（पासपोर्ट।／পাসপোর্ট／ගමන් බලපත්‍රය）

❾ □ カード ①カード（कार्ड／কার্ড／කාර්ඩ් එක）
②クレジットカード（क्रेडिट कार्ड／ক্রেডিট কার্ড／හරපත,ක්‍රෙඩිට් කාර්ඩ් එක）

▶①図書館カード、ポイントカード、キャッシュカード
（पुस्तकालय कार्ड, पोईंट कार्ड, नक़द कार्ड／লাইব্রেরি কার্ড, পয়েন্ট কার্ড, ক্যাশ কার্ড／පුස්තකාල කාර්ඩ් එක, පොයින්ට් කාර්ඩ් එක,කෑෂ් කාර්ඩ් එක）

▶②カードで払うこともできます。
（आप कार्ड से भी भुगतान कर सकते हैं।／কার্ড দিয়ে অর্থ প্রদান করা যায়।／කාර්ඩ් එකෙන් ගෙවන්නත් පුළුවන්.）

❿ □ 定期券（बस पास／যাত্রী পাস／මගී අවසර පත්‍රය）
ていきけん

⓫ □ かばん（बैग／থলি／බෑගය）

⓬ □ バッグ（बैग／ব্যাগ／බෑග් එක）

⓭ □ハンドバッグ（हैंडबैग／হ্যান্ডব্যাগ／අත්බෑගය,）

⓮ □ 袋（लिफ़ाफ़ा／ব্যাগ／උරය）
ふくろ

▶一つずつビニールの袋に入れてください。
ひと　い
（एक-एक करके इन्हें प्लास्टिक की थैली में डालें।／একটি একটি করে প্লাস্টিকের ব্যাগে রাখুন।／එකින් එක උරයට දාන්න.）

▶紙袋（लिफ़ाफ़ा／কাগজের ব্যাগ／කොළ උරය）
かみぶくろ

⓯ □ 地図（नक़्शा／মানচিত্র／සිතියම）
ちず

⓰ □ 眼鏡（चश्मा／চশমা／කණ්ණාඩිය）
めがね

⑰ □ コンタクトレンズ (कॉन्टेक्ट लेंस／কনট্যাক্ট লেন্স／ඇස් කාච)

⑱ □ 化粧品 (けしょうひん) (मेकअप का सामान／প্রসাধনী／විලවුන්)

⑲ □ 新聞 (しんぶん) (अख़बार／সংবাদপত্র／පත්තරය)

⑳ □ 雑誌 (ざっし) (पत्रिका／ম্যাগাজিন／සඟරාව)

㉑ □ 本 (ほん) (किताब／বই／පොත)

㉒ □ 辞書 (じしょ) (शब्दकोश／অভিধান／ශබ්දකෝෂය)

㉓ □ カメラ (कैमरा／ক্যামেরা／කැමරාව)

㉔ □ デジカメ／デジタルカメラ

(डिजिटल कैमरा／ডিজি ক্যামেরা/ডিজিটাল ক্যামেরা／ඩිජිටල් කැමරාව)

㉕ □ 印かん (いん) (मोहर／ইনকান (সীল)／අච්චුව , සීල් එක) 漢印鑑

▶ここに印鑑(いんかん)を押(お)してください。

(यहाँ मोहर लगाएँ।／এথানে সীল মারুন।／මෙතන සීල් එක ගහන්න.)

㉖ □ はんこ (मोहर／হানকো (স্ট্যাম্প)／අත්සන් අච්චුව) 漢判子

▶ここにはんこかサインをお願(ねが)いします。

(कृपया यहाँ मोहर लगाएँ या साइन करें।／এথানে স্ট্যাম্প বা স্বাক্ষর দিন।／මෙතන සීල් එක හරි අත්සන හරි දාන්න.)

★「はんこ」は「印かん」の簡単なもの。
(「はんこ」लगाना「印かん」लगाने का सरल शब्द है।／"হানকো" হল "ইনকান" এর একটি সরল রূপ।／「はんこ」කියන්නේ「印かん」වල ලේසි වචනය)

㉗ □ ペットボトル (प्लास्टिक बोतल／পেট বোতল／පොඩි බෝතලය)

11 教育・学校
12 趣味・芸術・スポーツ
13 文房具
14 体
15 毎日の生活
16 人生
17 店・商品
18 職業
19 イベント
20 物・荷物

㉘ □ たばこ (सिगरेट／তামাক／දුම්පානය)

㉙ □ たばこを吸(す)う

(सिगरेट पीना／ধূমপান করা／දුම්පානය කරනවා)

▶ここでたばこを吸わないでください。

(कृपया यहाँ धूम्रपान न करें।／এখানে ধূমপান করবেন না।／මෙතන දුම් පානය කරන්න එපා.)

㉚ □ お土産(みやげ) (स्मारिका／স্যুভেনির／තෑගි)

▶これ、北海道(ほっかいどう)のお土産です。一(ひと)つ、どうぞ。

(यह होक्काइदो की स्मारिका है। एक लीजिए।／এটি হোক্কাইডোর স্যুভেনির। একটি করে, গ্রহণ করুন।／මේක හොක්කයිදෝ වල තෑගි. එකක් ගන්න.)

▶お土産屋(や)、土産物(もの)

(स्मारिका की दुकान, स्मारिका／স্যুভেনিরের দোকান, স্যুভেনির／තෑගි)

㉛ □ 腕時計(うでどけい) (घड़ी／হাতঘড়ি／ඔරලෝසුව)

㉜ □ 傘(かさ) (छाता／ছাতা／කුඩය)

㉝ □ スーツケース (सूटकेस／স্যুটকেস／සූට් කේස්)

㉞ □ 物(もの) (चीज़／বস্তু／බඩු බාහිරාදිය)

㉟ □ 荷物(にもつ) (सामान／লাগেজ／බඩු බාහිරාදිය)

▶さっき、中国(ちゅうごく)から荷物が届(とど)きました。

(कुछ समय पहले चीन से मेरा सामान आया।／কিছু সময় আগে, চীন থেকে একটি লাগেজ এসেছে।／ටිකකට කලින් චීනයේ ඉඳලා බඩු ආවා.)

▶マリアさんは、荷物、そのバッグだけ？

(मारिया जी, आपका सामान सिर्फ़ वह बैग है?／মারিয়া-সানের, লাগেজ বলতে শুধুমাত্র সেই ব্যাগটি?／මරියා,බඩු,ඔය බෑග් එක විතරයිද?)

財布
さいふ

印かん
いん

かさ

雑誌
ざっし

新聞
しんぶん

かばん／バッグ

袋
ふくろ

ケータイ

11 教育・学校

12 趣味・芸術・スポーツ

13 文房具

14 体

15 毎日の生活

16 人生

17 店・商品

18 職業

19 イベント

20 物・荷物

UNIT 21

色・形 (रंग / आकार／রং/আকার／පාට . හැඩය)
いろ かたち

❶ □ 色 (रंग／রং／පාට)
いろ

❷ □ 形 (आकार／আকার／හැඩය)
かたち

❸ □ 青(い) (नीला／নীল／නිල්පාට)
あお

▶青い空 (नीला आकाश／নীল আকাশ／නිල් අහස)
そら

❹ □ 赤(い) (लाल／লাল／රතුපාට)
あか

▶赤いバラ、赤のボールペン

(लाल गुलाब, लाल बॉलपॉइंट पेन／লাল গোলাপ, লাল বলপয়েন্ট কলম／රතු රෝස, රතුපාට බෝල්පොයින්ට් පෑන)

❺ □ 黄色(い) (पीला／হলুদ／කහපාට)
き いろ

▶黄色い花 (पीला फूल／হলুদ ফুল／කහ මල්)
はな

❻ □ 黒(い) (काला／কালো／කලුපාට)
くろ

▶黒い猫、黒い髪
ねこ かみ

(काली बिल्ली, काले बाल／কালো বেড়াল, কালো চুল／කළු පූසා, කළු කොන්ඩේ)

❼ □ 白(い) (सफ़ेद／সাদা／සුදුපාට)
しろ

▶白い馬、白いシャツ
うま

(सफेद घोड़े घोड़ा, सफेद शर्ट／সাদা ঘোড়া, সাদা শার্ট／සුදු අශ්වයා, සුදු කමිසය)

❽ □ 茶色(い) (भूरा／বাদামি／දුඹුරුපාට)
ちゃ

▶茶色いかばん (भूरा बैग／বাদামি থলে／දුඹුරු පාට බෑගය)

❾ □ 丸(まる)い (गोल／গোলাকার／රවුම්)

▶丸いテーブル (गोल मेज़／গোলাকার টেবিল／රවුම් මේසය)

▶丸 (गोल／গোল／බින්දුව)

❿ □ 大(おお)きい (बड़ा／উঁচু／ලොකුයි)

▶もう少し大きい声でお願(ねが)いします。

(कृपया और थोड़ी तेज़ आवाज़ में बोलिए।／আরো একটু উঁচু স্বরে কথা বলুন।／තව ටිකක් සද්දේ වැඩි කරන්න.)

▶大きいかばん (बड़ा बैग／বড় আকারের ব্যাগ／ලොකු බෑගය)

▶聞(き)こえないので、もう少(すこ)し音(おと)を大きくしてください。

(सुनाई नहीं दे रहा, इसलिए कृपया ध्वनि को थोड़ा तेज़ कीजिए।／শুনতে পাচ্ছি না বিধায়, শব্দ আর একটু উঁচু করুন।／ඇහෙන්නේ නැති නිසා, තව ටිකක් සද්දේ වැඩි කරන්න.)

⓫ □ 大きさ (बड़प्पन/विशालता／বড় আকারের／ලොකු)

⓬ □ 大きな (बड़ा/विशाल／বড়／ලොකු)

▶大きな家(いえ)ですね。

(यह एक बड़ा घर है।／এটা একটা বড় বাড়ি।／ලොකු ගෙයක්.)

⓭ □ 小(ちい)さい (छोटा／ছোট／පොඩියි)

▶小さい子(こ)どもには辛(から)すぎると思(おも)います。

(मुझे लगता है कि यह छोटे बच्चों के लिए बहुत मिर्ची वाला है।／ছোট শিশুর জন্য বেশি মশলাদার বলে মনে করি।／පොඩි ළමයින්ට සැර වැඩියි කියලා හිතනවා.)

▶字(じ)が小さくて、読(よ)めません。

(अक्षर छोटे हैं और मैं उन्हें नहीं पढ़ सकता।／অক্ষর ছোট হওয়ায় পড়া যায় না।／අකුරු පොඩි නිසා, කියවන්න බැහැ.)

▶野菜(やさい)を小さく切(き)ってください。

(कृपया सब्ज़ियों को छोटा-छोटा काट दें।／সবজি ছোট করে কেটে নিন।／එළවලු පොඩියට කපන්න.)

⓮ □ 小さな (छोटा／ছোট আকারের／පොඩි)

⓯ □ 太(ふと)い (मोटा／পুরু／මහත)

▶太いペン (मोटा पेन／পুরু কলম／මহත පෑන)

⑯ □ 細い(ほそ) (पतला／সরু／සිහිනයි , පටුයි)

▶細いペン、細い道(みち)

(पतला पेन, संकीर्ण सड़क／সরু কলম, সরু পথ／සිහින් පෑන, පටු පාර)

⑰ □ 厚い(あつ) (मोटा／মোটা／ඝනකම්)

▶厚い本(ほん) (मोटी किताब／মোটা বই／ඝනකම් පොත)

⑱ □ 薄い(うす) (पतला／পাতলা／සිහින්)

▶薄い本 (पतली किताब／পাতলা বই／සිහින් පොත)

⑲ □ 長い(なが) (लंबा／লম্বা／දිග)

▶長い髪(かみ) (लंबे बाल／লম্বা চুল／දිග කොණ්ඩය)

⑳ □ 短い(みじか) (छोटा／ছোট／කොට)

▶短い髪 (छोटे बाल／ছোট চুল／කොට කොණ්ඩය)

UNIT 22

数・量
かず　りょう

(मात्रा／সংখ্যা／পরিমাণ／ගණන . ප්‍රමාණය)

---

❶ □ **多い** (ज़्यादा／অনেক／වැඩියි)
　　おお

▶きょうはゴミが多いですね。

(आज बहुत कूड़ा है, ना।／আজ অনেক আবর্জনা, তাই না।／අද කුණු වැඩියිනේ.)

▶林さん、最近、遅刻が多いですよ。どうしたんですか。
　はやし　　さいきん　ちこく

(हायाशी जी, आप आजकल अक्सर देर से आते हैं। क्या बात है?／হায়াশি-সান, অনেক দেরী করছেন। কি হয়েছে?／හයෂි මහත්තයා,මේ දවස් වල ගොඩක් පරක්කුවෙනවා නේද? මොකද වුනේ?)

---

❷ □ **多くの〜** (कई~／বহুসংখ্যক~／ගොඩක්)
　　おお

▶英語は多くの国で話されています。
　えいご　　　　くに　はな

(कई देशों में अंग्रेज़ी बोली जाती है।／বহুসংখ্যক দেশে ইংরেজি বলা হয়।／ඉංග්‍රීසිභාෂාව ගොඩක් රටවල් වල කතා කරනවා.)

---

❸ □ **少ない** (कुछ／কিছু／අඩුයි)
　　すく

▶A社は休みが少ないけど、給料はいいよ。
　　しゃ　やす　　　　　　　きゅうりょう

(A कंपनी में छुट्टियाँ कम हैं लेकिन वेतन अच्छा है।／A কোম্পানিতে ছুটি কম হলেও বেতন ভালো।／A ආයතනය නිවාඩු අඩු වුණාට,පඩිය හොඳයි.)

---

❹ □ **少し** (थोड़ा-सा／একটু／ටිකක්)
　　すこ

▶これ、少し食べてみてもいいですか?
　　　　　た

(क्या मैं यह थोड़ा खाकर देख सकता हूँ?／এটা, একটু খেয়ে দেখতে পারি কি?／මේක, ටිකක් කලා බලන්න.)

---

❺ □ **大勢** (बहुत सारे (लोग)／প্রচুর সংখ্যক／ගොඩක්)
　　おおぜい

▶人が大勢いて、よく見えなかったよ。
　ひと　　　　　　　み

(बहुत सारे लोग थे, इसलिए मुझे ठीक से ही नहीं दिखा।／প্রচুর সংখ্যক লোক থাকায় ভালভাবে দেখতে পারি নি।／මිනිස්සු ගොඩක් නිසා,පෙනුනේ නැහැ.)

❻ □ たくさん (बहुत／অনেক／ගොඩක්)

▶宿題(しゅくだい)がたくさんあったので、ハイキングには行(い)きません。

(बहुत सारा होमवर्क होने की वजह से मैं लंबी पैदल यात्रा पर नहीं गया।／অনেক হোমওয়ার্ক থাকায়, হাইকিং করতে যাইনি।／ගෙදර වැඩ ගොඩක් තිබුණ නිසා,කඳු නගින්න යන්නේ නෑ.)

❼ □ ちょっと (थोड़ा-सा／আর একটু／ටිකක්)

▶すみません、ちょっと手伝(てつだ)ってくれませんか。

(क्षमा करें, लेकिन क्या आप मेरी थोड़ी मदद कर सकते हैं?／মাফ করবেন, একটু সাহায্য করতে পারবেন কি?／සමාවෙන්න,ටිකක් උදව් කරන්න පුළුවන්ද?)

▶まだ終(お)わりませんか。 —あとちょっとです。

(अभी तक ख़त्म नहीं हुआ क्या? —बस, थोड़ा और है।／এখনও শেষ হয়নি? —আর একটু বাকি।／තාම ඉවර නැද්ද? තව ටිකයි.)

❽ □ 長(なが)さ (लंबाई／দৈর্ঘ্য／දිග)

▶どれくらいの長さですか(長さはどれくらいですか)。

(कितनी लंबाई होगी (लंबाई कितनी होगी)?／দৈর্ঘ্য কত?／කොච්චරක් විතර දිගයිද? (දිග කොච්චරද?))

❾ □ 大(おお)きさ (आकार／সাইজ／ප්‍රමාණය)

▶どれくらいの大きさですか(大きさはどれくらいですか)。

(कितना आकार होगा (आकार कितना होगा)?／সাইজ কত?／කොච්චරක් විතර ලොකුයිද? (කොච්චර ලොකුද?))

❿ □ 重(おも)さ (वज़न／ওজন／බර)

▶どれくらいの重さですか(重さはどれくらいですか)。

(कितना भारी होगा (वज़न कितना होगा)?／ওজন কত?／කොච්චරක් විතර බරයිද? (බර කොච්චරක් විතරද?))

⓫ □ プラス(する) (जोड़ना／প্লাস (যোগ)／එකතු කරනවා.)

▶これに、あと50個(こ)プラスしてください。

(इसमें ५० और जोड़ें।／এর সাথে আরও 50 টি যোগ করুন।／මේකට,තව 50ක් එකතු කරන්න.)

21 色・形

22 数・量

23 お金

24 宅配便・郵便

25 社会

26 マスコミ

27 産業

28 道具・材料

29 天気

30 植物・動物

⓬ □ マイナス(する) (माइनस। घटाना／মাইনাস/বিয়োগ（করা）／අඩුයි)

▶ダイエットを始めて、3か月でマイナス2キロです。

は じ　　　　　　　　げつ

(डायटिंग शुरू किए मैंने तीन महीनों में दो किलो घटाए।／ডায়েট শুরু করে 3 মাসে 2 (কেজি মাইনাস হয়েছে।／
ඩයට් එක පටන් අරන්,මාස තුනෙන්,කිලෝ 2ක් අඩුවුණා.)

⓭ □ 約〜 (क़रीब／প্রায়〜／දළ වශයෙන්)

やく

▶毎年、約2万人がここを訪れます。

まいとし　　にん

(हर साल लगभग बीस हज़ार लोग यहाँ आते हैं।／প্রতি বছর প্রায় 20,000 লোক এই জায়গাটি পরিদর্শন করে।／
හැම අවුරුද්දේම, දළ වශයෙන් මිනිස්සු 20,000ක් එනවා.)

⓮ □ 〜くらい (लगभग〜／〜প্রায়／විතර)

▶値段は3万円くらいでした。

ね だん　　まんえん

(क़ीमत लगभग ३०,००० येन थी।／মূল্য প্রায় 30,000 ইয়েন ছিল।／ගාණ යෙන් 30,000ක් විතර වුණා.)

⓯ □ キロ(メートル) (किलो (मीटर)／কিলা（মিটার）／කිලෝ මීටර්)

⓰ □ メートル (मीटर／মিটার／මීටර)

⓱ □ センチ (सेंटीमीटर／সেন্টিমিটার／සෙන්ටිමීටර)

⓲ □ ミリ (मिलीमीटर／মিলিমিটার／මිලි)

⓳ □ キロ(グラム) (किलो(ग्राम)／কিলা（গ্রাম）／කිලෝ)

⓴ □ グラム (ग्राम／গ্রাম／ග්‍රෑම්)

㉑ □ パーセント (प्रतिशत／শতাংশ／ප්‍රතිශත)

▶人間の体の90パーセントは水です。

にんげん　からだ　　　　　　　　　みず

(मानव शरीर का ९० प्रतिशत भाग पानी है।／মানবদেহের ৯০ শতাংশ হল পানি।／මනුෂ්‍ය ශරීරයේ සියට 90ක් වතුර.)

UNIT 23

お金（かね）

(पैसा／অর্থ／මුදල්, සල්ලි)

❶ □ お金 (पैसा／অর্থ／සල්ලි)

❷ □ ～円（えん） (~ येन／~ইয়েন／යෙන්)

❸ □ 払（はら）う (भुगतान करना／অর্থ প্রদান করা／ගෙවනවා)

❹ □ 支払（しはら）い (भुगतान／অর্থ প্রদান／ගෙවීම)

❺ □ 現金（げんきん） (नक़द／নগদ／මුදල්)

▶支払いは現金でお願（ねが）いします。

(कृपया नकद में भुगतान करें।／নগদে অর্থ প্রদান করুন।／මුදල් වලින් ගෙවන්න.)

❻ □ おつり (छुट्टा पैसा／ভাংতি（টাকা）／ඉතුරු සල්ලි)

❼ □ 細（こま）かい (खुले पैसे／খুচরা টাকা／මාරු සල්ලි)

▶細かいお金、ありますか？

(क्या आपके पास खुले पैसे है?／খুচরা টাকা আছে কি?／මාරු සල්ලි තියෙනවද?)

❽ □ ～代（だい） (~बिल／~ভাড়া／ගාස්තුව)

▶タクシー代 (टैक्सी का किराया／ট্যাক্সি ভাড়া／ටැක්සි ගාස්තුව)

❾ □ 料金（りょうきん） (शुल्क／ফি/চার্জ／බිල)

▶ケータイの基本（きほん）料金

(मोबाइल फोन के लिए बुनियादी शुल्क／মোবাইল ফোনের বেসিক চার্জ／මොබයිල් එකේ මාසික බිල)

❿ □ 入場料（にゅうじょうりょう） (प्रवेश शुल्क／প্রবেশ মূল্য／ඇතුල්වීමේ ගාස්තුව)

⓫ □ する (कितने का／করা／වෙනවා)

▶そのかばん、いくらしたの？ ―これ？ 2万（まん）5千円（せんえん）。

(वह बैग कितने का था? —यह? २५,००० येन।／সেই ব্যাগের মূল্য কত হয়েছে? —এটা? 25,000 ইয়েন।／ඔය බෑග් එක, කීයක් වුනාද? —මේක? යෙන් 25000යි.)

⓬ □ 銀行（ぎんこう） (बैंक／ব্যাংক／බැංකුව)

⓭ □ 両替（りょうがえ）(する) (मुद्राओं का आदान -प्रदान／টাকা ভাংতি (করা)／හුවමාරුව)

⓮ □ おろす ((पैसे) निकालना／টাকা তোলা／සල්ලි ගන්නවා)

▶ATMでお金をおろしてくるから、ちょっと待（ま）ってて。

(मैं एटीएम से पैसे निकालकर आता हूँ, इसलिए ज़रा प्रतीक्षा करें।／ATM থেকে টাকা তুলব জন্য একটু অপেক্ষা করুন।／ATM එකෙන් සල්ලි අරන් එන නිසා, ටිකක් ඉන්න.)

⓯ □ 貯（た）める ((पैसे) बचाना／সঞ্চয় করা／එකතු කරනවා)

▶お金（かね）を貯めて、旅行（りょこう）に行（い）こうと思（おも）っています。

(मैं पैसे बचाकर यात्रा पर जाने के बारे में सोच रहा हूँ।／টাকা সঞ্চয় করে ভ্রমণে যাওয়ার কথা ভাবছি।／සල්ලි එකතු කරලා, ට්‍රිප් එකක් යන්න හිතන් ඉන්නවා.)

⓰ □ 貯（た）まる ((पैसे) बचना／জমানো／එකතු වෙනවා)

▶なかなかお金が貯まりません。

(मैं पर्याप्त पैसे नहीं बचा पा रहा।／পর্যাপ্ত টাকা জমাতে পারি না।／සල්ලි එකතු වෙන්නෙම නැහැ.)

⓱ □ 貯金（ちょきん）(する) (बचत／সঞ্চয়／ඉතුරුම)

▶貯金はほとんどゼロです。

(मेरी बचत लगभग शून्य है।／আমার সঞ্চয় প্রায় শূন্য।／ගොඩක් වෙලාවට ඉතුරුම 0යි.)

22 数・量
23 お金
24 郵便・宅配
25 社会
26 マスコミ
27 産業
29 天気
30 動物・植物

UNIT 24

郵便・宅配 ゆうびん たくはい (डाक/होम डिलीवरी／ডাক/বিলি／තැපැල් . බෙදා හැරීම)

❶ □ 郵便 (डाक／ডাক／තැපැල්)

❷ □ 郵便局（ゆうびんきょく） (डाक घर／ডাক ঘর／තැපැල් කාර්යාලය)

❸ □ 郵便番号（ゆうびんばんごう） (पोस्टल कोड／পোস্ট কোড／තැපැල් අංකය)

> ★番号の前に〒(「郵便」を表すマーク)を付けることが多い。
> (अक्सर पोस्टल कोड के पहले 〒(“मेल” का प्रतिनिधित्व चिह्न) लगाया जाता है।／পোস্ট কোডের আগে প্রায়শই〒 (“ডাককে” প্রতিনিধিত্ব করা চিহ্ন) যোগ করা হয়।／අංකයට කලින් 〒 (තැපැල් පෙන්වන සලකුණ)බොහෝවිට යොදනවා.)

▶郵便物（ゆうびんぶつ） (डाक में भेजने की चीजें／মেইল／තැපැල් භාණ්ඩ)

❹ □ ポスト (डाक／পোস্ট／තැපැල)

▶これ、ポストに出（だ）してもらえる？
——わかった。

(क्या आप इसे डाक से भेज सकते हैं? —समझ गया।／এটা কি পোস্ট করতে পারবেন? —বুঝতে পেরেছি।／මේක, තැපැලට දාන්න පුළුවන්ද? —හරි)

❺ □ 手紙（てがみ） (चिट्ठी／চিঠি／ලියුම)

▶親（おや）に手紙を書（か）こうと思（おも）います。

(मैं अपने माता-पिता को एक पत्र लिखने जा रहा हूँ।／বাবা-মাকে চিঠি লিখব বলে মনে করছি।／දෙමාපියන්ට ලියුමක් ලියන්න ඕනේ කියලා හිතනවා.)

❻ □ はがき (पोस्टकार्ड／পোস্টকার্ড／තැපැල්පත්) 漢 葉書

❼ □ 絵（え）はがき (चित्र पोस्टकार्ड／ছবির পোস্টকার্ড／චිත්‍ර තැපැල්පත්)

21 色・形

22 数・量

23 お金

24 郵便・宅配

25 社会

26 マスコミ

27 産業

28 道具・材料

29 天気

30 動物・植物

❽ □ 切手 (টিকট／ডাকটিকিট／මුද්දර)
きって

▶切手は、まだ貼ってません。
は
(स्टैम्प अभी तक चिपकाया नहीं है।／এখনও ডাকটিকিট লাগাইনি।／මුද්දර, තාම අලවලා නැහැ.)

❾ □ 封筒 (लिफ़ाफ़ा／খাম／ලියුම් කවර)
ふうとう

❿ □ 速達 (स्पीड पोस्ट／এক্সপ্রেস ডেলিভারি／සිඝුගාමී තැපැල)
そくたつ

▶速達でお願いします。
ねが
(कृपया स्पीड पोस्ट से भेजें।／এক্সপ্রেস ডেলিভারির মাধ্যমে পাঠান।／කරුණාකර සිඝුගාමී තැපැලෙන් යවන්න.)

⓫ □ 航空便 (हवाई डाक／এয়ার মেইল／ගුවන් තැපැල)
こうくうびん

▶航空便だと、いくらかかりますか。
(यह हवाई डाक से भेजने में कितना लगता है?／এয়ারমেইলে কত খরচ হবে?／ගුවන් තැපැලෙන් නම්, කීයද?)

⓬ □ 船便 (समुद्री डाक／সমুদ্রপথের মেইল／මුහුදු තැපැල)
ふなびん

▶船便だと、何日くらいかかりますか。
なんにち
(समुद्री डाक से कितने दिन लगते हैं?／সমুদ্রপথের মেইলে পাঠালে কত দিন লাগবে?／මුහුදු තැපැලෙන්, දවස් කීයක් යනවද?)

⓭ □ 荷物 (सामान／লাগেজ／බඩු)
にもつ

▶きのう、荷物が届きました。
とど
(कल मेरा सामान आ गया।／গতকাল লাগেজ এসে পৌঁছেছে।／ඊයේ බඩු ආවා.)

⓮ □ 宅配／宅配便 (होम डिलीवरी/कूरियर सेवा／হোম ডেলিভারি / কুরিয়ার সার্ভিস／කුරිය තැපැල)
たくはい　たくはいびん

▶宅配で送ろうと思います。
おく
(मैं इसे होम डिलीवरी द्वारा भेजने जा रहा हूँ।／হোম ডেলিভারির করে পাঠাব কিনা ভাবছি।／කුරිය එකෙන් එවන්න හිතාගෙන ඉන්නවා.)

▶宅配が届いていますよ。
(डिलीवरी आ गई है।／হোম ডেলিভারি এসে পৌঁছেছে।／කුරිය එක ඇවිල්ලා තියෙන්නේ.)

⑮ □ 送(おく)る (भेजना／প্রেরণ করা/পাঠানো／එවනවා)

▶サンプルを送ってもらえませんか。

(क्या आप मुझे एक नमूना भेज सकते हैं?／নমুনা পাঠাতে পারবেন কি?／සාම්පල් එක එවන්න පුළුවන්ද?)

⑯ □ 出(だ)す (भेजना／প্রেরণ করা/পাঠানো／යවනවා)

▶また、はがきを出すのを忘(わす)れた。

(मैं फिर से पोस्टकार्ड भेजना भूल गया।／এছাড়া, পোস্টকার্ড পাঠাতে ভুলে গেছি।／ආයෙත්,තැපැල් පත යවන්න අමතක වුණා.)

⑰ □ 配達(はいたつ)(する) (वितरण (करना)／বিতরণ (করা)／බෙදාහැරීම (කරනවා))

▶〈宅配(たくはい)の受付(うけつけ)で〉配達の時間(じかん)は、どうしますか。
——午前(ごぜん)でお願(ねが)いします。

(<होम डिलिवरी रिसेप्शन पर> आप डिलिवरी का वक़्त कितने बजे चाहेंगे? —कृपया बारह बजे से पहले भेजें।／(ডেলিভারি রিসেপশনে) : বিতরণের সময়ের জন্য কি করবেন? —সকালে, অনুরোধ করছি।／(බෙදා හරින ස්ථානය) බෙදා හරින්නේ කීයටද? —උදේ වරුවට එවන්න.)

⑱ □ 届(とど)く (पहुँचना／পৌঁছানো／එනවා)

▶友達(ともだち)から絵(え)ハガキが届きました。

(मुझे अपने मित्र से एक चित्र पोस्टकार्ड मिला।／বন্ধুর কাছ থেকে পোস্টকার্ড এসে পৌঁছেছে।／යහළුවාගෙන් චිත්‍ර තැපැල් පතක් ආවා.)

⑲ □ 着(つ)く (पहुँचना／পৌঁছা／යනවා /එනවා)

▶これ、木曜(もくよう)に着きますか。

(क्या यह गुरुवार को पहुँच जाएगा।／এটা, বৃহস্পতিবার পৌঁছাবে কি?／මේක, බ්‍රහස්පතින්දට යනවද?)

⑳ □ 受(う)け取(と)る (मिलना／গ্রহণ করা／භාර ගන්නවා)

▶けさ、荷物を受け取りました。

(आज सुबह मुझे अपना सामान मिला।／সকালে, লাগেজ পেয়েছি।／අද උදේ,බඩු භාර ගත්තා.)

| 21 色・形 |
| 22 数・量 |
| 23 お金 |
| 24 郵便・宅配 |
| 25 社会 |
| 26 マスコミ |
| 27 産業 |
| 28 道具・材料 |
| 29 天気 |
| 30 動物・植物 |

かぞえかた②

（☞「かぞえかた①」p.11）　※音はありません。（NO SOUND）

	 ～だい	 ～はい	 ～本	 ～番	 ～枚	 ～ひき	 ～さつ
1	いちだい	いっぱい	いっぽん	いちばん	いちまい	いっぴき	いっさつ
2	にだい	にはい	にほん	にばん	にまい	にひき	にさつ
3	さんだい	さんばい	さんぼん	さんばん	さんまい	さんびき	さんさつ
4	よんだい	よんはい	よんほん	よんばん	よんまい	よんひき	よんさつ
5	ごだい	ごはい	ごほん	ごばん	ごまい	ごひき	ごさつ
6	ろくだい	ろっぱい	ろっぽん	ろくばん	ろくまい	ろっぴき	ろくさつ
7	ななだい	ななはい	ななほん	ななばん	ななまい	ななひき	ななさつ
8	はちだい	はちはい はっぱい	はちほん はっぽん	はちばん	はちまい	はちひき はっぴき	はちさつ はっさつ
9	きゅうだい	きゅうはい	きゅうほん	きゅうばん	きゅうまい	きゅうひき	きゅうさつ
10	じゅうだい	じゅっぱい じっぱい	じゅっぽん じっぽん	じゅうばん	じゅうまい	じゅっぴき じっぴき	じゅっさつ じっさつ
?	なんだい	なんばい	なんぼん	なんばん	なんまい	なんびき	なんさつ

社会
しゃかい
(समाज／সমাজ／සමාජය)

---

❶ □ **政治** (राजनीति／রাজনীতি／දේශපාලනය)
せい じ

---

❷ □ **経済** (अर्थव्यवस्था／অর্থনীতি／ආර්ථිකය)
けい ざい

---

❸ □ **社会** (समाज／সমাজ／සමගම, ආයතනය)
しゃ かい

▶これは日本社会の問題でしょう。
　　に ほん　　　もん だい

(यह जापानी समाज की समस्या है।／এটা সম্ভবত জাপানি সমাজের একটি সমস্যা।／මේක ජපන් සමාගමේ ප්‍රශ්නයක් නේද?)

▶どんな社会にも、ルールがあります。

(किसी भी समाज में नियम होते हैं।／যে কোনো সমাজে নিয়ম-কানুন আছে।／මොන ආයතනයේ වුණත් නීති තියෙනවා.)

---

❹ □ **国** (देश／দেশ／රට)
くに

---

❺ □ **世界** (दुनिया／বিশ্ব／ලෝකය)
せ かい

---

❻ □ **国際** (अंतर्राष्ट्रीय／আন্তর্জাতিক／අන්තර්ජාතික)
こく さい

❼ □ **国際電話** (अंतर्राष्ट्रीय फ़ोन कॉल／আন্তর্জাতিক কল／ජාත්‍යන්තර ඇමතුම්)

---

❽ □ **市** (शहर／শহর／නගරය)
し

---

❾ □ **町** (नगर／নগর／නගරය)
まち/ちょう

⑩ □ 村（むら/そん） (गाँव／গ্রাম／ගම)

⑪ □ 市民（しみん） (नागरिक／নাগরিক／පුරවැසියා)

▶このイベントには、毎年（まいとし）、多（おお）くの市民が参加（さんか）します。

(कई नागरिक हर साल इस कार्यक्रम में भाग लेते हैं।／এই ইভেন্টে প্রতি বছর অনেক নাগরিক অংশগ্রহণ করেন।／මේ උත්සවයට, හැම අවුරුද්දේම, ගොඩක් පුරවැසියෝ සහභාගී වෙනවා.)

⑫ □ 大人（おとな） (वयस्क／প্রাপ্তবয়স্ক／වැඩිහිටි)

⑬ □ 若者（わかもの） (युवा／তরুণ/তরুণী／තරුණයා)

⑭ □ 老人（ろうじん） (बूढ़ा आदमी／বৃদ্ধ লোক／වයසක)　同 お年寄り（としより）

⑮ □ 法律（ほうりつ） (कानून／আইন／නීතිය)

⑯ □ 規則（きそく） (नियम／বিধিমালা／නීති)　同 ルール

⑰ □ 警察（けいさつ） (पुलिस／পুলিশ／පොලිසිය)

⑱ □ グループ (समूह／দল／කණ්ඩායම)

▶彼女（かのじょ）はわたしたちと同（おな）じグループです。

(वह हमारे ही समूह में है।／মেয়েটি আমাদের মত একই দলে আছে।／එයා අපේ කණ්ඩායමේ කෙනෙක්.)

21 色・形
23 お金
24 郵便・宅配
25 社会
26 マスコミ
27 産業
29 天気

UNIT 26

34

マスコミ (जनसंचार／গণমাধ্যম／ජනමාධ්‍ය)

❶ □ テレビ (टीवी／টেলিভিশন／රූපවාහිනිය)

❷ □ ラジオ (रेडियो／রেডিও／ගුවන් විදුලිය)

❸ □ 番組(ばんぐみ) (कार्यक्रम／(প্রাগ্রাম/অনুষ্ঠান／වැඩසටහන)

❹ □ テレビ番組 (टीवी कार्यक्रम／টিভি (প্রাগ্রাম／රූපවාහිනී වැඩසටහන)

▶いつも、どんな番組を見(み)ていますか。

(आप हमेशा किस तरह का कार्यक्रम देखते हैं?／সবসময় কোন ধরনের প্রোগ্রাম দেখেন?／සාමාන්‍යයෙන් බලන්නේ මොන වගේ වැඩසටහන්ද?)

❺ □ ニュース (समाचार／খবর／ප්‍රවෘත්ති)

▶朝(あさ)、ニュースを見て、びっくりしました。

(मैं सुबह की ख़बर देखकर आश्चर्यचकित था।／সকালে, খবর দেখে অবাক হয়েছি।／උදේ,ප්‍රවෘත්ති බලලා, බයවුණා.)

❻ □ ドラマ (नाटक／নাটক／නාට්‍ය)

▶あのドラマは毎週(まいしゅう)見ています。

(मैं हर हफ़्ते उस नाटक को देखता हूँ।／ঐ নাটকটি প্রতি সপ্তাহে দেখি।／අර නාට්‍ය හැම සතියෙම බලනවා.)

❼ □ 放送(ほうそう)(する) (प्रसारण／সম্প্রচার／විකාශනය)

▶その試合(しあい)はテレビで放送するみたいですよ。

(लग रहा है कि उस खेल का टीवी पर प्रसारण होगा।／এই প্রতিযোগিতাটি টিভিতে সম্প্রচার করা হবে বলে মনে হয়।／ඒ තරඟය ටීවී එකේ විකාශනය කරනවා වගේ.)

▶生(なま)放送 (सीधा प्रसारण／সরাসরি সম্প্রচার／සජීවී විකාශය)

❽ □ 広告（こうこく） (विज्ञापन／বিজ্ঞাপন／වෙළඳ දැන්වීම)

▶この雑誌（ざっし）、広告ばかりだね。

(इस पत्रिका का विज्ञापन ही विज्ञापन है, ना।／দেখো, এই পত্রিকাটি শুধু বিজ্ঞাপনে ভরা।／මේ සඟරාවේ , වෙළඳ දැන්වීම් වැඩියි.)

❾ □ コマーシャル (विज्ञापन／বিজ্ঞাপন／වෙළඳදැන්වීම)

▶これ、知（し）っています。テレビのコマーシャルで見ました。

(मैं यह जानता हूँ। मैंने इसे टीवी विज्ञापन पर देखा।／এটা সম্পর্কে জানি। টিভি বিজ্ঞাপনে দেখেছি।／මේක,දන්නවා. ටීවී එකේ වෙළඳ දැන්වීමක දැක්කා.)

❿ □ 看板（かんばん） (साइन बोर्ड／সাইনবোর্ড／සන්‍යපුවරුව)

▶大（おお）きな看板があるから、すぐわかると思（おも）います。

(एक बड़ा साइन बोर्ड है, इसलिए मुझे लगता है कि आप तुरंत समझ जाएँगे।／বড় সাইনবোর্ড আছে জন্য সহজেই বুঝতে পারবেন বলে মনে করি।／ලොකු සංඥා පුවරුවක් තියෙන නිසා, ඉක්මනට තේරුම් ගන්න පුළුවන් කියලා හිතනවා.)

⓫ □ チラシ (फ़्लायर／ফ্লায়ার（প্রচারপত্র）／දැන්වීම)

▶さっき、駅前（えきまえ）でチラシを配（くば）っていました。

(थोड़ी देर पहले मैं स्टेशन के सामने फ़्लायर बाँट रहा था।／কিছু সময় আগে স্টেশনের সামনে ফ্লায়ার বিতরণ করেছি।／ටිකකට කලින්,ස්ටේෂන් එක ඉස්සරහ දැන්වීම් බෙදබෙද හිටියා.)

★「チラシ」…１枚の簡単なものが多い。
「パンフレット」…詳しく説明していて、何ページかあるものが多い。
(फ़्लायर' अक्सर सरल-सा एक पेज का होता है।
'पुस्तकिा' अक्सर गहराई से समझाया गया काफ़ी पेज का होता है।／“ফ্লায়ার”…বেশিরভাগই এক টুকরা সাধারণ বস্তু হয়ে থাকে। “প্যাম্ফলেট”…প্রায়শই বিশদ ব্যাখ্যা প্রদান করা কয়েক পৃষ্ঠার বস্তু হয়ে থাকে।／「チラシ」…එක කොලයක තේරුම් ගන්න ලේසි දේවල් වැඩියි.「パンフレット」…විස්තරාත්මකව පැහැදිලි කර ඇති අතර පිටු ප්‍රමාණය වැඩියි.)

⓬ □ パンフレット (पुस्तिका/पैम्फ़्लेट／প্যামফলেট／දැන්වීම් පත්‍රිකා)

▶すみません、パンフレットを１部（ぶ）ください。

(मुझे क्षमा करें, कृपया मुझे एक पैम्फ़्लेट दें।／মাফ করবেন, প্যামফলেটের একটি কপি দিন।／සමාවෙන්න, දැන්වීම් පත්‍රිකාවක් දෙන්න.)

⓭ □ ポスター (पोस्टर／পোস্টার／දැන්වීම)

⓮ □ マスコミ (जनसंचार／গণমাধ্যম／ජනමාධ්‍ය)

23 お金
24 郵便・宅配
25 社会
26 マスコミ
27 産業
29 天気
30 動物・植物

35

UNIT 27

産業 (उद्योग／শিল্প／කර්මාන්ත)
さんぎょう

❶ □ 農業 (कृषि／কৃষি／කෘෂිකර්මය)
のうぎょう

❷ □ 工業 (निर्माण उद्योग／শিল্প／කර්මාන්තය)
こうぎょう

❸ □ 産業 (उद्योग／শিল্প／කර්මාන්ත)
さんぎょう

▶この地域には、どんな産業がありますか。
ち いき

(इस क्षेत्र में किस तरह का उद्योग है?／এই এলাকায় কোন ধরনের শিল্প আছে?／මේ ප්‍රදේශයේ මොන වගේ කර්මාන්තද තියෙන්නේ?)

▶自動車産業 (ऑटोमोबाइल उद्योग／মোটরগাড়ি শিল্প／වාහන කර්මාන්ත)
じ どうしゃ

❹ □ 原料 (सामग्री／উপাদান／අමුද්‍රව්‍ය)
げんりょう

▶これも、石油が原料です。
せき ゆ

(इसकी भी सामग्री तेल है।／এটিরও উপাদান হল পেট্রোলিয়াম।／මෙකේ අමුද්‍රව්‍යත් ඉන්ධන.)

❺ □ 材料 (सामग्री／উপকরণ／අමුද්‍රව්‍ය)
ざいりょう

▶材料が足りないから、少ししか作れません。
た すこ つく

(मैं केवल थोड़ा बना सकता हूं क्योंकि सामग्री पर्याप्त नहीं है।／পর্যাপ্ত উপকরণ নেই জন্য অল্প ছাড়া তৈরি করা যায় না।／අමුද්‍රව්‍ය මදි වුනොත්, හදන්න වෙන්නේ ටිකයි.)

❻ □ 部品 (पार्ट्स／যন্ত্রাংশ／කොටස්)
ぶ ひん

❼ □ 工場 (कारखाना/फ़ैक्टरी／কারখানা／කර්මාන්තශාලාව)
こうじょう

❽ □ 倉庫(そうこ) (गोदाम／গুদাম／ගබඩාව)

❾ □ 生産(せいさん)(する) (उत्पादन／উৎপাদন／නිෂ්පාදනය)

▶ほとんどの商品(しょうひん)が、この工場(こうじょう)で生産されている。

(इस कारख़ाने में अधिकांश उत्पादों का उत्पादन किया जाता है।／বেশিরভাগ পণ্য এই কারখানায় উৎপাদন করা হয়।／ගොඩක් කොටස්, මේ කර්මාන්තයේ නිෂ්පාදනය කරනවා.)

❿ □ 輸出(ゆしゅつ)(する) (निर्यात／রপ্তানি／අපනයන)

⓫ □ 輸入(ゆにゅう)(する) (आयात／আমদানি／ආනයන)

⓬ □ ロボット (रोबॉट／রোবট／රෝබෝ)

⓭ □ 貿易(ぼうえき) (व्यापार／বাণিজ্য／ප්‍රාග්ධනය)

⓮ □ 経済(けいざい) (अर्थव्यवस्था／অর্থনীতি／ආර්ථිකය)

▶日本(にほん)の経済は、これからどうなるのでしょうか。

(भविष्य में जापानी अर्थव्यवस्था का क्या होगा?／এরপর থেকে জাপানের অর্থনীতির কি পরিণতি হবে?／ජපානයේ ආර්ථිකය,මින් ඉදිරියට මොනා වෙයිද?)

⓯ □ 発展(はってん)(する) (विकास／উন্নয়ন／දියුණුව)

▶彼(かれ)は、地域産業(ちいきさんぎょう)の発展のために努力(どりょく)した。

(उन्होंने क्षेत्रीय उद्योग को विकसित करने के लिए कड़ी मेहनत की।／তিনি স্থানীয় শিল্পের উন্নয়নের জন্য কঠোর পরিশ্রম করেছেন।／එයා , දේශිය කර්මාන්තය දියුණු කරන්න මහන්සිවුනා.)

21 色・形
22 数・量
23 お金
24 郵便・宅配
25 社会
26 マスコミ
27 産業
28 材料・道具
29 天気
30 動物・植物

材料・道具
ざいりょう どうぐ

(सामग्री/उपकरण／উপকরণ/সরঞ্জাম／
අමුද්‍රව්‍ය . උපකරණ)

---

❶ □ **鉄** (लोहा／লোহা／යකඩ)
てつ

---

❷ □ **金属** (धातु／ধাতু／ලෝහ)
きんぞく

---

❸ □ **ガラス** (काँच／গ্লাস／වීදුරු)

---

❹ □ **プラスチック** (प्लास्टिक／প্লাস্টিক／ප්ලාස්ටික්)

▶このコップはプラスチックだから、落としても割れません。

(यह कप प्लास्टिक का है, इसलिए यदि आप इसे गिराते भी हैं तो यह टूटेगा नहीं।／এই কাপটি প্লাস্টিকের হওয়ায় ফেলে দিলেও ভাঙবে
না।／මේ කෝප්පය ප්ලාස්ටික් නිසා,වැටුනත් කැඩෙන්නේ නැහැ.)

---

❺ □ **木** (लकड़ी／কাঠ／ලී)
き

▶これは全部、木でできているんですか。
ぜんぶ

(क्या यह पूरा लकड़ी से बना है?／এটা সম্পূর্ণ কাঠ দিয়ে তৈরি কি?／මේ ඔක්කොම හදලා තියෙන්නේ ලී වලින්ද?)

---

❻ □ **布** (कपड़ा／কাপড়／රෙදි)
ぬの

▶小さい布のバッグを見ませんでしたか。
ちい み

(क्या आपने एक छोटा कपड़े का बैग तो नहीं देखा?／ছোট কাপড়ের ব্যাগ দেখেছেন কি?／පොඩි රෙදි බෑග් එකක් දැක්කද?)

---

❼ □ **金** (सोना／অর্থ／රන්)
きん

❽ □ ダイヤモンド (हीरा／হীরা／දියමන්ති)

❾ □ コンクリート (कंक्रीट／কংক্রিট／කොන්ක්‍රීට්)

❿ □ 木綿(もめん)／綿(めん) (सूती／সুতি / তুলা／කපු)

▶綿100パーセントのシャツがいいです。

(मुझे १०० % सूती शर्ट पसंद है।／100% সুতির শার্ট পছন্দ করি।／සියට සියක් කපු වලින් මහපු කමිසයක් ඕනේ.)

⓫ □ 絹(きぬ) (रेशम／রেশম／සේද)

⓬ □ ウール (ऊन／উল／ලොම්)

⓭ □ ナイロン (नायलॉन／নাইলন／නයිලෝන්)

⓮ □ ポリエステル (पॉलिएस्टर／পলিয়েস্টার／පොලිතින්)

▶ごみを捨(す)てるから、ポリ袋(ぶくろ)を持(も)ってきてくれる？

(मुझे कचरा फेंकना है इसलिए क्या आप एक प्लास्टिक बैग ला के दे देंगे?／আবর্জনা ফেলব জন্য প্লাস্টিকের ব্যাগ আনতে পারবেন?／කුණු විසිකරන නිසා, පොලිතින් උරයක් ගේන්න පුළුවන්ද?)

⓯ □ 革(かわ) (चमड़ा／চামড়া／හම්)

▶革靴(ぐつ) (चमड़े के जूते／চামড়ার জুতা／හම් සපත්තු)

⓰ □ ゴム (रबड़／রাবার／රබර්)

⓱ □ 紙(かみ) (कागज़／কাগজ／කඩදාසි)

⓲ □ 段(だん)ボール (गत्ता／পিচবোর্ড／කාඩ්බෝඩ්)

22 数・量
23 お金
24 郵便・宅配
25 社会
26 マスコミ
27 産業
28 材料・道具
29 天気
30 動物・植物

⑲ □ **ビニール** (विनाइल／প্লাস্টিক／ඉටි)

▶これはビニール袋(ぶくろ)に入(い)れましょう。

(चलो, इसे एक प्लास्टिक बैग में डालते हैं।／এটি প্লাস্টিকের ব্যাগে রাখুন।／මේක ඉටි උරයකට දාමු.)

⑳ □ **石油**(せきゆ) (तेल／তেল／තෙල්)

㉑ □ **ガソリン** (पेट्रोल／পেট্রল／ඉන්ධන)

㉒ □ ガソリンスタンド (पेट्रोल पंप／পেট্রল স্টেশন／ඉන්ධන පිරවුම්හල)

㉓ □ **ガス** (गैस／গ্যাস／ගෑස්)

㉔ □ **空気**(くうき) (हवा／বায়ু／වාතය)

㉕ □ **箱**(はこ) (डिब्बा／বাক্স／පෙට්ටිය)

㉖ □ 段(だん)ボール箱(ばこ) (गत्ते का डिब्बा／কার্ডবোর্ডের বাক্স／කාඩ්බෝඩ් පෙට්ටිය)

㉗ □ **ケース** (पात्र/केस／থাপ（বাক্স）／කවරය)

▶あれ？　デジカメのケースがない！　ねえ、知(し)らない？

(अरे! मेरे डिजिटल कैमरा का केस नहीं है! सुनो, आप नहीं जानते क्या?／এহ? ডিজিটাল ক্যামেরার কোন থাপ নেই! আরে, তুমি জানো না?／ආ, ඩිජිටල් කැමරාවේ කවරයක් නැද්ද? දන්නේ නැද්ද?)

㉘ □ **缶**(かん) (टिन का डिब्बा／ক্যান／ටින්)

㉙ □ **びん** (बोतल／বোতল／බෝතලය)

㉚ □ **ふた** (ढक्कन／ঢাকনা／මූඩිය)

㉛ □ コード （कोड／কোড／වයර්）

㉜ □ スイッチ （स्विच／সুইচ／ස්විචය）

㉝ □ ボタン （बटन／বোতাম／බොත්තම）

㉞ □ ドライバー （पेंचकस／ড্রাইভার／ස්කරුප්පුව）

㉟ □ 材料 （सामग्री／উপকরণ／අමුද්‍රව්‍ය）
ざいりょう

㊱ □ 道具 （औज़ार／সরঞ্জাম／උපකරණ）
どうぐ

21 色・形

22 数・量

23 お金

24 郵便・宅配

25 社会

26 マスコミ

27 産業

28 材料・道具

29 天気

30 動物・植物

UNIT 29

天気 (てんき) (मौसम／আবহাওয়া／කාලගුණය)

❶ □ 天気 (मौसम／আবহাওয়া／කාලගුණය)

▶明日(あした)の天気はどうですか。

(कल मौसम कैसा रहेगा।／আগামীকাল আবহাওয়া কেমন হবে?／හෙට කාලගුණය කොහොමද?)

❷ □ 天気予報(よほう) (मौसम पूर्वानुमान／আবহাওয়ার পূর্বাভাস／කාලගුණ වාර්තාව)

❸ □ 晴(は)れ (खिली धूप／রৌদ্রোজ্জ্বল／පායයි)

▶週末(しゅうまつ)の天気は晴れだって。よかったね

(सप्ताहांत पर खिली धूप का मौसम रहेगा है। अच्छा है।／সাপ্তাহিক ছুটিতে আবহাওয়া রৌদ্রোজ্জ্বল হবে শুনেছি। ভালো হয়েছে, তাই নয় কি?／ලබන සතියේ කාලගුණය පායයි වගේ.හොඳයිනේ.)

❹ □ 晴れる (साफ़ मौसम／রোদালো হওয়া／පායනවා)

▶週末、晴れたらいいね。

(काश, सप्ताहांत पर धूप खिली रहे।／সাপ্তাহিক ছুটিতে রোদালো হলে ভালো হয়।／සති අන්තය පෑව්වොත් හොඳයි.)

❺ □ 雨(あめ) (बारिश／বৃষ্টি／වැස්ස)

▶雨の場合(ばあい)は中止(ちゅうし)です。

(यदि बारिश होती है, तो इसे रद्द कर दिया जाएगा।／বৃষ্টির হলে, বাতিল করা হবে।／වහින වෙලාවට නතර කරනවා.)

❻ □大雨(おおあめ) (भारी बारिश／ভারী বৃষ্টি／මහා වැස්ස)

❼ □ 雪(ゆき) (बर्फ़／তুষার／හිම)

❽ □ 降(ふ)る (बरसना／পড়া／වහිනවා,වැටෙනවා)

▶うわー、雨(あめ)が降ってる。どうしよう、かさがない。

(वाह, बारिश हो रही है। क्या करूँ? छाता नहीं है।／বাহ, বৃষ্টি পড়ছে। কি করব, কোনো ছাতা নেই।／අනේ, වහිනවා. මොකද කරන්නේ,කුඩයක් නැහැ.)

❾ □ 上(あ)がる (बंद होना／থামা／වැඩි වෙනවා)

▶あっ、雨が上がったみたい。

(अरे वाह! लगता है कि बारिश बंद हो गई।／আহ, বৃষ্টি থেমে গেছে বলে মনে হয়।／ආ , වැස්ස වැඩි කෙරුව වගේ.)

❿ □ やむ (रुकना／থেমে যাওয়া／පායනවා)

▶雨がやんだら出かけましょう。

(बारिश रुकने पर बाहर जाते हैं।／বৃষ্টি থেমে গেলে বাইরে বেরোনো যাক।／වැස්ස පෑවවම පිටත් වෙමු.)

⓫ □ 曇(くも)り (बादलों से घिरा／মেঘলা／වලාකුළු සහිත)

▶〈天気予報(てんきよほう)〉明日(あした)は曇りのち晴(は)れでしょう。

(<मौसम का पूर्वानुमान> कल बादल और धूप होगी।／<আবহাওয়া পূর্বাভাস> আগামীকাল মেঘলা ও পরে রৌদ্রোজ্জ্বল হবে ।／(කාලගුණ)වාර්තාව හෙට වලාකුළු වලින් අඳුරු වුණාට පස්සේ පායයි.)

⓬ □ 曇る (चमड़े के जूते／মেঘলা／වලාකුළු වලින් අඳුරු වෙනවා)

▶曇ってきたね。雨が降るかもしれない。

(बादल छा गए हैं। बारिश हो सकती है।／মেঘলা হয়ে আসছে। বৃষ্টি পড়তে পারে।／වලාකුළු වලින් අඳුරු වෙලානේ. වහියිද දන්නේ නැහැ.)

⓭ □ 雲 (बादल／মেঘ／වලාකුළු)

⓮ □ 暑(あつ)い (गर्म／গরম／රස්නෙයි)

⓯ □ 寒(さむ)い (ठंडा／ঠান্ডা／සීතලයි)

21 色・形
22 数・量
23 お金
24 郵便・宅配
25 社会
26 マスコミ
27 産業
29 天気

⑯ □ 暖(あたた)かい (गर्म／উষ্ণ／උණුසුම් , රස්නෙයි)

▶やっと暖かくなってきたね。もう冬(ふゆ)も終(お)わりかな。

(आख़िरकार मौसम गर्म होना लगा है, ना शायद अब सर्दियाँ ख़त्म।／অবশেষে উষ্ণ হয়ে আসছে। শীঘ্রই শীত শেষ হয়ে যাবে বলে মনে হয়।／ඇතියන්තම් රස්නේ පටන් ගත්තා. දැන්නම් ශීත කාලය ඉවරයි.)

⑰ □ 涼(すず)しい (ठंडा／শীতল／සිසිල් , සීතලයි)

▶風(かぜ)が涼しくて、気持(きも)ちがいいですね。

(हवा ठंडी है और अच्छा लग रहा है.／বাতাস শীতল হওয়ায় ভালো লাগছে।／හුළඟ සීතල නිසා, සනීපයි.)

⑱ □ むし暑(あつ)い (उमस／আর্দ্র／තෙත සහිත රස්නේ)

▶日本(にほん)の夏(なつ)は蒸し暑いので、少(すこ)し苦手(にがて)です。

(जापान में गर्मी उमस भरी होती है, इसलिए मुझे यह थोड़ा पसंद नहीं है।／জাপানের গ্রীষ্মকাল আর্দ্র হয়ে থাকে বিধায় একটু অপছন্দ করি।／ජපානයේ ගිම්හාන කාලය, තෙත සහිත රස්නයක් තියෙන නිසා, ටිකක් අකැමැතියි.)

⑲ □ 風(かぜ) (हवा／বায়ু／හුළඟ)

▶きょうは風が強(つよ)いですね。

(आज हवा तेज़ है।／আজ বাতাস প্রবল।／අද හුළඟ සැරයිනේ.)

⑳ □ 吹(ふ)く ((हवा) चलना／প্রবাহিত হওয়া／හමනවා)

▶風が吹いて、ちょっと涼しくなってきた。

(हवा चलने से थोड़ी ठंडक हो रही है।／বাতাস প্রবাহিত হওয়ায় একটু শীতল হয়ে আসছে।／හුළඟ හමන නිසා, ටිකක් සීතල වුණා.)

㉑ □ 台風(たいふう) (आँधी／টাইফুন／සුළිසුලං)

▶台風が来(く)るから、きょうは早(はや)く帰(かえ)りましょう。

(तूफ़ान आने वाला है, तो चलो आज जल्दी घर चलें।／টাইফুন আসছে বিধায়, আজ তাড়াতাড়ি বাড়ি ফিরে চলুন।／සුළිසුළඟ එන නිසා,අද ඉක්මනට යමු.)

UNIT 30 動物・植物 どうぶつ しょくぶつ (जानवर/पौधे／प्राणी/উদ্ভিদ／සත්තු . ශාක)

❶ □ 動物 (जानवर／প্রাণী／සත්තු)

❷ □ 動物園(えん) (चिड़ियाघर／চিড়িয়াখানা／සත්තු වත්ත)

❸ □ 犬(いぬ) (कुत्ता／কুকুর／බල්ලා)

▶うちの犬は、知(し)らない人(ひと)には必(かなら)ずほえるんです。

(हमारा कुत्ता अजनबी लोगों पर हमेशा भौंकता है।／আমার কুকুর সব সময় অপরিচিত কাউকে দেখলে ঘেউ ঘেউ করে।／අපේ බල්ලා, දන්නේ නැති අයට අනිවාර්යෙන් බුරනවා.)

❹ □ 猫(ねこ) (बिल्ली／বিড়াল／පූසා , බළලා)

❺ □ 鳥(とり) (चिड़िया／পাখি／කුරුල්ලා)

❻ □ 小鳥(ことり) (छोटी चिड़िया／ছোট পাখি／පොඩි කුරුල්ලා)

▶森(もり)さんは、小鳥を飼(か)っているんですか。

(मोरी जी छोटी चिड़िया पाल रहे हैं क्या?／মোরি সান কি কোনও ছোট পাখি পোষেন?／මොරි මහතා, පොඩි කුරුල්ලන්ව ඇති කරනවද?)

❼ □ ペット (पालतू जानवर／পোষা প্রাণী／සුරතලා)

21 色・形
22 数・量
23 お金
24 郵便・宅配
25 社会
26 マスコミ
27 産業
28 材料・道具
29 天気
30 動物・植物

❽ □ **飼う** (पालना／লালনপালন করা／ඇතිකරනවා)
か

▶ペットを飼ったことはありますか。
—子どものころ、家で犬を飼っていました。
　　こ　　　　　　　　　　いえ　いぬ　　か
(क्या आपने कभी पालतू जानवर रखा है? —बचपन में मैंने घर पर एक कुत्ता पाला था।／পোষা প্রাণী লালনপালন করেছেন কি? কখনও／ছোটবেলায়, বাড়িতে কুকুর লালনপালন করতাম।／සුරතල් සතෙක් ඇති කරලා තියෙනවාද? —පොඩිකාලේ,ගෙදර
බල්ලෙක් ඇති කෙරුවා.)

---

❾ □ **鳴く** (बोलना／পাখির ডাক／අඬනවා)
な

▶けさは、鳥の鳴く声で目が覚めました。
　　　　とり　な　　こえ　め　さ
(आज सुबह एक चिड़िया की आवाज़ से मेरी आँखें खुल गई।／সকালে, পাখির ডাকে ঘুম ভেঙে গেল।／
අද උදේ,කුරුල්ලන්ගේ අඬන සද්දෙට ඇහැරුණා.)

---

❿ □ **牛** (गाय／গরু／හරකා)
うし

⓫ □ **馬** (घोड़ा／ঘোড়া／අශ්වයා)
うま

⓬ □ **豚** (सूअर／শূকর／ඌරා)
ぶた

⓭ □ **羊** (भेड़／ভেড়া／බැටළුවා)
ひつじ

⓮ □ **猿** (बंदर／বানর／රිලවා)
さる

⓯ □ **象** (हाथी／হাতি／අලියා)
ぞう

⓰ □ **ヘビ** (साँप／সাপ／නයා)

⓱ □ **ネズミ** (चूहा／ইঁদুর／මීයා)

---

⑱ □ トラ（बाघ／বাঘ／කොටියා）

⑲ □ パンダ（पांडा／পান্ডা／පැන්ඩා）

⑳ □ ライオン（शेर／সিংহ／සිංහයා）

㉑ □ ウサギ（ख़रगोश／খরগোশ／හාවා）

㉒ □ クマ（भालू／ভালুক／වලහා）

㉓ □ 魚（さかな）（मछली／মাছ／මාළුවා）

㉔ □ イルカ（डॉल्फ़िन／ডলফিন／ඩොල්ෆින්）

㉕ □ サケ（सालमन／স্যালমন মাছ／සැමන්）

㉖ □ クジラ（व्हेल／তিমি／තල්මහා）

㉗ □ 虫（むし）（कीड़ा／পোকা／කෘමියා）

㉘ □ 蚊（か）（मच्छर／মশা／මදුරුවා）

㉙ □ ハエ（मक्खी／মাছি／මැස්සා）

21 色・形
22 数・量
23 お金
24 郵便・宅配
25 社会
26 マスコミ
27 産業
28 材料・道具
29 天気
30 動物・植物

㉚ □ **植物** (पौधा／উদ্ভিদ／ශාක)
しょくぶつ

㉛ □ **木** (पेड़／কাঠ／ගස)
き

㉜ □ **花** (फूल／ফুল／මල)
はな

㉝ □ **咲く** (खिलना／ফুল ফোটা／පිපෙනවා)
さ

▶きれいな花がいっぱい咲いていますね。
はな

(बहुत सारे सुंदर फूल खिल रहे हैं।／অনেক সুন্দর ফুল ফুটেছে।／ලස්සන මල් ගොඩක් පිපිලා නේද/)

㉞ □ **桜** (चेरी ब्लॉसम／চেরি ফুল／සකුරා)
さくら

▶桜が咲いたら、花見に行かない？
はなみ い

(यदि चेरी बलॉसम खिल जाता है तो देखने के लिए नहीं चलेंगे?／চেরি ফুল ফুটলে, দেখতে যাবেন কি?／සකුර පිපුණම, මල් බලන්න යමුද?)

㉟ □ **花見**

(चेरी ब्लॉसम देखना／চেরি ফুল ফোটা দেখা／මල් බලනවා)

㊱ □ **バラ** (गुलाब／গোলাপ／රෝස)

㊲ □ **草** (घास／ঘাস／තණකොළ)
くさ

㊳ □ **葉／葉っぱ** (पत्ता/पत्ती／পাতা／කොළ)
は

▶葉っぱが少し赤くなっていますね。
すこ あか

(पत्तियाँ थोड़ी लाल हो गई हैं, न!／পাতাগুলো একটু লাল হয়ে গেছে।／කොළ වල පාට ටිකක් රතු පාට වෙලානේ.)

日本・世界
にほん　せかい

(जापान / दुनिया／জাপান/বিশ্ব／ජපානය . ලෝකය)

❶ □ 東京
とうきょう

❷ □ 大阪　第二の都市 (ओसाका दूसरा बड़ा शहर／দ্বিতীয় বড় শহর／දෙවන නගරය)
おおさか　だいに　とし

❸ □ 名古屋　第三の都市 (नागोया तीसरा बड़ा शहर／তৃতীয় বড় শহর／තුන්වන නගරය)
なごや　さん

❹ □ 京都　昔、長い間、首都だったところ
きょうと　むかし なが　あいだ しゅと
(क्योतो बहुत समय पहले लंबे समय तक एक राजधानी शहर／বহু আগে, জায়গাটি দীর্ঘদিন ধরে রাজধানী ছিল／ඉස්සර, දිග කාලයක් අගනුවර විය.)

❺ □ 奈良　京都より前に首都だったところ
なら　まえ
(नारा जहाँ क्योतो से पहले राजधानी थी／নারা শহর কিয়োতোর আগে রাজধানী ছিল।／ක්යෝතෝ වලට කලින් අගනුවර විය.)

❻ □ 北海道　美しい自然やスキー場で有名なところ
ほっかいどう　うつく　しぜん　じょう　ゆうめい
(होक्काइडो सुंदर प्रकृति और स्की रिसॉर्ट्स के लिए प्रसिद्ध／হোক্কাইডো সুন্দর প্রকৃতি এবং স্কি রিসোর্টের জন্য বিখ্যাত একটি স্থান／ලස්සන සුන්දරත්වය,ස්කී කරන ස්ථාන වලට ප්‍රසිද්ධ තැනක්)

❼ □ 沖縄　日本のいちばん南にある島
おきなわ　みなみ　しま
(ओकिनावा जापान के सबसे दक्षिण में स्थित द्वीप／ওকিনাওয়া জাপানের সবচাইতে দক্ষিণে অবস্থিত দ্বীপ／ජපානයේ දකුණු පළාතේ පහළින්ම තියෙන දූපත)

❽ □ 新宿　東京でいちばんにぎやかな街
しんじゅく　まち
(शिंजुकु टोक्यो का सबसे जीवंत शहर／শিনজুকু টোকিওর ব্যস্ততম এলাকা／ටෝකියෝ වල කාර්යබහුලම නගරය.)

❾ □ 銀座（ぎんざ） 東京の中心（ちゅうしん）にあり、高級店（こうきゅうてん）が並（なら）ぶ街
(गिन्ज़ा टोक्यो के केंद्र में स्थित और लक्जरी दुकानों के साथ पंक्तिबद्ध／গিঞা টোকিওর কেন্দ্রস্থলে, সারিবদ্ধ বিলাসবহুল দোকানের একটি এলাকা／ටෝකියෝ නගරයේ මැද තියෙන සුඛෝපභෝගී වෙළඳසල් තියෙන නගරයක්)

❿ □ 富士山（ふじさん） (फ़ूजी पहाड़／ফুজি পর্বত／ෆුජිකන්ද)

⓫ □ 世界（せかい） (दुनिया／বিশ্ব／ලෝකය)

⓬ □ アジア (एशिया／এশিয়া／ආසියාව)

⓭ □ ヨーロッパ (यूरोप／ইউরোপ／යුරෝපය)

⓮ □ アフリカ (अफ़्रीका／আফ্রিকা／අප්‍රිකාව)

⓯ □ 中国（ちゅうごく） (चीन／চীন／චීනය)

⓰ □ 台湾（たいわん） (ताइवान／তাইওয়ান／තායිවානය)

⓱ □ 韓国（かんこく） (दक्षिण कोरिया／দক্ষিণ কোরিয়া／කොරියාව)

⓲ □ フィリピン (फ़िलिपींस／ফিলিপাইন／පිලිපීනය)

⓳ □ シンガポール (सिंगापुर／সিঙ্গাপুর／සිංගප්පූරුව)

⓴ □ マレーシア (मलेशिया／মালয়েশিয়া／මැලේසියාව)

㉑ □ インドネシア (इंडोनेशिया／ইন্দোনেশিয়া／ඉන්දුනීසියාව)

㉒ □ ベトナム (वियतनाम／ভিয়েতনাম／වියට්නාමය)

㉓ □ タイ （थाईलैंड／থাইল্যান্ড／තායිලන්තය）

㉔ □ インド （भारत／ভারত／ඉන්දියාව）

㉕ □ モンゴル （मंगोलिया／মঙ্গোলিয়া／මොන්ගෝලියාව）

㉖ □ イギリス （इंगलैंड／ইংল্যান্ড／එංගලන්තය）

㉗ □ フランス （फ्रान्स／ফ্রান্স／ප්‍රංශය）

㉘ □ ドイツ （जर्मनी／জার্মানি／ජර්මනිය）

㉙ □ イタリア （इटली／ইতালি／ඉතාලිය）

㉚ □ スペイン （स्पेन／স্পেন／ස්පාඤ්ඤය）

㉛ □ ポルトガル （पुर्तगाल／পর্তুগাল／පෘතුගාලය）

㉜ □ ロシア （रूस／রাশিয়া／රුසියාව）

㉝ □ トルコ （तुर्की／তুরস্ক／තුර්කිය）

㉞ □ アメリカ （अमेरिका／আমেরিকা／ඇමරිකාව）

㉟ □ メキシコ （मेक्सिको／মেক্সিকো／මෙක්සිකෝව）

㊱ □ ブラジル （ब्राज़िल／ব্রাজিল／බ්‍රසීලය）

㊲ □ ペルー （पेरू／পেরু／පේරු）

㊳ □ オーストラリア （ऑस्ट्रेलिया／অস্ট্রেলিয়া／ඕස්ට්‍රේලියාව）

㊴ □ 北京 （बीजिंग／বেইজিং／බීජිං）
ペキン

㊵ □ 上海 （शंघाई／সাংহাই／ෂැංහයි）
シャンハイ

31 日本・世界

32 人と人

33 気持ち

34 健康・病気

35 見る・聞く

36 話す・言う

37 思う・考える

38 行く・来る

39 あげる・もらう

40 する

㊶ □	香港（ホンコン）	(हांगकांग／হংকং／හොංකොන්)
㊷ □	台北（タイペイ）	(ताइपे／তাইপেই／තායිපේ)
㊸ □	ソウル	(सियोल／সিউল／සෝල්)
㊹ □	バンコク	(बैंकाक／ব্যাংকক／බැංකොක්)
㊺ □	ロンドン	(लंडन／লন্ডন／ලන්ඩන්)
㊻ □	パリ	(पेरिस／প্যারিস／පැරිස්)
㊼ □	ローマ	(रोम／রোম／රෝමය)
㊽ □	モスクワ	(मास्को／মস্কো／මොස්කව්)
㊾ □	ニューヨーク	(न्यूयॉर्क／নিউ ইয়র্ক／නිව්යෝර්ක්)
㊿ □	ハワイ	(हवाई／হাওয়াই／හවායි)
(51) □	リオデジャネイロ	(रियो डी जनेरियो／রিও ডি জেনিরো／රියෝද ජනයිරෝ)
(52) □	サンパウロ	(साओ पाउलो／সাও পাওলো／ශාන්ත පාවුළු)
(53) □	シドニー	(सिडनी／সিডনি／සිඩ්නි)

UNIT 32

人と人
ひと　　ひと
（आपसी संबंध／ব্যক্তির সাথে ব্যক্তি／මිනිස්සු අතර）

31 日本・世界

32 人と人

33 気持ち

34 健康・病気

35 見る・聞く

36 話す・言う

37 思う・考える

38 行く・来る

39 あげる・もらう

40 する

❶ □ **誘う**（आमंत्रित करना／আমন্ত্রণ জানানো／ආරාධනා කරනවා）
　さそ

▶森さんを食事に誘ってみようと思います。
　もり　　　しょくじ　　　さそ　　　　　　　　おも
（मैं सोच रहा हूँ कि मोरी जी को खाने के लिए आमंत्रित करके देखूँ।／মরি-সানকে খাবারের জন্য আমন্ত্রণ জানিয়ে দেখব বলে মনে করি।／මොරි මහතාට කෑමට ආරාධනා කරන්න කියලා හිතාගෙන ඉන්නවා.）

❷ □ **誘い**（आमंत्रण／আমন্ত্রণ／ආරාධනාව）
　さそ

❸ □ **呼ぶ**（बुलाना／ডাকা／අඬගහනවා）
　よ

▶森さんも呼びましょう。彼、カラオケ好きだから来ますよ。
　もり　　　よ　　　　　　　かれ　　　　　　す　　　　　　き
（चलो, मोरी जी को भी बुलाते हैं। वे आएँगे क्योंकि उनको कराओके पसंद है।／মরি-সানকেও ডাকা যাক। কারাওকে পছন্দ করেন বিধায় তিনি আসবেন।／මොරිටත් අඬගහමු. ඔහු, කැරෝකි වලට කැමති නිසා එයි.）

❹ □ **招待(する)**（आमंत्रण (देना)／আমন্ত্রণ (জানানো)／ආරාධනා කරනවා）
　しょうたい

▶田中さんの結婚式に招待されました。
　たなか　　　けっこんしき　　しょうたい
（मुझे तानाका जी की शादी में आमंत्रित किया है।／তানাকা-সানের বিয়েতে আমন্ত্রিত হয়েছি।／තනකගේ විවාහ උත්සවයට ආරාධනා කෙරුවා.）

▶招待状（आमंत्रण पत्र／আমন্ত্রণ পত্র／ආරාධනාව）
　　じょう

❺ □ **断る**（अस्वीकार करना／প্রত্যাখ্যান করা／ප්‍රතික්ෂේප කරනවා）
　ことわ

▶お昼に誘われたけど、忙しかったから断りました。
　　ひる　　さそ　　　　　　いそが　　　　　　ことわ
（मुझे दोपहर के भोजन के लिए आमंत्रित किया गया था, लेकिन मैं व्यस्त था और इनकार कर दिया।／মধ্যাহ্নভোজে আমন্ত্রণ জানানো হলেও, ব্যস্ত ছিলাম বিধায় প্রত্যাখ্যান করেছি।／දවල් කෑමට ආරාධනා කළත්, කාර්යබහුල නිසා ප්‍රතික්ෂේප කලා.）

❻ □ **謝る**（क्षमा माँगना／ক্ষমা চাওয়া／සමාව ඉල්ලනවා）
　あやま

▶早く謝ったほうがいいよ。
　はや　　あやま
（अच्छा होगा अगर आप जल्दी माफ़ी माँगें।／তাড়াতাড়ি ক্ষমা চাওয়া ভালো।／ඉක්මනට සමාව ඉල්ලනවානම්, හොඳයි.）

❼ □ お願い(ねが) (निवेदन／অনুরোধ／ඉල්ලීම)

▶すみません、ちょっとお願いがあるんですが。 —何(なん)ですか。

(क्षमा करें, मैं कुछ अनुरोध करना चाहता हूँ। —जी, कहिए।／মাফ করবেন, একটু অনুরোধ ছিল। —কি?／සමාවෙන්න, ඉල්ලීමක් තියෙනවා —මොකක්ද?)

❽ □ お願いする (निवेदन करना／অনুরোধ করা／ඉල්ලීමක් කරනවා.)

▶買(か)い物(もの)をお願いしてもいい？

(क्या मैं ख़रीदारी के लिए निवेदन कर सकता हूँ?／কেনাকাটার জন্য অনুরোধ করতে পারি কি?／බඩුවක් ගෙනත් දෙන්න පුළුවන්ද?)

❾ □ 頼む(たの) (अनुरोध करना／অনুরোধ করা／උදව් ඉල්ලනවා)

▶原(はら)さんに、引(ひ)っ越(こ)しの手伝(てつだ)いを頼みました。

(मैंने हारा जी को शिफ़्टिंग में मदद करने के लिए अनुरोध किया।／হারা-সানকে বাসা পরিবর্তনে সাহায্য করতে অনুরোধ করেছি।／හරට ගෙවල් මාරුකරන එකට උදව් ඉල්ලුවා.)

❿ □ 助ける(たす) (बचाना／সাহায্য করা／උදව් කරනවා)

▶石井(いしい)さんには、いつも助けてもらっています。

(इशी जी हमेशा मेरी मदद करते हैं।／ইশি-সান আমাকে সবসময় সাহায্য করেন।／ඉෂිගෙන්,නිතරම උදව් ලබාගන්නවා.)

⓫ □ 手伝う(てつだ) (मदद करना／সাহায্য করা／උදව් කරනවා)

▶忙(いそが)しそうですね。何(なに)か手伝いましょうか。

(आप व्यस्त लग रहे हैं। मैं कुछ मदद करूँ क्या?／ব্যস্ত মনে হচ্ছে। কোনো কিছু সাহায্য করতে পারি কি?／කාර්යබහුලයිනේද? මොනවහරි උදව්වක් කරන්නද?)

▶手伝い (मदद／সাহায্য／උදව්ව)

⓬ □ 信じる(しん) (विश्वास करना／বিশ্বাস করা／විශ්වාස කරනවා)

▶彼(かれ)の言(い)うことは信じます。

(मुझे उसके कहने पर विश्वास है।／তার বলা কথা বিশ্বাস করি।／එයා කියන දේවල් විශ්වාස කරනවා.)

⓭ □ **電話(でんわ)をかける** (फ़ोन करना／টেলিফোন করা／ඇමතුමක් ගන්නවා)

⓮ □ **約束(やくそく)(する)** (वादा (करना)／প্রতিশ্রুতি দেওয়া／පොරොන්දු වෙනවා)

▶一緒(いっしょ)に行(い)きませんか。
—すみません、きょうはちょっと約束があるんです。

(साथ नहीं चलोगे क्या? —मुझे माफ़ करें, आज मैंने किसी को वादा किया है।／একসাথে যাবেন কি? —মাফ করবেন, আজকে একটু প্রতিশ্রুতি ছিল।／එකට යමුද? —සමාවෙන්න, අද පොඩි පොරොන්දු වෙච්ච වැඩක් තියෙනවා.)

⓯ □ 約束を守(まも)る

(वादा निभाना／প্রতিশ্রুতি রক্ষা করা／පොරොන්දු රකිනවා)

⓰ □ 約束を破(やぶ)る (वादा तोड़ना／প্রতিশ্রুতি ভঙ্গ করা／පොරොන්දු කඩකරනවා)

⓱ □ **会(あ)う** (मिलना／দেখা করা／හම්බවෙනවා)

▶友達(ともだち)と会う約束があるんです。

(मेरा दोस्त से मिलने का वादा है।／বন্ধুর সাথে দেখা করার প্রতিশ্রুতি আছে।／යාළුවෙක්ව හම්බවෙන්න තියෙනවා.)

⓲ □ **待(ま)ち合(あ)わせ** (मुलाक़ात／সাক্ষাৎ／හමුවීම)

▶待ち合わせ場所(ばしょ)はどこですか。

(मिलने की जगह कहाँ है?／সাক্ষাতের জায়গাটি কোথায়?／හම්බවෙන තැන කොහෙද?)

⓳ □ **待ち合わせる** (आपस में मिलना／দেখা করা／හම්බවෙනවා)

▶3時(じ)に駅(えき)の改札口(かいさつぐち)で待ち合わせましょう。

(चलो, ३ बजे स्टेशन के टिकट गेट पर मिलते हैं।／স্টেশনের টিকিট গেটে 3 টা'র সময় দেখা করা যাক ।／3ට ස්ටේෂන් එකේ ප්‍රවේශපත් කවුළුව ළඟදී හම්බවෙනවා.)

⓴ □ **参加(さんか)(する)** (भाग लेना／অংশগ্রহণ করা／සහභාගී වෙනවා)

▶わたしもこの会(かい)に参加したいと思(おも)っています。

(मैं भी इस बैठक में भाग लेना चाहता हूँ।／আমিও এই সভায় অংশগ্রহণ করতে চাই বলে মনে করি।／මමත් මේ හමුවට සහභාගී වෙන්න හිතාගෙන ඉන්නවා.)

32 人と人
33 気持ち
34 健康・病気
35 見る・聞く
36 話す・言う
37 思う・考える
38 行く・来る
39 あげる・もらう
40 する

㉑ □ **出(で)る** (भाग लेना／যোগ দেওয়া/অংশ গ্রহণ করা／සහභාගි වෙනවා)

▶授業(じゅぎょう)／試合(しあい)に出る

(कक्षा/खेल में भाग लेना／ক্লাস/প্রতিযোগিতায় যোগ দেওয়া／පාඩම/තරඟයට සහභාගි වෙනවා.)

㉒ □ **紹介(しょうかい)(する)** (परिचय (देना)／পরিচয় (করিয়ে দেওয়া)／හඳුන්වලා දෙනවා)

▶森(もり)さんの彼女(かのじょ)に会いましたか。
—ええ、さっき紹介してもらいました。

(क्या आप मोरी जी की प्रेमिका से मिले? —हाँ, मुझे अभी-अभी उनसे मिलवाया गया था।／মরি-সানের বান্ধবীর সাথে দেখা করেছেন কি? —হ্যাঁ, কিছু সময় আগে পরিচয় করিয়ে দেওয়া হয়েছে।／මොරිගේ පෙම්වන්තියව හම්බවුනාද? ඔව්, ටිකකට කලින් හඳුන්වලා දුන්නා.)

㉓ □ **世話(せわ)(する)** (सेवा (करना)／দেখাশুনা (করা)／රැකබලා ගන්නවා /බලා ගන්නවා)

▶子(こ)どもの世話で毎日(まいにち)疲(つか)れます。

(मैं हर दिन अपने बच्चों की देखभाल करते-करते थक जाती हूँ।／সন্তানের যত্ন নিতে গিয়ে প্রতিদিন ক্লান্ত হয়ে পড়ি।／ළමයින්ව බලා ගන්න තියෙන නිසා , හැමදාම මහන්සියි.)

㉔ □ **世話をする** (सेवाकरना／যত্ন নেওয়া／බලාගන්නවා)

▶誰(だれ)が犬(いぬ)の世話をしているんですか。

(कुत्ते की देखभाल कौन कर रहा है?／কুকুরের যত্ন নিচ্ছে কে?／බල්ලව බලා ගන්නේ කවුද?)

㉕ □ **お世話になる** (ऋणी हो जाना／ঋণী হওয়া／සේවය ලබාගන්නවා)

▶いろいろお世話になりました。ありがとうございました。

(आपने मेरे लिए जो कुछ भी किया है, उसके लिए धन्यवाद।／অনেক কিছুর জন্য আপনার কাছে ঋণী। আপনাকে ধন্যবাদ।／එක එක සේවයන් ලබා ගත්තා. බොහොම ස්තූතියි.)

㉖ □ **迷惑(めいわく)** (परेशानी／বিরক্তিকর／කරදරය)

㉗ □ **迷惑をかける** (परेशान करना／বিরক্ত করা／කරදර කරනවා)

▶急(きゅう)に休(やす)んだので、会社(かいしゃ)の人(ひと)に迷惑をかけてしまった。

(मैंने अचानक छुट्टी ली, इसलिए मैंने कंपनी को परेशान किया।／হঠাৎ করে ছুটি নেওয়ায় কোম্পানীর লোকেদেরকে বিরক্ত করেছি।／හදිසියේම නිවාඩු ගත්ත නිසා, ආයතනයේ අයට කරදර කරන්න වුණා.)

㉘ □ 遠慮(する)　(हिचकिचाना／দ্বিধা（করা）／පසුබට වෙනවා, ලැජ්ජා වෙනවා)
えんりょ

▶遠慮しないで、たくさん食べてください。
た

(संकोच मत कीजिए और अच्छे से खाइए।／দ্বিধা না করে, অনেক খাবার গ্রহণ করুন।／ලැජ්ජා නොවී, ගොඩක් කන්න.)

㉙ □ 遠慮なく　(बेझिझक／দ্বিধাহীনভাবে／පසුබටනොවී,ලැජ්ජානොවී)

▶じゃ、遠慮なくいただきます。

(तो फिर मैं बेझिझक इसे खाऊँगा।／ঠিক আছে তাহলে, দ্বিধাহীনভাবে গ্রহণ করছি।／එහෙනම්, ලැජ්ජා නොවී කනවා.)

㉚ □ 賛成(する)　(सहमत (होना)／সম্মত（হওয়া）／එකඟ වෙනවා)
さんせい

▶田中さんの意見に賛成の人は、手をあげてください。
たなか　いけん　ひと　て

(यदि आप तानाका जी की राय से सहमत हैं, तो कृपया अपना हाथ उठाएँ।／তানাকা-সানের সাথে সম্মত হওয়া ব্যক্তি, হাত তুলুন।／තනකගේ අදහසට එකඟ වෙන අය, අත් ඔසවන්න.)

㉛ □ 反対(する)　(ख़िलाफ़ (होना)／বিরোধিতা（করা）／විරුද්ධ වෙනවා)
はんたい

㉜ □ けんか(する)　(लड़ाई-झगड़ा (करना)／ঝগড়া（করা）／රණ්ඩු වෙනවා)

▶また彼とけんかしたの!?　もうちょっと仲良くしたら？
かれ　なかよ

(क्या तुमने अपने प्रेमी से फिर लड़ाई की? तुम दोनों आपस में थोड़ा प्यार क्यों नहीं बढ़ाते?／আবার ছেলেটির সাথে ঝগড়া করেছ? আর একটু মিলেমিশে থাকলে?／ආයෙත් එයත් එක්ක රණ්ඩු වුනාද?..තව ටිකක් යාළු වෙන්න බලන්න.)

㉝ □ パーティー　(पार्टी／পার্টি／සාදය)

㉞ □ デート(する)　(डेट पर जाना／ডেটিং（করা）／දවසක් ගතකරනවා)

▶あしたは彼とデートだから、だめです。

(कल मेरी अपने प्रेमी के साथ डेट है, इसलिए मैं नहीं आ सकती।／কাল ছেলেটির সাথে ডেটিং আছে জন্য অসুবিধা।／හෙට පෙම්වතාත් එක්ක දවස ගතකරන නිසා, බැහැ.)

㉟ □ 関係(する)　(संबंध (बनाना)／সম্পর্ক（গড়া）／සම්බන්ධය)
かんけい

▶彼とはどういう関係ですか。　—大学で同じクラスだったんです。
だいがく　おな

(आपका उसके साथ किस तरह का संबंध है? —विश्वविद्यालय में हम एक ही कक्षा में पढ़ते थे।／ছেলেটির সাথে কোন ধরনের সম্পর্ক? —বিশ্ববিদ্যালয়ে একই ক্লাসে পড়তাম।／එයත් එක්ක තියෙන්නේ මොන වගේ සම්බන්ධයක්ද? —විශ්ව විද්‍යාලයේ එකම පන්තියේහිටියේ)

41

UNIT 33

気持ち（きもち） (भावना／অনুভূতি／හැඟීම)

❶ □ 楽しい（たのしい） (मज़ेदार／মজা／විනෝදයි)　反 苦しい（くるしい）

▶旅行（りょこう）はどうでしたか。 —すごく楽しかったです。

(यात्रा कैसे थी। —बहुत मज़ेदार थी।／ভ্রমণটা কেমন ছিল? —অনেক মজার ছিল।／විනෝද ගමන කොහොමද? —හරිම විනෝදයි.)

❷ □ 楽しみ (उत्सुकता／মজা করা／විනෝදයි)

▶旅行に行（い）くのが楽しみです。

(मैं यात्रा पर जाने के लिए उत्सुक हूँ।／ভ্রমণে যাওয়াটা আনন্দের।／ට්‍රිප් එක යන එක විනෝදයි.)

❸ □ 楽しみにする (उत्सुकता से इंतज़ार करना／উন্মুখ হওয়া／ආසාවෙන් ඉන්නවා)

▶皆（みな）さんに会（あ）うのを楽しみにしています。

(सबसे मिलने के लिए उत्सुकता से इंतज़ार कर रहा हूँ।／সবার সাথে দেখা করার জন্য উন্মুখ হয়ে আছি।／හම්බවෙන එක ගැන ආසාවෙන් ඉන්නවා)

❹ □ 楽しむ (आनंद लेना／উপভোগ করা／විනෝද වෙනවා)

▶彼（かれ）は日本（にほん）での生活（せいかつ）を楽しんでいるみたいですね。

(ऐसा लग रहा है कि वह जापान में अपने जीवन का आनंद ले रहा है।／সে জাপানের জীবন উপভোগ করছে বলে মনে হয়।／ඔහු ජපානයේ ජීවිතය විනෝදෙන් ගෙවනවා වගේ.)

❺ □ 面白い（おもしろい） (दिलचस्प／আকর্ষণীয়／රසවත් , හොඳයි)　反 つまらない

▶〈映画（えいが）について〉これはどう？ —面白かったよ。

(<फिल्म के बारे में> यह कैसी है? —यह दिलचस्प थी।／<চলচ্চিত্র সম্পর্কে> এটা কেমন? —এটা আকর্ষণীয় ছিল।／(චිත්‍රපටිය ගැන) මේක කොහොමද? —හොඳයි)

❻ □ つまらない (उबाऊ／বিরক্তিকর／කම්මැලියි)　　反 面白(おもしろ)い

▶最近(さいきん)のテレビ番組(ばんぐみ)はつまらないね。

(हाल/आजकल के टीवी कार्यक्रम बोरिंग हैं।／সাম্প্রতিক টেলিভিশন শো বিরক্তিকর।／දැන් කාලේ රූපවාහිනී වැඩසටහන් හරිම කම්මැලියි.)

❼ □ うれしい (ख़ुश／খুশি／සතුටුයි)　　反 悲(かな)しい

▶これ、私(わたし)にくれるの？　うれしい。

(यहआप मुझे देंगे? मुझे ख़ुशी हुई।／এটা আমাকে দেবে? খুব খুশি।／මේක මට දෙනවද? සතුටුයි.)

❽ □ 幸(しあわ)せ(な) (सुखी／সুখী／සතුටෙන්)

▶彼女(かのじょ)はいま、すごく幸せだと思(おも)います。

(मुझे लगता है कि वह अब बहुत ख़ुश है।／মেয়েটি এখন খুব সুখী বলে মনে হয়।／එයා දැන්, ගොඩක් සතුටෙන් ඉන්නවා.)

❾ □ さびしい (अकेलापन／একাকী／පාලුයි)

▶知(し)っている人(ひと)がいなくて、ちょっとさびしいです。

(ऐसा कोई नहीं है जिसे मैं जानता हूँ, इसलिए थोड़ा अकेलापन है।／পরিচিত কেউ নেই বিধায়, একটু একাকী বোধ করি।／අඳුරන කෙනෙක් කෙනෙක් නැති නිසා,ටිකක් පාලුයි.)

❿ □ 残念(ざんねん)(な) (बदक़िस्मत／দুর্ভাগ্যজনক／කණගාටුයි)

▶旅行(りょこう)に行(い)けなかったんですか。それは残念でしたね。

(क्या आप यात्रा पर नहीं जा पाए? यह बद-क़िस्मती थी।／ভ্রমণে যেতে পারেন নি? খুব দুর্ভাগ্যজনক।／විනෝදගමන යන්න බැරි වුණාද?..ඒක ගැන කණගාටුයි.)

⓫ □ 心配(しんぱい)(な) (चिंतित／চিন্তিত／කනස්සල්ල, හිතට හරිනැහැ)　　反 安心(あんしん)(な)

▶心配だから、駅(えき)まで送(おく)りますよ。

(मैं चिंतित हूँ, इसलिए मैं स्टेशन तक पहुँचाऊँगा।／চিন্তিত বিধায় স্টেশনে পর্যন্ত পৌঁছে দেব।／හිතට හරිනැති නිසා,ස්ටේෂන් එකට ඇරලවන්නම්.)

32 人と人
33 気持ち
34 健康・病気
35 見る・聞く
36 話す・言う
37 思う・考える
39 あげる・もらう
40 する

⑫ □ 不安(な)（ふあん） (बेचैन／উদ্বিগ্ন／විශ්වාසයක් නැහැ) 反 安心(な)（あんしん）

▶うまくできるかどうか、不安です。

(मैं चिंतित हूँ कि मैं इसे अच्छी तरह से कर सकूँगा या नहीं।／ভালভাবে করতে পারব কিনা, তা নিয়ে উদ্বিগ্ন।／හොඳට කරන්න පුළුවන් වෙයිද බැරි වෙයිද කියලා විශ්වාසයක් නැහැ.)

⑬ □ 怖い（こわ） (डरावना／ভীত／බයයි)

▶恐い話（はなし）を聞（き）いて、夜（よる）、寝（ね）(ら)れなくなった。

(डरावनी कहानी सुनने के बाद मैं रात में सो नहीं सका।／ভীতিকর গল্প শুনে রাতে ঘুমাতে পারিনি।／බය හිතෙන කතාවක් අහලා, රෑ නින්ද ගියේ නැහැ.)

▶田中先生（たなかせんせい）は、怒（おこ）ると怖いですよ。

(तनाका जी क्रोधित होने पर डरावने लगते हैं।／তানাকা-সান রেগে গেলে ভীতিকর।／තනක ටීචර් කේන්ති ගන්නකොට බය හිතෙනවා)

⑭ □ 悲しい（かな） (उदास／দুঃখজনক／දුකයි) 反 うれしい

▶・・・その犬（いぬ）、最後（さいご）に死（し）ぬんですか。悲しい話ですね。

(... क्या वह कुत्ता अंत में मर रहा है? यह एक दुखद कहानी है।／কুকুরটি শেষ পর্যন্ত মারা যাবে নাকি? দুঃখজনক ঘটনা।／..ඒ බල්ලා අන්තිමට මැරෙනවද?.. දුක හිතෙන කතාවක් නේ.)

⑮ □ 恥ずかしい（は） (शर्माना／লজ্জিত／ලැජ්ජයි)

▶髪（かみ）が変（へん）だから、恥ずかしいです。

(मुझे शर्म आ रही है क्योंकि मेरे बाल अजीब हैं।／আমার চুল অদ্ভুত দেখাচ্ছে জন্য আমি লজ্জিত।／කොන්ඩේ අමුතුයි නිසා, ලැජ්ජයි.)

⑯ □ 緊張(する)（きんちょう） (घबराना／বিচলিত বোধ (করা)／හිත නොසන්සුන්)

▶あしたの面接（めんせつ）、緊張する。どうしよう。

(मैं कल के साक्षात्कार से घबरा रहा हूँ। क्या करूँ?／আগামীকাল সাক্ষ্যাৎকার, বিচলিত বোধ করছি। কি করা উচিৎ?／හෙට තියෙන සම්මුඛ පරීක්ෂණය ගැන හිත නොසන්සුන්. මොකද කරන්නේ?)

31 世界 日本・

32 人と人

33 気持ち

34 健康・病気

35 見る・聞く

36 話す・言う

37 思う・考える

38 行く・来る

39 あげる・もらう

40 する

⓱ □ びっくりする (आश्चर्यचकित होना／অবাক হওয়া／බය වෙනවා)

▶急に名前を呼ばれて、びっくりした。
きゅう　なまえ　よ

(मैं अचानक से अपना नाम सुनकर आश्चर्यचकित हो गया।／হঠাৎ নাম ডাকায় অবাক হয়েছি।／එකපාරටම නම කතාකරනකොට, බයවුණා.)

⓲ □ 怒る (गुस्सा करना／রাগ করা／කෝපය)
おこ

▶遅刻して、店長に怒られた。
ちこく　　　てんちょう　おこ

(मुझे देर हो गई इसलिए मैनेजर ने मुझे डाँटा।／দেরি করায় দোকানের ম্যানেজার রাগ করেছেন।／පරක්කු වුණා නිසා,වෙළඳසැල් හිමියාට කේන්ති ගියා.)

▶怒り (गुस्सा／রাগ／කේන්තිය)
いか

⓳ □ 困る (मुसीबत में पड़ना／সমস্যায় পড়া।／අපහසුතාවයට පත්වෙනවා)
こま

▶困ったときは、いつでも連絡してください。
こま　　　　　　　　　　れんらく

(यदि आप मुसीबत में हैं, तो कृपया मुझे कभी भी संपर्क करें।／সমস্যায় পড়লে, যে কোন সময় যোগাযোগ করুন।／අපහසුතාවයට පත්වුණ ඕනෑම වෙලාවක , කතා කරන්න.)

⓴ □ 好き（な） (पसंदीदा／পছন্দের／ආසයි, කැමතියි)　　　　　反 嫌い（な）
す

㉑ □ 大好き（な） (बेहद पसंदीदा／সবচাইতে প্রিয়／ආසම , කැමතිම)
だい

▶あっ、これ、わたしが大好きな曲です。
だいす　　きょく

(ओह, यह मेरा बेहद पसंदीदा गाना है।／আহ, এটা আমার সবচাইতে প্রিয় গান।／ආ,මේක,මම කැමතිම සින්දුව.)

㉒ □ 嫌い（な） (नापसंद／অপছন্দের／අකමැති)　　　　　反 好き（な）
きら

▶嫌いなものがあったら、言ってください。
きら　　　　　　　　　　い

(यदि आप इसे नापसंद करते हैं, तो कृपया मुझे बताएँ।／অপছন্দের কিছু থাকলে দয়া করে বলুন।／අකමැති දෙයක් තිබුණොත් කියන්න.)

㉓ □ 大嫌い（な） (बेहद नापसंद／ঘৃণা／අකමැතිම)
だい

㉔ □ 気持ち (भावना／অনুভূতি／හැඟීම)
きも

▶スーさんの気持ちがよくわかります。
きも

(मैं सू जी की भावनाओं को अच्छी तरह से समझता हूँ।／সু-সানের অনুভূতি ভালোভাবে বুঝতে পারি।／සූගේ හැඟීම ගැන හොඳට තේරෙනවා.)

165

UNIT 34

健康・病気 (सेहत/बीमारी／স্বাস্থ্য/অসুস্থতা／සෞඛ්‍ය . අසනීප)
けんこう　びょうき

---

❶ ☐ 健康 (सेहत／স্বাস্থ্য／සෞඛ්‍ය)

▶朝早く起きるのは、健康にいいんですよ。
　　あさはや　お

(सुबह जल्दी उठना आपकी सेहत के लिए अच्छा है।／সকালে তাড়াতাড়ি ঘুম থেকে ওঠা স্বাস্থ্যের জন্য ভালো।／උදේම නැගි{ටින
එක, සෞඛ්‍යයට හොඳයි.)

---

❷ ☐ 病気 (बीमारी／অসুস্থতা／අසනීප,ලෙඩ)

▶ちゃんと休まないと、病気になりますよ。
　　　　　やす

(यदि आप ठीक से आराम नहीं करेंगे तो बीमार हो जाएँगे।／ঠিকমতো বিশ্রাম না নিলে অসুস্থ হয়ে পড়বেন।／හරියට විවේක
ගත්තේ නැත්නම්, අසනීප වෙනවා.)

---

❸ ☐ 熱 (बुखार／জ্বর／උණ)
　　ねつ

▶熱が下がったら、少し楽になりました。
　　さ　　　　　すこ　らく

(जब बुखार थोड़ा नीचे हुआ, तब मुझे थोड़ा आराम मिला।／জ্বর কমে গেলে একটু ভালো লেগেছে।／උණ අඩුවුණාම, ටිකක්
පහසුයි.)

❹ ☐ 熱がある (बुखार होना／জ্বর আছে／උණ තියෙන නිසා,අද කලින් ගෙදර යනවා)

▶熱があるので、きょうは早めに帰ります。
　　　　　　　　　　　はや　　かえ

(बुखार के कारण मैं आज जल्दी घर जाऊँगा।／জ্বর আছে বিধায় আজ তাড়াতাড়ি বাড়ি ফিরে যাব।／උණ තියෙන නිසා,අද
කලින් යනවා.)

---

❺ ☐ 咳 (खाँसी／কাশি／කැස්ස)
　　せき

❻ ☐ 咳が出る (खाँसी होना／কাশি হওয়া／කැස්ස එනවා)
　　　　で

▶空気が悪いと、咳が出て、止まらなくなるんです。
　　くうき　わる　　　　　で　　と

(यदि हवा ख़राब हो, तो खाँसी आएगी और रुकेगी नहीं।／বাতাস খারাপ হলে কাশি (হওয়া)　শুরু হয় এবং থামেনা।
／වාතය හොඳ නැති වුනාම,කැස්ස ඇවිල්ලා,නතර වෙන්නේ නැහැ.)

❼ □ **風邪(かぜ)** (ज़ुकाम／ঠান্ডা／හෙම්බිරිස්සාව)

❽ □ **風邪をひく** (ज़ुकाम होना／ঠান্ডা লাগা／හෙම්බිරිස්සාව හැදෙනවා)

▶風邪をひいたみたいです。のどが痛(いた)いです。

(ऐसा लगता है कि मुझे ज़ुकाम हो गया है। गले में दर्द हो रहा है।／ঠান্ডা লেগেছে বলে মনে হয়। গলা ব্যথা করছে।／හෙම්බිරිස්සාව හැදිලා වගේ. උගුර රිදෙනවා.)

❾ □ **痛(いた)い** (दर्द है／ব্যাথা করা／රිදෙනවා)

▶お腹(なか)が痛い。食(た)べ過(す)ぎたかもしれない。

(मेरे पेट में दर्द है। शायद मैंने ज़्यादा खा लिया था।／পেটে ব্যথা করছে। বেশি খেয়ে ফেলেছি বোধ হয়।／බඩ රිදෙනවා,කෑවා වැඩිද මන්දා.)

▶頭(あたま)/歯(は)が痛い

(सिर/दाँतों में दर्द है।／মাথা/দাঁত ব্যথা করা／ඔළුව /දත් රිදෙනවා)

❿ □ **痛み** (दर्द／ব্যথা／රිදිල්ල)

⓫ □ **頭痛(ずつう)** (सिरदर्द／মাথা ব্যথা／ඔළුව කැක්කුම)

⓬ □ **吐(は)き気(け)** (उल्टी／বমিবমিভাব／ඔක්කාරය)

⓭ □ **めまい** (चक्कर／মাথা ঘোরা／කලන්තය)

⓮ □ **治(なお)る** (ठीक होना／ভাল হওয়া／සුවපත් වෙනවා,හොඳ වෙනවා)

▶風邪(かぜ)が治ったら、また練習(れんしゅう)に参加(さんか)したいと思(おも)います。

(यदि ज़ुकाम ठीक हो जाए तो, मैं फिर से अभ्यास में भाग लेना चाहूँगा।／ঠান্ডা লাগা ভালো হলে, আবার অনুশীলনে অংশ নিতে চাই বলে মনে করি।／හෙම්බිරිස්සාව හොඳ වුණාම,ආයෙත් පුහුණුවීම් වලට සහභාගී වෙන්න ඕනේ කියලා හිතනවා.)

⓯ □ **治す** (इलाज／সুস্থ হওয়া／සුවපත් කරනවා, හොඳ කරනවා)

▶よく休(やす)んで、早(はや)く治してください。

(आप अच्छे से आराम करें और जल्दी ठीक हो जाएँ।／ভালোভাবে বিশ্রাম নিয়ে দ্রুত সুস্থ হয়ে উঠুন।／හොඳට නිවාඩු අරගෙන, ඉක්මනට හොඳ කරගන්න.)

32 人と人
33 気持ち
34 健康・病気
35 見る・聞く
36 話す・言う
37 思う・考える
38 行く・来る
39 あげる・もらう
40 する

⑯ □ よくなる (ठीक हो जाना／ভালো হয়ে যাওয়া／හොඳ වෙනවා)

▶薬(くすり)を飲(の)んだら、だいぶよくなりました。

(दवा लेने के बाद मैं काफ़ी बेहत्तर हो गया।／ওষুধ খাওয়ার পর অনেক ভালো হয়েছি।／බෙහෙත් බිව්වම, ගොඩක් හොඳ වුණා.)

⑰ □ 元気(げんき) (ठीक／ভাল থাকা／නිරෝගී , හොඳයි)

▶ご家族(かぞく)はお元気ですか？　―ええ、おかげさまで。

(आपके परिवार में सब कैसे हैं? —जी, आपकी दुआ से सब ठीक हैं।／পরিবারের সবাই ভালো আছে কি? —হ্যাঁ, ধন্যবাদ।／පවුලේ අය හොඳින් ඉන්නවද? —ඔව්, දෙවියන්ගේ පිහිටෙන්.)

⑱ □ 元気がない (ठीक नहीं／ভাল বোধ না করা／නිරෝගී නෑ , හොඳ නැහැ)

▶高橋(たかはし)さん、最近(さいきん)、元気がないね。

(ताकाहाशी जी की तबीयत आजकल ठीक नहीं लगती।／তাকাহাশি-সান, ইদানীং ভালো বোধ করছেন না?／හයෂි මහතා, මේ දවස් වල, නිරෝගී නැහැනේ.)

⑲ □ 気分(きぶん) (मूड/मनोदशा／অনুভব （বোধ）／තත්වය/මූඩ් එක)

▶きょうは気分はどうですか。よくなりましたか。

(आज आपकी मनोदशा कैसी है? बेहत्तर हुई, क्या?／আজ কেমন অনুভব/বোধ করছেন? ভাল অনুভব করছেন?／අද මූඩ් එක කොහොමද? හොඳයිද?)

⑳ □ 気分がいい (मूड अच्छा होना/मनोदशा अच्छी होना／ভাল অনুভব করা／තත්වය හොඳයි)

▶きょうはライオンズが勝(か)ったから、気分がいい。

(आज मेरा मूड अच्छा है क्योंकि लाईएन्स जीत गए।／আজ লায়ন্স জিতেছে বিধায় ভালো অনুভব করছি।／අද ලයන්ස්ලා දිනපු නිසා,හිතට හොඳයි.)

㉑ □ 気分が悪い

(मूड ख़राब होना/मनोदशा ख़राब होना／অসুস্থ/খারাপ বোধ করা／හිතට අමාරුයි)

▶ずっと立(た)っていたら、気分が悪くなってきた。

(सारे टाईम खड़ा होने से मेरी मनोदशा ख़राब हो गई।／অনেকক্ষণ ধরে দাঁড়িয়ে থাকায় অসুস্থ বোধ করা শুরু করেছি।／දිගටම හිටගෙන ඉඳලා, ටිකක් අමාරුයි)

▶店員(てんいん)の態度(たいど)が悪くて、気分が悪い。

(दुकान के कर्मचारी का स्वभाव ख़राब होने की वजह से मेरा मूड ख़राब हो गया।／দোকান কর্মীর মনোভাব খারাপ হওয়ায় খারাপ বোধ করছি।／වෙළඳ සල් හිමියාගේ හැසිරීම හොඳ නැති නිසා, හිතට අමාරුයි.)

㉒ □ 気持ち（きもち） (अनुभूति／অনুভূতি／හැඟීම)

㉓ □ 気持ちいい (अच्छा महसूस करना／ভালো লাগা／හැඟීම හොඳයි, සනීපයි)

▶窓（まど）を開（あ）けたら、気持ちいい風（かぜ）が入（はい）ってきました。

(जब मैंने खिड़की खोली, तो एक सुखद हवा आई।／জানালা খুললে মনোরম বাতাস ঢুকল।／ජනේලය ඇරියම,සනීප හුළඟ ඇතුලට ආවා.)

▶高橋（たかはし）さんの挨拶（あいさつ）は元気（げんき）がよくて、気持ちがいいです。

(ताकाहाशी जी का अभिवादन बहुत ही अच्छा और सुखद है।／তাকাহাশি সানের অভিবাদন সুন্দর হওয়ায় বেশ ভাল লাগছে।／තකහෂි මහතාගේ සුභපැතුම් ප්‍රසන්න නිසා,හිතට හොඳයි.)

㉔ □ 気持ち悪（わる）い (अच्छा नहीं लगना／খারাপ লাগা／හිතට හරි නැහැ , අප්‍රියයි)

▶バスに乗（の）ると、気持ちが悪くなってしまうんです。

(जब मैं बस में होता हूँ तो ख़राब-सा लगने लगता है।／বাসে উঠলে খারাপ লাগতে শুরু করে।／බස් එකට නගිනකොට, එච්චර හරි නෑ වගේ)

▶あの人（ひと）、一人（ひとり）でずっと何（なに）か言（い）ってる。ちょっと気持ち悪いね。

(वह आदमी अपने आप में ही कुछ न कुछ बोलता रहता है। थोड़ा अजीब-सा लगता है, ना।／ঐ ব্যক্তিটি নিজে নিজে অনেকক্ষণ কথা বলছে। একটু খারাপ লাগছে।／අරයා,දිගටම තනියම මොනවදෝ කියවනවා,ටිකක් හරි නෑ වගේනේද?)

㉕ □ 具合（ぐあい） (तबीयत／অবস্থা／සෞඛ්‍ය තත්වය)

▶具合はどうですか。
—はい、だいぶよくなりました。

(आपकी तबीयत कैसी है? —जी, अब काफ़ी बेहत्तर है।／অবস্থা কেমন? —হ্যা, অনেক ভালো।／සෞඛ්‍ය තත්වය කොහොමද? —හ්ම්ම්, ගොඩක් හොඳයි.)

㉖ □ 調子（ちょうし） (तबीयत／অবস্থা／තත්වය)

▶朝（あさ）、早（はや）く起（お）きるようになってから、調子がいいです。

(मैं सुबह जल्दी उठने के बाद से मेरी शारीरिक सेहत अच्छी है।／সকালে ঘুম থেকে জেগে উঠতে শুরু করার পর থেকে ভালো বোধ করছি।／උදේ ඉක්මනට නැගිටින්න පුරුදු වුණාට පස්සේ,ඇඟේ තත්වය හොඳයි.)

㉗ □ 体調（たいちょう） (शारीरिक हालत／শারীরিক অবস্থা／ශරීර සෞඛ්‍ය)

▶体調がよくないときは、無理（むり）をしないほうがいいです。

(यदि आपकी शारीरिक हालत ठीक नहीं है तो आप अपने आप पर ज़्यादा ज़ोर न डालें।／শরীরের অবস্থা ভাল না লাগার সময়, নিজের উপর চাপ না দেওয়াই ভাল।／ශරීර සෞඛ්‍ය හොඳ නැති වෙලාවට, මොකුත් කරන්නේ නැතිව ඉන්න එක හොඳයි.)

32 人と人
34 健康・病気
35 見る・聞く
36 話す・言う
37 思う・考える
38 行く・来る
39 あげる・もらう

㉘ □ 気(き)をつける (ध्यान रखना／যত্ন নেওয়া／පරිස්සම්වෙන්න)

▶体(からだ)に気をつけてください。

(आप अपना ध्यान रखें।／শরীরের যত্ন নিন।／ශරීර සෞඛ්‍ය ගැන පරිස්සම්වෙන්න.)

㉙ □ 顔色(かおいろ) (चेहरे का रंग／চেহারা／මුණේ පාට)

▶どうしたんですか。顔色がよくないですね。
—大丈夫です。熱(ねつ)があるだけです。

(आपके चेहरे का रंग उड़ा हुआ है। —कोई बात नहीं। बस बुख़ार है।／কি হয়েছে? তোমার চেহারা ভালো লাগছে না। —ঠিক আছে। শুধু জ্বর আছে।／මොකද වුණේ? මූණත් එච්චර හොඳ නැහැනේ. —ප්‍රශ්නයක් නැහැ,උණ විතරයි තියෙන්නේ.)

㉚ □ 疲(つか)れる (थक जाना／ক্লান্ত হয়ে পড়া／මහන්සියි)

▶あー、疲れた。きょうは早(はや)く帰(かえ)って寝(ね)よう。

(आह, मैं थक गया हूँ। चलो, जल्दी घर लौटकर सोते हैं।／আহ, ক্লান্ত হয়ে পড়েছি। আজ তাড়াতাড়ি বাসায় গিয়ে ঘুমানো যাক। ／ආආ , මහන්සියි. අද ඉක්මනට ගිහිල්ලා නිදාගමු.)

▶疲れているようですね。少(すこ)し休(やす)んだら、どうですか。

(आप थके हुए लग रहे हैं। थोड़ा आराम कर लें तो कैसा रहेगा?／ক্লান্ত হয়ে পড়েছ বলে মনে হয়। একটু বিশ্রাম নিলে কেমন হয়? ／මහන්සියි වගේනේ. ටිකක් විවේක ගත්තනම්, හොඳයිනේද?)

㉛ □ けが (चोट／আঘাত／තුවාලය)

㉜ □ けがをする (चोट लगना／আঘাত পাওয়া／තුවාල අය)

▶練習(れんしゅう)でけがをして、試合(しあい)に出(で)られなかったんです。

(मैं अभ्यास में घायल हो गया और खेल में भाग नहीं ले सका।／অনুশীলনের সময় আঘাত পেয়ে খেলায় অংশ নিতে পারিনি। ／පුහුණුම් වලදී, තුවාල වෙලා, තරගයට යන්න බැරි වුණා.)

▶けが人(にん) (घायल व्यक्ति／আহত ব্যক্তি／තුවාල අය)

㉝ □ 薬(くすり) (दवा／ঔষুধ／බෙහෙත්)

㉞ □ 注射(ちゅうしゃ) (इंजेक्शन／ইনজেকশন／එන්නත් කරනවා)

31 日本・世界
32 人と人
33 気持ち
34 健康・病気
35 見る・聞く
37 思う・考える
38 行く・来る
39 あげる・もらう
40 する

㉟ □ レントゲン (एक्स-किरण／এক্সরে／එක්ස් රේ)

▶レントゲンを撮(と)って、詳(くわ)しく見(み)てみましょう。

(आइए एक एक्स-रे लें और क़रीब से नज़र डालें।／এক্সরে নিয়ে ভালোভাবে দেখা যাক।／එක්ස්රේ කරලා, පැහැදිලිව බලමු.)

㊱ □ 入院(にゅういん)(する) (अस्पताल में भर्ती (होना)／হাসপাতালে ভর্তি হওয়া／රෝහලට ඇතුල් කරනවා)

▶田中(たなか)さん、まだ入院してるの？

—いえ、もう退院(たいいん)しました。

(तानाका जी, क्या आप अभी भी अस्पताल में भर्ती हैं? —नहीं, मुझे छुट्टी मिल चुकी है।／তানাকা-সান, এখনও হাসপাতালে ভর্তি আছেন কি? —না, ইতিমধ্যে হাসপাতাল থেকে ছাড়া পেয়েছি।／තනක මහතා තාම රෝහලේද? —නැහැ, දැනටමත් රෝහලෙන් පිටවුණා.)

㊲ □ 退院(たいいん)(する) (अस्पताल से छुट्टी मिलना／হাসপাতাল থেকে ছাড়া পাওয়া／රෝහලෙන් පිට වෙනවා/ ටිකට් කපනවා)

㊳ □ ダイエット(する) (डाइट पर होना／ডায়েট (করা)／ඩයට් කරනවා)

▶最近(さいきん)、太(ふと)ったので、少(すこ)しダイエットしようと思(おも)います。

(आजकल मैं मोटा हो गया हूँ, इसलिए सोच रहा हूँ कि थोड़ी डाईएटिंग करूँ।／সম্প্রতি মোটা হয়ে গেছি বিধায় ডায়েট করার কথা ভাবছি।／ලඟදී, මහත් වුණා නිසා, ටිකක් ඩයට් කරන්න ඕනේ කියලා හිතනවා.)

㊴ □ インフルエンザ (इंफ़्लुएंज़ा／ইনফ্লুয়েঞ্জা／ඉන්ෆ්ලුවෙන්සා)

㊵ □ うつる (होना／সংক্রমিত হওয়া／බෝවෙනවා)

▶風邪(かぜ)が流行(はや)ってるから、うつらないように気(き)をつけてください。

(ज़ुखाम फैला हुआ है, इसलिए ध्यान रखें कि आपको भी न हो जाए।／ঠান্ডা চারিদিকে ছড়াচ্ছে বিধায়, সংক্রমিত না হওয়ার জন্য সতর্ক থাকুন।／හෙම්බිරිස්සාව හැමතැනම තියෙන නිසා, බෝනොවෙන විදියට පරිස්සම් වෙන්න.)

㊶ □ うつす (फैलाना／সংক্রামিত করা／බෝකරනවා)

▶人(ひと)にうつさないようにしてくださいね。

(कृपया लोगों में न फैलाएँ। ▲ज़ुकाम जैसी बीमारी／অন্য ব্যক্তিকে সংক্রামিত না করা জন্য চেষ্টা করুন।／අනෙක් අයට බෝකරන්න එපා.)

UNIT 35

見(み)る・聞(き)く (देखना/सुनना／দেখা/শুনা／බලනවා. අහනවා)

❶ □ 見る (देखना／দেখা／බලනවා)

「**〜を見る**」の例；
{テレビ / 映画 / 景色 / メニュー}を見る

❷ □ ご覧(らん)ください (कृपया देखें／তাকিয়ে দেখুন／කරුණාකර බලන්න)

▶〈ガイドが〉ご覧ください。こちらが東京(とうきょう)タワーです。

(<गाइड> कृपया देखें। यह टोक्यो टॉवर है।／<গাইড> তাকিয়ে দেখুন। এটি টোকিও টাওয়ার।／(මාර්ගෝපදේශක) කරුනකර බලන්න. මෙතන ටෝක්යෝ කුලුන)

❸ □ 聞(き)く (सुनना／শুনা／අහනවා)

「**〜を聞く**」の例；
{音楽 / 話 / 説明}を聞く

❹ □ 見(み)える (दिखाई देना／দেখতে পাওয়া／පේනවා)

▶ここから富士山(ふじさん)が見えます。

(यहाँ से फ़ूजी पहाड़ दिखाई देता है।／এখান থেকে মাউন্ট ফুজি দেখতে পাওয়া যায়।／මෙතනට ෆුජි කන්ද පේනවා.)

❺ □ 聞(き)こえる (सुनाई देना／শুনতে পাওয়া／ඇහෙනවා)

▶よく聞こえないんですが……。もう少(すこ)し大(おお)きい声(こえ)で言(い)ってもらえませんか。

(मैं अच्छी तरह से नहीं सुन पा रहा ... क्या आप और थोड़ी ऊँची आवाज़ में बोल सकते हैं?／ভালোভাবে শুনতে পাচ্ছি না... । আর একটু জোর গলায় কথা বলতে পারেন কি?／හොඳට ඇහෙන්නේ නැති නිසා,..තව ටිකක් හයියෙන් කියන්න පුළුවන්ද)

❻ □ 見せる (दिखाना／দেখানো／පෙන්නනවා)

▶きょう、先生(せんせい)がおもしろいビデオを見せてくれた。

(आज अध्यापक ने मुझे एक दिलचस्प वीडियो दिखाया।／আজ শিক্ষক একটি মজার ভিডিও দেখিয়েছেন।／අද, ගුරුවරයා රසවත් වීඩියෝ එකක් පෙන්නුවා.)

UNIT 36 話す・言う (はな い)

(बोलना/कहना／কথা বলা/বলা／කතා කරනවා. කියනවා)

❶ □ 話す (बात करना／কথা বলা／කතා කරනවා)

▶日本語が少し話せます。(にほんご すこ)

(मैं थोड़ी जापानी बोल सकता हूँ।／জাপানি ভাষা একটু বলতে পারি।／ජපන් භාෂාව ටිකක් කතා කරන්න පුළුවන්.)

❷ □ 話 (はなし) (बात／কথাবার্তা／කතාව)

▶誰と話をしていたんですか。(だれ)

(तुम किससे बात कर रहे थे?／কার সাথে কথাবার্তা বলেছিলেন?／කාත් එක්කද කතා කරකර හිටියේ?)

❸ □ 言う (कहना／বলা／කියනවා)

▶もう一度言ってください。(いちど)

(कृपया एक बार फिर से कहें।／আবার বলুন।／තව එක පාරක් කියන්න.)

❹ □ 文句を言う (もんく) (शिकायत करना／অভিযোগ করা／පැමිණිලි)

▶ときどき、文句を言うお客さんがいます。(きゃく)

(कभी -कभी ऐसे ग्राहक होते हैं जो शिकायत करते हैं।／কখনও কখনও অভিযোগ করা গ্রাহক রয়েছেন।／ඉඳලා හිටලා පැමිණිලි කරන පාරිභෝගිකයෝ ඉන්නවා.)

❺ □ 意見 (いけん) (राय／মতামত／අදහස්)

▶自由に意見を言ってください。(じゆう)

(कृपया अपनी राय स्वतंत्र रूप से दें।／নির্দ্বিধায় মতামত প্রকাশ করুন।／නිදහසේ අදහස් ප්‍රකාශ කරන්න.)

❻ □ 冗談 (じょうだん) (मज़ाक／কৌতুক／විහිළු)

▶怒らないでください。今のは冗談ですから。(おこ いま)

(कृपया आप नाराज़ मत होईए। अभी वाला एक मज़ाक़ था इसलिए।／রাগ করবেন না। এটি একটি কৌতুক ছিল মাত্র।／තරහ ගන්න එපා. දැන් එක විහිළුවක් නිසා.)

32 人と人
33 気持ち
34 健康・病気
35 見る・聞く
36 話す・言う
37 思う・考える
38 行く・来る
39 あげる・もらう
40 する

❼ □ 悪口（わるぐち/くち） (बुराई／অপবাদ／නරක වචන)

▶彼女（かのじょ）が人（ひと）の悪口を言（い）っているのを聞（き）いたことがありません。

(मैंने कभी भी इनको किसी की बुराई करते हुए नहीं सुना।／মেয়েটিকে মানুষের অপবাদ দিয়েছে বলে শুনিনি।／එයා මිනිස්සු ගැන නරක දේවල් කියනවා අහල නැහැ.)

❽ □ 秘密（ひみつ） (राज़／গোপন／රහස්)

▶これは秘密ですから、誰（だれ）にも言わないでください。

(यह एक राज़ की बात है, इसलिए कृपया किसी को न बताएँ।／এটা গোপন বিধায় কাউকে বলবেন না।／මේක රහසක් නිසා කාටවත් කියන්න එපා.)

❾ □ 嘘（うそ） (झूठ／মিথ্যা／බොරු)

❿ □ 嘘をつく (झूठ बोलना／মিথ্যা বলা／බොරු කියනවා)

▶ごめんなさい。今（いま）まで嘘をついていました。

(मुझे माफ़ कीजिए। मैं अब तक झूठ बोल रहा था।／দুঃখিত। আমি এখন পর্যন্ত মিথ্যা বলছিলাম।／සමාවෙන්න, මේ වෙනකන් බොරු කියමින් හිටියා.)

⓫ □ 聞（き）く (सुनना／শুনা／අහනවා)

▶ちょっと聞いてもいいですか。

(क्या मैं कुछ पूछ सकता हूँ?／একটু শুনবেন কি?／චුට්ටක් ඇහුවට කමක්නැද්ද?)

⓬ □ 答（こた）える (जवाब देना／উত্তর দেওয়া／පිළිතුරු දෙනවා,උත්තර කියනවා)

▶わからないと答えました。

(मैंने जवाब दिया कि मुझे समझ नहीं आया।／জানি না বলে উত্তর দিয়েছি।／තේරෙන්නේ නැහැ කියලා උත්තර දුන්නා.)

⓭ □ 返事（へんじ） (जवाब／উত্তর／පිළිතුරු,උත්තර)

▶石井（いしい）さんから返事が来（き）ました。

(इशी जी से जवाब आ गया।／ইশি-সানের কাছ থেকে উত্তর এসেছে।／ඉෂිගෙන් පිළිතුරක් අවා.)

⓮ □ 伝える（つた） (बताना／বলা／පණිවිඩ දෙනවා)

▶彼女（かのじょ）に、ロビーにいると伝えてくれませんか。

(क्या आप उसे बता सकते हैं कि मैं लॉबी में हूँ?／মেয়েটিকে কি বলতে পারবেন, আমি লবিতে আছি?／එයාට ලොබියේ ඉන්නවා කියලා, පණිවිඩයක් දෙන්න පුළුවන්ද?)

⓯ □ 伝言（でんごん） (संदेश／বার্তা／පණිවිඩය)

▶伝言をお願（ねが）いできますか。

(कृपया मेरे लिए एक संदेश दे सकते हैं?／বার্তার জন্য অনুরোধ করতে পারি কি?／පණිවිඩයක් කියන්න පුළුවන්ද?)

⓰ □ 知らせる（し） (सूचित करना／অবহিত করা／දන්වනවා)

▶決（き）まったら、メールで知らせます。

(जब फ़ैसला हो जाता है तो मैं ईमेल से बताऊँगा।／সিদ্ধান্ত নেওয়া হলে, ইমেলের মাধ্যমে অবহিত করা হবে।／තීරණය වුණාට පස්සේ, තැපෑලෙන් දන්වන්නම්.)

⓱ □ お知らせ (ख़बर／নোটিশ/ঘোষণা／පණිවිඩය, දැනුම්දීම)

▶きょうは皆（みな）さんに、うれしいお知らせがあります。

(आज सबके लिए एक अच्छी ख़बर है।／আজ সবার জন্য খুশির ঘোষণা রয়েছে।／අද හැමෝටම සතුටු පණිවිඩයක් තියෙනවා.)

⓲ □ スピーチ（する） (भाषण／বক্তৃতা／කතාව)

▶結婚式（けっこんしき）のスピーチを頼（たの）まれました。

(मुझे शादी के भाषण के लिए कहा गया था।／আমাকে বিয়ের বক্তৃতার জন্য অনুরোধ করা হয়েছে।／විවාහ උත්සවයේ කතාව කරන්න කිව්වා.)

⓳ □ 連絡（れんらく）（する） (संपर्क (करना)／যোগাযোগ (করা)／දැනුම් දෙනවා)

▶遅（おく）れる場合（ばあい）は、必（かなら）ず連絡してください。

(यदि आपको देर हो रही है, तो हमें ज़रूर बताएँ।／দেরী হলে, অবশ্যই যোগাযোগ করবেন।／පරක්කු වෙන වෙලාවට, අනිවාර්යෙන්ම දැනුම්දෙන්න.)

31 日本・世界
32 人と人
33 気持ち
34 健康・病気
35 見る・聞く
36 話す・言う
37 思う・考える
38 行く・来る
39 あげる・もらう
40 する

⑳ □ 説明(する) (व्याख्या (करना)／ব্যাখ্যা (করা)／අත්පොත)
せつめい

▶彼の説明は、いつもわかりにくい。
かれ

(उसकी व्याख्याओं को समझना हमेशा मुश्किल होता है।／তার ব্যাখ্যা, সবসময় বোঝা কঠিন।／එයාගේ පැහැදිලි කිරීම සාමාන්‍යයෙන් තේරුම් ගන්න අමාරුයි.)

▶説明書 (निर्देश／নির্দেশাবলী／උපදෙස්)
しょ

㉑ □ 相談(する) (परामर्श (लेना)／পরামর্শ (করা)／සාකච්ඡා කරනවා)
そうだん

▶すみません、ちょっと相談したいことがあるんですが……。

(मुझे क्षमा करें, मुझे आपसे कुछ बात करनी है ...／ক্ষমা করবেন, কিছু পরামর্শ করার ছিল...／සමාවෙන්න, ටිකක් සාකච්ඡා කරන්න දෙයක් තියෙනවා...)

㉒ □ 注意(する) (चेतावनी (देना)／সতর্ক (করা)/সতর্কতা অবলম্বন (করা)／අනතුරු අඟවනවා / සැලකිළිමත් වෙනවා)
ちゅうい

▶遅れないように、課長に注意されました。
おく　かちょう

(सेक्शन मैनेजर से चेतावनी दी गई कि मैं देरी न करूँ।／দেরি না করার জন্য, ম্যানেজার কর্তৃক সতর্ক করা হয়েছে।／පරක්කු නොවන ලෙසට, කළමනාකාරතුමා අනතුරු ඇඟෙව්වා.)

▶間違えやすいので、注意してください。
まちが

(कृपया ध्यान दें क्योंकि गलती करना आसान है।／ভুল করা সহজ বিধায়, সতর্কতা অবলম্বন করুন।／වරදින්න පුළුවන් නිසා, සැලකිළිමත් වෙන්න.)

㉓ □ 報告(する) (प्रतिवेदन (देना)／রিপোর্ট (করা)／වාර්තා කරනවා)
ほうこく

▶忘れずに報告してください。
わす

(रिपोर्ट करना न भूलें।／রিপোর্ট করতে ভুলে যাবেন না।／අමතක නොකර වාර්තා කරන්න.)

45

UNIT 37

思(おも)う・考(かんが)える (सोचना/विचार करना／মনে করা/চিন্তা করা／හිතනවා. කල්පනා කරනවා)

❶ □ 思う (सोचना／মনে করা／හිතනවා)

▶それを聞(き)いて、どう思(おも)いますか。

(यह सुनकर आप क्या सोचते हैं?／সেটা শুনে, আপনার কি মনে হয়?／ඒක අහල, මොනවද හිතන්නේ?)

❷ □ 考える (विचार करना／চিন্তা করা／කල්පනා කරනවා)

▶いろいろ考えて、やめることにしました。

(मैंने बहुत सोचने के बाद छोड़ देने का फ़ैसला किया।／বিভিন্ন বিষয় সম্পর্কে চিন্তা করে, ক্ষান্ত দেওয়া সিদ্ধান্ত নিয়েছি।／එකෙක් දේවල් ගැන කල්පනා කරලා, නවත්තන්න තීරණය කෙරුව.)

❸ □ 迷(まよ)う (परेशान होना／বিভ্রান্ত হওয়া／දෙගිඩියාවෙන් කල්පනා කරනවා)

▶どっちがいいか、迷う。

(मैं सोच के परेशान हूँ कि कौन-सा बेहत्तर है।／কোনটা ভালো, তা নিয়ে বিভ্রান্তিতে পড়েছি।／කෝකද හොඳ? දෙගිඩියාවෙන් කල්පනා කරනවා.)

▶すみません、道(みち)に迷ってしまったんですが……。

(मुझे क्षमा करें, मैं खो गया ...／মাফ করবেন, পথ হারিয়ে ফেলেছি...।／සමාවෙන්න, පාරේ අතරමං වුණා.)

❹ □ 迷子(まいご) (खोया बच्चा／পথ হারানো／අතරමං වුන අය)

❺ □ わかる (समझना／বুঝতে পারা／තේරෙනවා)

▶日本語(にほんご)がわかる人(ひと)はいますか。

(क्या किसी को जापानी भाषा आती है?／জাপানি ভাষা বুঝতে পারে, এমন কেউ আছে কি?／ජපන් භාෂාව තේරෙන කෙනෙක් ඉන්නවද?)

▶あしたは9時に来てください。 —わかりました。

(कृपया कल ९ बजे आएँ। —समझ गया।／আগামীকাল সকাল ৭ টায় আসবেন। —বুঝতে পেরেছি।／හෙට 9ට එන්න. —තේරුණා.)

32 人と人
33 気持ち
34 健康・病気
35 見る・聞く
36 話す・言う
37 思う・考える
38 行く・来る
39 あげる・もらう
40 する

❻ □ 覚える (याद करना／মুখস্থ করা／මතක තියාගන්නවා)
おぼ

▶週に50個、漢字を覚えるようにしています。
しゅう　こ　かんじ

(मैं एक सप्ताह में 50 कांजी याद करने की कोशिश करता हूँ।／সপ্তাহে 50টি কাঞ্জি মুখস্থ করার চেষ্টা করি।／සතියකට කන්ජි 50ක්
, මතක තියාගන්න උත්සහ කරනවා.)

❼ □ 忘れる (भूल जाना／ভুলে যাওয়া／අමතක වෙනවා)
わす

▶パスワードを忘れました。

(मैं अपना पासवर्ड भूल गया।／পাসওয়ার্ড ভুলে গেছি।／රහස් අංකය අමතක වුණා.)

▶帰る時、かさを忘れないでください。
かえ　とき

(जब आप लौटें, तो कृपया अपना छाता मत भूलिएगा।／ফিরে যাওয়ার সময় ছাতা নিতে ভুলবেন না।／ආපහු එනකොට, කුඩේ
අමතක කරන්න එපා.)

❽ □ 思い出す (याद आना／মনে করা／මතක් වෙනවා)
おも　だ

▶顔は知っているんですが、名前が思い出せません。
かお　し　なまえ

(मुझे चेहरा पता है, लेकिन मुझे नाम याद नहीं आ रहा है।／মুখটি চিনতে পারলেও, নামটি মনে করতে পারছি না।／මුණ දන්නවා,
ඒ වුණාට නම මතක් වෙන්නේ නැහැ.)

UNIT 38 行く・来る (जाना/आना／যাওয়া/আসা／යනවා. එනවා)
い　く

❶ □ **歩く** (चलना／হাঁটা／ඇවිදිනවා)
ある

▶駅から会社まで、歩いて10分です。
えき　かいしゃ　ぶん

(स्टेशन से कम्पनी तक पैदल दस मिनट लगते हैं।／স্টেশন থেকে কোম্পানি পর্যন্ত হেঁটে ১০ মিনিট লাগে।／දුම්රිය පොළේ ඉඳලා ආයතනයට, පයින් විනාඩි 10යි.)

❷ □ **走る** (दौड़ना／দৌড়ানো／දුවනවා)
はし

❸ □ **行く** (जाना／যাওয়া／යනවා)

▶大阪行きの新幹線
おおさか　しんかんせん

(ओसाका जाने वाली शिनकानसेन／ওসাকা যাওয়ার শিনকানসেন／ඔසාකා වලට යන අධි සීඝ්‍රගාමී දුම්රිය)

❹ □ **来る** (आना／আসা／එනවා)

▶まだ電話が来ない。
でんわ

(अभी तक फ़ोन नहीं आया।／এখনও টেলিফোন কল আসেনি।／තවම ඇමතුමක් ආවෙ නැද්ද?)

❺ □ **帰る** (लौटना／বাড়িতে ফেরা／ආපහු යනවා)
かえ

❻ □ **戻る** (वापस आना／ফেরা/ফিরে আসা／ආපහු එනවා)
もど

▶部長が戻ったら、聞いてみましょう。
ぶちょう　き

(निर्देशक के लौटने पर पूछते हैं।／ব্যবস্থাপক ফিরলে (ফিরে আসলে), শুনে দেখুন।／කළමනාකරු ආපහු ආවට පස්සේ, අහලා බලමු.)

❼ □ **急ぐ** (जल्दी करना／তাড়াতাড়ি করা／ඉක්මනින් / කඩිමුඩියේ)
いそ

▶**急いでください。もうバスが来ていますよ。**

(कृपया जल्दी कीजिए। बस आ चुकी है।／তাড়াতাড়ি করুন, ইতিমধ্যে বাস এসে পড়েছে।／ඉක්මන් කරන්න. දැනටමත් බස් එක ඇවිල්ලා තියෙන්නේ.)

▶**急いで** (जल्दी से／তাড়াতাড়ি করে／ඉක්මනින්)

❽ □ **逃げる** (भाग जाना／পলায়ন করা／පැනල යනවා)
に

❾ □ **寄る** (रास्ते में कहीं रुक के जाना／থামা／ගොඩවෙනවා)
よ

▶**わたしは銀行に寄ってから行きます。**
ぎんこう   い

(मैं बैंक होते हुए जाऊँगा।／আমি ব্যাংকে থামার পর যাব।／මම බැංකුවට ගොඩවෙලා, යනවා.)

❿ □ **訪ねる** (मिलने जाना／দেখা করা／බලන්න යනවා)
たず

▶**お世話になった先生を訪ねてみようと思います。**
せ わ   せんせい   おも

(मैं उस शिक्षक से मिलने जाऊँगा जिसका मैं आभारी हूँ।／সাহায্য গ্রহণ করা শিক্ষকের সাথে দেখা করতে চাই বলে মনে করি।／මට ඉගැන්නුව ගුරුවරයව බලන්න යන්න හිතාගෙන ඉන්නවා.)

⓫ □ **入る** (प्रवेश करना／প্রবেশ করা／ඇතුල්වෙනවා)
はい

▶**出る** (निकलना／বাইরেযাওয়া／පිටවෙනවා)
で
▶**大学/ 会社に入る**
だいがく   かいしゃ

(विश्वविद्यालय में एडमिशन होना／नौकरी मिलना／বিশ্ববিদ্যালয়/কোম্পানীতে প্রবেশ করা／විශ්ව විද්‍යාලය / ආයතනයට ඇතුලත් වෙනවා)

⓬ □ **上がる** (ऊपर जाना／উপরে যাওয়া／නගිනවා)
あ

▶**2階へ上がる、階段を上がる**
かい   かいだん

(दूसरी मंज़िल चढ़ना, सीढ़ियाँ चढ़ना／দ্বিতীয় তলায় যাওয়া , সিঁড়ি বেয়ে উপরে যাওয়া／දෙවන මහලට නගිනවා. පඩිපෙළ නගිනවා.)

⑬ □ 登(のぼ)る （चढ़ना／আরোহণ করা／නගිනවා）

▶下(お)りる （उतरना／অবতরণকরা／බහිනවා）

▶山(やま)に登る （पहाड़ पर चढ़ना／পাহাড়ে আরোহণ করা／කඳු නගිනවා）

⑭ □ 送(おく)る （भेजना (लोगों को)／পৌঁছে দেওয়া （ব্যক্তিকে）／දානවා/යවනවා）

▶駅(えき)まで友達(ともだち)を送ってから、学校(がっこう)に行(い)きました。

（मित्र को स्टेशन तक छोड़कर मैं स्कूल गया।／বন্ধুকে স্টেশনে পৌঁছে দেওয়ার পর স্কুলে গিয়েছি।／යාළුවා ස්ටේෂන් එක ළඟට වෙනකන් ගිහින් දාලා, ඉස්කෝලෙට ගියා.）

⑮ □ 迎(むか)える （स्वागत करना／স্বাগত জানানো／පිළිගන්නවා）

⑯ □ 迎えに行(い)く （मिलने जाना／স্বাগত জানাতে যাওয়া／එක්කන් එන්න යනවා）

▶駅まで迎えに行きますよ。

（मैं आपको स्टेशन तक लेने आऊँगा।／স্টেশন পর্যন্ত স্বাগত জানাতে যাব।／ස්ටේෂන් එකට පිළිගන්න යනවා.）

⑰ □ 迎えに来(く)る （मिलने आना／স্বাগত জানাতে আসা／එක්කන් එනවා）

▶迎えに来(き)てくれて、ありがとう。

（मुझे लेने आने के लिए धन्यवाद।／স্বাগত জানাতে আসার জন্য ধন্যবাদ।／එක්කන් එන්න ආවට , ස්තුතියි.）

⑱ □ 連(つ)れる （लेकर जाना／সাথে করে নিয়ে আসা／එක්කගෙන යනවා）

▶パーティーに友達(ともだち)を連れてきてもいいですか。

（क्या मैं अपने दोस्तों को पार्टी में ला सकता हूँ?／পার্টিতে বন্ধুকে সাথে করে নিয়ে আসতে পারি কি?／සාදයට යහළුවාව එක්කගෙන ආවට කමක්නැද්ද?）

▶連れていく、連れて帰(かえ)る

（लेकर जाना, लेकर वापस आना／সাথে নিয়ে যাওয়া, সাথে করে বাড়িতে ফেরা／එක්කගෙන යනවා, එක්කගෙන එනවා）

32 人と人
33 気持ち
34 健康・病気
35 見る・聞く
36 話す・言う
37 思う・考える
38 行く・来る
39 あげる・もらう
40 する

UNIT 39

あげる・もらう

(देना /पाना／দেওয়া/গ্রহণ করা/পাওয়া／දෙනවා . ලබාගන්නවා)

❶ □ あげる (देना／দেওয়া／දෙනවා)

▶これ、一(ひと)つあげます。 ―いいんですか。どうも。

(मैं यह एक आपको अपनी तरफ़ से दे रहा हूँ। —ओह, धन्यवाद।／এটা, একটা আপনাকে দেব। —ঠিক আছে? ধন্যবাদ।／මේකෙන් එකක් දෙනවා. —කැමක් නැද්ද? ස්තූතියි.)

❷ □ 差(さ)し上(あ)げる (देना (आदरवाचक)／দেওয়া／දෙනවා)

▶先生(せんせい)にも一つ差(さ)し上げました。

(मैंने अध्यापक को भी एक दिया।／শিক্ষককেও একটি দিয়েছি।／ගුරුවරයාටත් එකක් දුන්නා.)

❸ □ やる (देना (चीज़ें)／দেওয়া (বস্তু)／දෙනවා)

▶これはもういらないから、誰(だれ)かにやることにした。

(मुझे अब इसकी आवश्यकता नहीं है, इसलिए मैंने इसे दे देने का फ़ैसला किया।／এটির আর প্রয়োজন নেই বিধায়, কাউকে দেওয়ার সিদ্ধান্ত নিয়েছি।／මේක එපා නිසා, කාටහරි දෙන්න හිතුවා.)

❹ □ もらう (पाना (किसी से कोई चीज़ मिलना)／পাওয়া／ලැබෙනවා)

▶それ、誰にもらったんですか。

(यह आपको किससे मिला?／সেটি, কার কাছ থেকে পেয়েছেন?／ඕක,කාගෙන්ද ලැබුනේ?)

❺ □ いただく (पाना (आदरवाचक)／গ্রহণ করা／ලැබෙනවා)

▶これは先生にいただいたお菓子(かし)です。

(यह अध्यापक द्वारा मिली मिठाई है।／এটা শিক্ষকের কাছ থেকে গ্রহণ করা মিষ্টি।／මේ ගුරුවරයාගෙන් ලැබුන රස කැවිලි.)

❻ □ くれる (किसी का आपको कुछ देना／দেওয়া／මට දෙනවා)

▶これは友達（ともだち）がくれたんです。

(यह मेरे दोस्त ने मुझे दिया था।／এটা বন্ধু দিয়েছে।／මේක යාළුවා මට දුන්නා.)

❼ □ くださる (किसी का आपको कुछ देना (आदरवाचक)／প্রদান করা／මට දෙනවා)

▶これは先生（せんせい）がくださったんです。

(यहअध्यापक द्वारा दिया गया था।／এটা শিক্ষক প্রদান করেছেন।／මේක ගුරුවරයා මට දුන්නා.)

❽ □ プレゼントする (उपहार के रूप में देना／উপহার দেওয়া／තෑගි කරනවා)

▶彼女（かのじょ）には何をプレゼントしたんですか。

(उसने अपनी प्रेमिका को क्या उपहार दिया?／মেয়েটিকে কি উপহার দিয়েছেন?／පෙම්වතියට තෑගි කෙරුවා.)

❾ □ プレゼント (उपहार／উপহার／තෑග්ග)

❿ □ 貸（か）す (उधार देना／ধার দেওয়া／ණයට දෙනවා)

▶すみません、ペンを貸してくれませんか。

(क्षमा करें, क्या आप मुझे एक पेन उधार दे सकते हैं?／ক্ষমা করবেন, কলম ধার দিতে পারেন কি?／සමාවෙන්න, පෑන ටිකකට දෙන්න පුළුවන්ද?)

⓫ □ 借（か）りる (उधार लेना／ধার করা／ණයට ගන්නවා)

▶お金（かね）を借りる (पैसे उधार लेना／টাকা ধার করা／සල්ලි ණයට ගන්නවා.)

▶すみません。ちょっとお手洗（てあら）いを借（か）りてもいいですか。

(क्षमा करें। क्या मैं आपका टॉयलेट थोड़ा उधार ले सकता हूँ?／মাফ করবেন,একটু বাথরুম ব্যবহার করতে পারি কি?／සමාවෙන්න,ටිකක් නාන කාමරය පාවිච්චි කෙරුවට කමක්නැද්ද?)

⓬ □ 返（かえ）す (वापस करना／ফিরিয়ে দেওয়া／ආපහු දෙනවා)

▶先生に借りたかさ、まだ返してなかった。

(मैंने अध्यापक से उधार लिया हुआ छाता, अभी तक वापस नहीं किया है।／শিক্ষকের কাছ থেকে ধার করা ছাতা, এখনও ফেরত দেওয়া হয়নি।／ගුරුවරයාගෙන් ගත්ත කුඩේ, ආපහු දුන්නේ නැහැ.)

32 人と人
33 気持ち
34 健康・病気
35 見る・聞く
36 話す・言う
37 思う・考える
38 行く・来る
39 あげる・もらう
40 する

⑬ □ 交換(する) (अदला-बदली／বিনিময় করা／මාරු කරනවා)
こうかん

▶Lは大きすぎたから、Mに交換してもらった。
おお

(L बहुत बड़ा था, इसलिए मैंने M से बदल लिया था।／L খুব বড় ছিল বিধায়, M এর সাথে বিনিময় করেছি।／L ලොකු වැඩි නිසා, M එකට මොරුකර ගත්තා.)

⑭ □ 送る (भेजना (चीज़ें)／প্রেরণ করা (বস্তু)／යවනවා)
おく

▶メール/荷物を送る
にもつ

(ईमेल/सामान भेजना／মেইল/লাগেজ প্রেরণ করা／මේල් / බඩු යවනවා.)

⑮ □ 郵送(する) (डाक से भेजना／ডাকে প্রেরণ করা／තැපැල් කරනවා)
ゆうそう

⑯ □郵送 (डाक／ডাক／තැපැල)

▶郵送でもかまいません。

(इसे डाक से भी भेजा जा सकता है।／ডাকে হলেও সমস্যা নেই।／තැපැලෙන් වුණත් කමක්නැහැ.)

⑰ □ 届く (पहुँचना／পৌঁছানো／ලඟා වෙනවා , එනවා)
とど

▶荷物/手紙/結果が届く
てがみ けっか

(सामान/पत्र/परिणाम पहुँचना／লাগেজ/চিঠি/ফলাফল পৌঁছানো।／බඩු, ලියුම , ප්‍රතිපලය එනවා)

⑱ □ 受け取る (मिलना／পাওয়া／භාර ගන්නවා)
う と

▶けさ、荷物を受け取りました。

(मुझे आज सुबह अपना सामान मिला।／সকালে, লাগেজ পেয়েছি।／අද උදේ, බඩු භාරගත්තා.)

⑲ □ 取る (लेना／তুলে নেওয়া／ගන්නවා)
と

▶どうぞ、一つ取ってください。
ひと

(कृपया एक ले लीजिए।／অনুগ্রহ করে, তুলে নিন।／මෙන්න, එකක් ගන්න.)

▶おかあさん、しょうゆ、取ってくれる?

(माँ, सोया सॉस, क्या आप मुझे दे सकती हैं?／মা, সয়া সসটা কি দিতে পারবে?／අම්මෙ, සෝය සෝස් එක අරගෙන දෙනවද?)

⑳ □ パスポートを取る

(अपना पासपोर्ट लेना／পাসপোর্ট তোলা／ගමන් බල පත්‍රය ගන්නවා)

㉑ □ **拾う**（ひろ） (उठाना／কুড়িয়ে নেওয়া／අහුලනවා)

▶このかぎ、教室（きょうしつ）で拾ったんだけど、誰（だれ）のかなあ？

(यह चाबी, मैंने इसे कक्षा से उठाया, किस की है?／এই চাবিটি শ্রেণীকক্ষে কুড়িয়ে পেয়েছি, এটি কার হতে পারে।／මේ යතුර,පන්තියෙන් අහුලගත්තා,කාගේද දන්නේ නැහැ.)

㉒ □ **なくす** (खोना／হারিয়ে ফেলা／නැති කරනවා)

▶メモをなくして、電話番号（でんわばんごう）がわからなくなった。

(मैंने अपना मेमो खो दिया और अब फ़ोन नंबर नहीं समझ आ रहा।／নোট হারিয়ে ফেলায়, ফোন নম্বর জানি না।／සටහන් කරගත්තේ නැති නිසා, දුරකථන අංකය මතක නැහැ.)

㉓ □ **なくなる** (ख़त्म होना／শেষ হওয়া／නැති වෙනවා)

▶もうすぐシャンプーがなくなる。

(शैंपू जल्द ही ख़त्म होने वाला है।／শীঘ্রই শ্যাম্পু শেষ হয়ে যাবে।／ඉක්මනටම ෂැම්පු එක ඉවරවෙයි.)

㉔ □ **盗む**（ぬす） (चुराना／চুরি করা／හොරකම් කරනවා)

▶盗まれないように気（き）をつけてください。

(चोरी न होने के लिए सावधान रहें।／চুরি না হওয়ার জন্য সতর্ক থাকুন।／හොරකම් කරන්න බැරි විදිහට පරිස්සම් වෙන්න.)

㉕ □ **残る**（のこ） (बचा हुआ／অবশিষ্ট থাকা／ඉතුරු වෙනවා)

▶お金（かね）はいくら残っていますか。

(कितना पैसा बचा हुआ है?／কত টাকা অবশিষ্ট আছে?／සල්ලි කීයක් ඉතුරුයිද?)

㉖ □ **残り** (बाक़ी／অবশিষ্ট／ඉතුරු)

▶残りはこれだけ？

(क्या बस इतना बाकी है?／শুধুমাত্র এটি অবশিষ্ট আছে?／ඉතුරු මෙච්චරද?)

31 日本・世界
32 人と人
33 気持ち
34 健康・病気
35 見る・聞く
36 話す・言う
37 思う・考える
38 行く・来る
39 あげる・もらう
40 する

㉗ ☐ **持つ** (पकड़ना／বহন করা／ගන්නවා , තියෙනවා)

▶荷物、重そうですね。一つ持ちましょうか。

(सामान भारी लग रहा है। क्या मैं एक पकड़ लूँ?／লাগেজ ভারী বলে মনে হচ্ছে। একটা বহন করব কি?／බඩු බරයි වගේනේ. එකක් මම ගන්නම්.)

▶車を持っているんですか。いいですね。

(क्या आपके पास कार है? अच्छा है।／গাড়ি আছে? খুব ভালো।／වාහනයක් තියෙනවද?...හොඳයිනේ.)

㉘ ☐ **持っていく** (ले जाना／(বহন করে) নিয়ে যাওয়া／අරන් යනවා)

▶あしたのパーティーには、何を持っていけばいいですか。

(मुझे कल की पार्टी में क्या ले जाना चाहिए?／আগামীকালের পার্টিতে কি নিয়ে গেলে ভাল হয়।／හෙට සාදයට මොනවා අරන් ගියොත් හොඳයිද?)

㉙ ☐ **持ってくる** (ले आना／(বহন করে) নিয়ে আসা／අරන් එනවා)

▶ワインを1本持ってきました。

(मैं एक बोतल वाइन लाया।／এক বোতল ওয়াইন নিয়ে এসেছি।／වයින් බෝතලයක් අරන් ආවා.)

㉚ ☐ **持って帰る** (वापस ले जाना／নিয়ে (ফেরা／ආපහු අරන් යනවා)

▶ごみは持って帰ってください。

(कृपया कचरा घर ले जाइए।／আবর্জনা নিয়ে ফিরে যান।／කුණු ආපහු අරන් යන්න.)

㉛ ☐ **お持ち帰り** (ले जाना／টেকঅ্যাওয়ে／අරන් යනවා)

UNIT 40 する (করনা／করা／කරනවා)

❶ □ する (করনা／করা／කරනවා)

▶いま、何(なに)しているの？

(आप अभी क्या कर रहे हैं?／এখন, কি করছেন?／දැන්,කරන්නේ මොනවද?)

❷ □ やる (করনা／করা／කරනවා)

▶宿題(しゅくだい)はもうやった？ (क्या तुमने अपना गृहकार्य कर लिया?／বাড়ির কাজ ইতিমধ্যে করেছ কি?／ගෙදර වැඩ කරලා ඉවරද?)

❸ □ 心配(しんぱい)(する) (चिंता (करना)／চিন্তা (করা)／කණගාටු වෙනවා)

▶大丈夫(だいじょうぶ)です。心配しないでください。

(ठीक है। कृपया, चिंता न करें।／ঠিক আছে। চিন্তা করবেন না।／ප්‍රශ්නයක් නැහැ. කණගාටු වෙන්න එපා.)

❹ □ 失敗(しっぱい)(する) (असफल (होना)／ব্যর্থ (হওয়া)／අසාර්ථක වෙනවා, වරදිනවා)

▶失敗したの？　もう一回(いっかい)やったら？

(क्या आप असफल रहे? एक बार और करके देखें तो?／ব্যর্থ হয়েছ? আবার করে দেখলে?／වැරදුනාද? තව එක පාරක් කරලා බැලුවනම් .)

❺ □ 反 成功(せいこう)(する) (सफल(होना)／সফল (হওয়া)／සාර්ථකවෙනවා)

❻ □ 注文(ちゅうもん)(する) (ऑर्डर (करना)／অর্ডার (করা)／ඇණවුම් කරනවා / ඕඩර් කරනවා.)

▶時間(じかん)がないから、早(はや)く注文しよう。

(मेरे पास समय नहीं है, इसलिए जल्द से जल्द ऑर्डर करते हैं।／সময় নেই বিধায়, তাড়াতাড়ি অর্ডার করা যাক।／වෙලාව නැති නිසා, ඉක්මනට ඕඩර් කරමු.)

❼ □ 準備(じゅんび)(する) (तैयारी (करना)／প্রস্তুত (করা)／ලෑස්ති කරනවා)

▶旅行(りょこう)の準備はもう終(お)わった？

(क्या आपकी यात्रा की तैयारी हो गई है?／ভ্রমণের জন্য প্রস্তুতি ইতিমধ্যে শেষ হয়েছে কি?／විනෝද ගමනේ දේවල් ලෑස්ති කෙරුවද?)

❽ □ 努力(どりょく)(する) (कोशिश (करना)／চেষ্টা (করা)／උත්සහවන්ත වෙනවා)

▶彼(かれ)にはもうちょっと努力してほしい。

(मैं चाहता हूँ कि वह थोड़ी और कोशिश करे।／আমি চাই সে আর একটু চেষ্টা করুক।／එයා උත්සහවන්ත වෙනවා නම් හොඳයි.)

31 日本・世界
32 人と人
33 気持ち
34 健康・病気
35 見る・聞く
36 話す・言う
37 思う・考える
38 行く・来る
39 あげる・もらう
40 する

❾ □ 中止(ちゅうし)(する) (बीच में बंद (करना)／বাতিল (করা)／නතර කරනවා)

▶雨(あめ)が降(ふ)ったら、試合(しあい)は中止になるかもしれません。

(यदि बारिश होती है, तो मैच रद्द हो सकता है।／বৃষ্টি হলে খেলা বাতিল হয়ে যেতে পারে।／වැස්සොත් තරගය නවත්තයිද දන්නේ නැහැ.)

❿ □ 登録(とうろく)(する) (पंजीकरण (करवाना)／নিবন্ধন (করা)／ලියාපදිංචි කරනවා)

▶最初(さいしょ)に登録をしなければなりません。

(आपको पहले पंजीकरण करना होगा।／প্রথমে নিবন্ধন করতে হয়।／මුලින්ම ලියාපදිංචි කරන්න ඕනේ.)

⓫ □ 外国人(がいこくじん)登録証(しょう) (विदेशी पंजीकरण प्रमाणपत्र／এলিয়েন রেজিস্ট্রেশন কার্ড／විදේශීය ලියාපදිංචි පත)

⓬ □ 予約(よやく)(する) (आरक्षण (करना)／রিজার্ভ (করা)／වෙන්කරනවා)

▶お店(みせ)はもう予約してあります。

(स्टोर पहले से ही आरक्षित हो चुका है।／রেস্তোরাঁটি ইতিমধ্যেই রিজার্ভ করা হয়েছে।／කඩේ, දැනටමත් වෙන් කරලා තියෙන්නේ.)

⓭ □ チェックインする (चेक इन (करना)／চেক ইন (করা)／චෙක් ඉන් වෙනවා)

▶もう4時(じ)だから、チェックインできます。

(चार बज चुके हैं, इसलिए आप चेक इन कर सकते हैं।／ইতিমধ্যে 4 টা বেজে গেছে বিধায়, চেক ইন করতে পারেন।／දැනටමත් 4යි නිසා,චෙක් ඉන් වෙන්න පුළුවන්.)

⓮ □ チェックアウトする (चेक आउट (करना)／চেক আউট (করা)／චෙක් අවුට් වෙනවා)

⓯ □ キャンセルする (रद्द (करना)／ক্যানসেল (করা)／අවලංගු කරනවා , කැන්සල් කරනවා)

▶すみません、予約(よやく)をキャンセルしたいんですが。

(मुझे क्षमा करें, मैं आरक्षण रद्द करना चाहूँगा।／মাফ করবেন, রিজার্ভেশন ক্যানসেল করতে চাই।／සමාවෙන්න, බුකින් එක කැන්සල් කරන්න ඕනේ.)

⓰ □ キャンセル料(りょう) (रद्दीकरण शुल्क／ক্যানসেল করার চার্জ／අවලංගු කිරීමේ ගාස්තුව)

⓱ □ ノックする (दस्तक (देना)／নক (করা)／තට්ටු කරනවා)

▶入(はい)るときに軽(かる)くノックしてください。

(जब आप प्रवेश करें, तब हलके से दस्तक दें।／প্রবেশ করার সময় হালকাভাবে নক করুন।／ඇතුල් වෙනකොට හෙමින් තට්ටු කරන්න.)

UNIT 41

49

新(あたら)しい・静(しず)かな

(नया/शांत／নতুন/শান্ত／අළුත්. නිහඬ)

❶ □ 新しい (नया／নতুন／අළුත්)

▶メニューが新しくなりました。

(मेनू नया हो गया है।／মেনু নতুন করা হয়েছে।／මෙනියු එක අළුත් වුණා.)

❷ □ 古(ふる)い (पुराना／পুরনো／පරණයි)

▶京都(きょうと)には古いお寺(てら)がたくさんあります。

(क्योतो में कई पुराने मंदिर हैं।／কিয়োতোতে অনেক পুরনো মন্দির আছে।／කියෝතෝ වල පරණ පන්සල් ගොඩක් කරනවා.)

❸ □ 熱(あつ)い (गर्म／গরম／උණුසුම් ,රස්නෙයි)

▶熱くて、飲(の)めません。

(यह गर्म है इस कारण मैं नहीं पी सकता।／গরমের জন্য পান করতে পারিনা।／රස්නේ නිසා බොන්න බැහැ.)

❹ □ 冷(つめ)たい (ठंडा／ঠান্ডা／සීතලයි , සිසිල්)

▶冷たいお茶(ちゃ)でいいですか。

(क्या ठंडी चाय चलेगी?／ঠান্ডা চায়ে কি ঠিক আছে?／සීතල තේ එකක් හොඳද?)

▶手(て)が冷たいですね。

(हाथ ठंडे हैं।／হাত বেশ ঠান্ডা, তাই না।／අත සීතල වෙලානේ.)

❺ □ 温(あたた)かい (गर्म／গরম/উষ্ণ／රස්නෙයි)

▶温かい飲(の)み物(もの)が飲みたい。

(मैं गर्म पेय पीना चाहता हूँ।／গরম পানীয় পান করতে চাই।／උණු බීම එකක් බොන්න ඕනේ.)

▶早(はや)く温かいベッドで寝(ね)たい。

(मैं जल्दी से गर्म बिस्तर में सोना चाहता हूँ।／তাড়াতাড়ি উষ্ণ বিছানায় ঘুমাতে চাই।／ඉකමනට උණුසුම් ඇඳක නිදාගන්න ඕනේ.)

41 新しい・静かな
42 どんな人？
43 とても・もっと
44 こそあ
46 場所
47 パソコン・ネット
48 仕事
49 教室の言葉
50 あいさつ・よく使う表現

❻ □ 明(あか)るい (उज्ज्वल／উজ্জ্বল/আনন্দদায়ক／දීප්තිමත්, එළියයි) 反 暗(くら)い

▶窓(まど)が大(おお)きくて、明るい部屋(へや)です。

(यह एक बड़ी खिड़की के कारण एक उज्ज्वल कमरा है।／জানালা বড় হওয়ায় ঘরটি উজ্জ্বল।／ජනේල ලොකු නිසා, කාමරය එළියයි.)

▶明るい音楽(おんがく)が好(す)きです。

(मुझे आनंदमय संगीत पसंद है।／আমি আনন্দদায়ক সঙ্গীত পছন্দ করি।／ප්‍රියජනක සංගීතයට කැමතියි.)

❼ □ 暗(くら)い (अँधेरा/बुरा／অন্ধকার/খারাপ／අඳුරුයි, කළුවරයි) 反 明(あか)るい

▶暗くて、よく見(み)えません。

(अँधेरा होने के कारण अच्छे से नहीं देख सकता।／অন্ধকার হওয়ায় ভালভাবে দেখতে পারি না।／කළුවර නිසා ,හොඳට පේන්නේ නැහැ.)

▶最近(さいきん)は、暗いニュースが多(おお)いね。

(आजकल न्यूज़ में बुरी खबरें ज़्यादा हैं। ／ইদানীং খারাপ খবর বেশি।／ලඟදී, හොඳ නැති පුවත්(නිවුස්) ගොඩක් ආවා.)

❽ □ きれい(な) (सुंदर/साफ़／সুন্দর/পরিষ্কার／ලස්සනයි) 反 汚(きたな)い

▶きのう掃除(そうじ)したから、部屋(へや)はきれいですよ。

(कमरा साफ़ है क्योंकि मैंने कल इसे साफ़ किया था।／গতকাল পরিষ্কার করেছি বিধায় আমার রুম সুন্দর।／මම ඊයේ පිරිසිදු කළ නිසා මගේ කාමරය ලස්සනයි.)

▶その皿(さら)はさっき洗(あら)ったから、きれいですよ。

(वह प्लेट साफ़ है क्योंकि मैंने इसे धोया है।／কিছু সময় আগে প্লেটটি ধুয়েছি বিধায় পরিষ্কার আছে।／මම පිඟාන සේදූව නිසා එය ලස්සනයි)

▶きれいな花(はな)、きれいな女性(じょせい)、きれいな字(じ)

(सुंदर फूल, सुंदर महिलाएँ, सुंदर अक्षर／সুন্দর ফুল, সুন্দর নারী, সুন্দর লেখা／ලස්සන මල්, ලස්සන කාන්තාවන්, ලස්සන අකුරු)

❾ □ 汚(きたな)い (गंदा／নোংরা／අපිරිසිදුයි , කැතයි) 反 きれい

▶部屋(へや)が汚いから、あまり人(ひと)を呼(よ)びたくないんです。

(मैं लोगों को बहुत ज़्यादा नहीं बुलाना चाहता क्योंकि कमरा गंदा है।／রুম নোংরা বিধায় খুব একটা লোকেদের আমন্ত্রণ জানাতে চাই না।／මගේ කාමරය අපිරිසිදු නිසා,කාටවත් අඬගහන්න කැමති නැහැ.)

▶汚い川(かわ)、汚い字

(गंदी नदी, गंदा अक्षर／নোংরা নদী, খারাপ হাতের লেখা।／අපිරිසිදු ගඟ, කැත අකුරු)

⑩ □ 重(おも)い (भारी/गंभीर／ভারী/গুরুতর／බරයි , බරපතල)　反 軽(かる)い

▶重い荷物(にもつ)はわたしが持(も)ちます。

(भारी सामान मैं उठाऊँगा।／ভারী লাগেজ আমি বহন করব।／බර බඩු මම ගන්නම්.)

▶重い病気(びょうき)じゃなかったそうです。

(सुना है, वह गंभीर बीमारी नहीं थी।／দৃশ্যত গুরুতর অসুখ ছিল না।／බරපතල ලෙඩක් නෙමෙයි වගේ.)

⑪ □ 軽(かる)い (हलका／হালকা／සැහැල්ලුයි)　反 重(おも)い

▶このかばんは軽くて、いいですね。

(यह बैग हलका और अच्छा है।／এই ব্যাগ হালকা হওয়ায় ভালো।／මේ බෑග් එක සැහැල්ලු නිසා,හොඳයිනේ.)

▶食事(しょくじ)の前(まえ)に軽い運動(うんどう)をするといいですよ。

(आप अपने भोजन के पहले हलका व्यायाम करें तो अच्छा रहेगा।／খাবারের আগে হালকা ব্যায়াম করা ভালো।／කෑමට කලින් සැහැල්ලු ව්‍යායාම කරනවානම් හොඳයි.)

⑫ □ 厚(あつ)い (मोटा／মোটা／ඝනකම්)

▶厚い紙(かみ)のほうがいいですか。　―はい。丈夫(じょうぶ)なのがいいです。

(क्या मोटा कागज़ बेहत्तर रहेगा? —हाँ, मज़बूत अच्छा रहेगा।／মোটা কাগজ ভালো হবে কি? —হ্যাঁ। টেকসই হলে ভালো।／ඝනකම් කොළ හොඳයිද? —ඔව්,හයිය ඒවා නම් හොඳයි.)

▶厚いカーテン (मोटा पर्दा／মোটা পর্দা／ඝනකම් තිරරෙදි)

⑬ □ 薄(うす)い (पतला／পাতলা／සිහින්, ලා, අඩුයි, තුනී)　反 濃(こ)い、厚(あつ)い

▶薄い本(ほん)だから、すぐ読(よ)めますよ。

(क्योंकि यह पतली किताब है, आप इसे तुरंत पढ़ सकते हैं।／পাতলা বই জন্য দ্রুত পড়তে পারবেন।／තුනී පොතක් නිසා, ඉක්මනට කියවන්න පුළුවන්.)

▶味(あじ)が薄い、薄い青(あお)

(हलका स्वाद, हलका नीला／হালকা স্বাদ, হালকা নীল／රස අඩුයි, ලා නිල්)

⑭ □ 濃(こ)い (गाढ़ा/गहरा／কড়া/গাঢ়／තදයි , වැඩියි)　反 薄(うす)い

▶このスープ、ちょっと味(あじ)が濃いですね。

(यह सूप थोड़ा गाढ़ा है।／এই স্যুপের একটু কড়া স্বাদ আছে।／මේ සුප් එකේ ටිකක් රස වැඩියි.)

▶味が濃い、濃い青

(गहरा स्वाद, गहरा नीला／কড়া স্বাদ, গাঢ় নীল／රස වැඩියි, තද නිල්)

42 どんな人？
43 とても・もっと
44 こそあ
46 場所
47 パソコン・ネット
48 仕事
49 教室の言葉

⑮ □ にぎやか(な) (जीवंत／প্রাণবন্ত／කලබලකාරී) 反静か(しず)な

▶この辺(へん)はお店(みせ)が多(おお)くて、にぎやかですね。

(इस क्षेत्र में कई दुकानें हैं और यह जीवंत है।／এখানে অনেক দোকান থাকায় জায়গাটি প্রাণবন্ত।／මේ පැත්තේ කඩවල් වැඩි නිසා, කලබලකාරී .)

⑯ □ うるさい (शोर／অনেক আওয়াজ／ඝෝෂාකාරී , සද්ද වැඩි) 反静か(しず)な

▶道路(どうろ)の近(ちか)くだと、うるさくないですか。

(सड़क के पास है तो शोर नहीं है क्या ?／রাস্তার কাছাকাছি হলে, অনেক আওয়াজ মনে হয় না?／පාරට ලඟයි නම්, සද්ද වැඩි නැද්ද?)

⑰ □ 静(しず)か(な) (शांत／শান্ত)／නිහඬයි) 反にぎやかな、うるさい

▶駅(えき)から遠(とお)くてもいいので、広(ひろ)くて静かな部屋(へや)がいいです。

(स्टेशन से दूर है तो भी चलेगा, लेकिन एक बड़ा और शांत कमरा चाहिए।／স্টেশন থেকে দূরে হলেও ভালো, কেননা প্রশস্ত ও শান্ত রুম হলে ভালো হয়।／ස්ටේෂන් එකේ ඉඳලා දුර වුණත් කමක්නැහැ,ලොකු නිහඬ කාමරයක් හොඳයි.)

⑱ □ 詳(くわ)しい (विस्तार से／বিস্তারিত／විස්තරාත්මක)

▶もう少(すこ)し詳しく説明(せつめい)してもらえますか。

(क्या आप इसे थोड़ा और विस्तार से समझा सकते हैं?／আরো একটু বিস্তারিতভাবে ব্যাখ্যা প্রদান করতে পারেন কি?／තව ටිකක් විස්තරාත්මකව පැහැදිලි කරන්න පුළුවන්ද?)

⑲ □ 複雑(ふくざつ)(な) (जटिल／জটিল／සංකීර්ණයි)

▶この駅(えき)は複雑ですね。いつも迷(まよ)います。

(यह स्टेशन जटिल है। मैं हमेशा खो जाता हूँ।／এই স্টেশনটি জটিল। সবসময় পথ হারিয়ে ফেলি।／මේ ස්ටේෂන් එක සංකීර්ණයිනේ.නිතරම අතරමං වෙනවා.)

⑳ □ 簡単(かんたん)(な) (सरल／সহজ／පහසු , ලේසියි)

▶もっと簡単な方法(ほうほう)がありますよ。

(एक और आसान तरीक़ा है।／আরো সহজ পদ্ধতি আছে।／තවත් පහසු ක්‍රමයක් තියෙනවා.)

㉑ □ 難(むずか)しい (कठिन／কঠিন／අමාරු)　反 易(やさ)しい

▶難しい言葉(ことば)には、訳(やく)が付(つ)いています。

(कठिन शब्दों का अनुवाद साथ में है।／কঠিন শব্দের জন্য অনুবাদ যুক্ত করা আছে।／අමාරු වචන වලට, පරිවර්තන තියෙනවා.)

㉒ □ 易(やさ)しい (आसान／সহজ／පහසු , ලේසියි)　反 難(むずか)しい

▶易しい日本語(にほんご)だから、読(よ)めるはずです。

(आसान जापानी है, इसलिए आप इसे पढ़ सकते हैं।／সহজ জাপানি ভাষা বিধায়, পড়তে সক্ষম হওয়ার কথা।／ලේසි ජපන් භාෂාව නිසා, කියවන්න පුළුවන් වෙන්න ඕනේ.)

㉓ □ 早(はや)い (जल्दी／যথাসময়ের পূর্বে／ඉක්මන්)　反 遅(おそ)い

▶起(お)きるのが早いんですね。

(आप जल्दी उठते हैं।／ঘুম থেকে উঠা যথাসময়ের পূর্বে নয় কি?／ඉක්මනට නැගිටිනවනේ.)

㉔ □ 早く (जल्दी／তাড়াতাড়ি／ඉක්මනට)

▶早く予約(よやく)したほうがいいですよ。

(आपको जल्दी आरक्षण करना चाहिए।／তাড়াতাড়ি রিজার্ভেশন করা ভালো।／ඉක්මනට වෙන්කරගන්න එක හොඳයි.)

㉕ □ 速(はや)い (तेज़／দ্রুত／වේගයෙන්)　反 遅(おそ)い

▶森(もり)さんは歩(ある)くのが速い。

(मोरी जी तेज़ चलते हैं।／মরি সাহেব দ্রুত হাঁটেন।／මොරි මහතා වේගයෙන් ඇවිදිනවනේ.)

㉖ □ 遅(おそ)い (देर／দেরি করা／පරක්කුයි)　反 速(はや)い、早(はや)い

▶田中(たなか)さん、遅いですね。　―電話(でんわ)してみましょうか。

(तनाका जी को आने में देर हो रही है। —क्या हम फ़ोन करें?／তানাকা-সান, দেরি করছেন। —ফোন করে দেখব কি?／තනක මහතා, පරක්කුයිනේ. —කෝල් එකක් දීලා බලමුද?)

㉗ □ 遠(とお)い (दूर／দূরে／දුරයි)　反 近(ちか)い

▶うちは駅(えき)から少(すこ)し遠いです。

(मेरा घर स्टेशन से थोड़ा दूर है।／আমার বাড়ি স্টেশন থেকে একটু দূরে।／අපේ ගෙදර ස්ටේෂන් එකේ ඉඳලා ටිකක් දුරයි.)

42 どんな人？
43 とても・もっと
44 こそあ
46 場所
47 パソコン・ネット
48 仕事
49 教室の言葉
50 あいさつ・よく使う表現

㉘ □ 近(ちか)い (पास/नज़दीक／কাছে／ළඟයි) 　反 遠(とお)い

▶うちの近くに市(し)の図書館(としょかん)があります。

(हमारे घर के पास एक सार्वजनिक पुस्तकालय है।／বাড়ির কাছে সিটি লাইব্রেরি আছে।／අපේ ගෙදර ළඟ නගරයේ පුස්තකාලය තියෙනවා.)

㉙ □ 強(つよ)い (तेज़／প্রবল／ශක්තිමත් / සැරයි) 　反 弱(よわ)い

▶風(かぜ)が強くて、歩(ある)きにくい。

(तेज़ हवा के कारण चलना मुश्किल है।／বাতাস প্রবল হওয়ায় হাঁটা কঠিন।／සුළඟ සැර නිසා,ඇවිදින්න අමාරුයි.)

㉚ □ 弱(よわ)い (कमज़ोर／দুর্বল／දුර්වලයි) 　反 強(つよ)い

▶えっ、日本(にほん)、また負(ま)けたの!?　弱いなあ。

(अरे, जापान फिर से हार गया !? कमज़ोर है।／কি, জাপান আবার হেরেছে! দুর্বল নয় কি?／ආ , ජපානය ආයෙත් පැරදුනද? දුර්වලයිනේ.)

㉛ □ 高(たか)い (महँगा/ऊँचा／দাম বেশী／මිළ අධිකයි , ගාණ වැඩියි , උසයි) 　反 低(ひく)い、安(やす)い

▶ほしいけど、値段(ねだん)がちょっと高い。

(मैं इसे चाहता हूँ, लेकिन क़ीमत थोड़ी महँगी है।／চাইলেও দাম একটু বেশী।／ඕනේ වුණාට, ගාණ ටිකක් වැඩියි .)

▶高い山(やま) (ऊँचा पहाड़／উঁচু পাহাড়／උස කන්ද)

㉜ □ 低(ひく)い (कम/नीचा／কম/খাটো／අඩුයි , මිටියි) 　反 高(たか)い

▶この前(まえ)のテスト、どうだった？　―点(てん)が低くて、がっかりした。

(परीक्षा कैसी थी? —अंक कम होने के कारण मैं निराश था।／গতবারের টেস্ট কেমন ছিল? —স্কোর কম হওয়ায় হতাশ হয়েছি।／මීට කලින් විභාගය, කොහොමද? —ලකුණු අඩු නිසා, කලකිරුණා.)

▶低いテーブル (नीची मेज़／নিচু টেবিল।／මිටි මේසය)

㉝ □ 便利(べんり)(な) (सुविधाजनक／সুবিধাজনক／පහසුයි) 反 不便(ふべん)な

▶駅(えき)から近(ちか)くて便利ですね。

(स्टेशन के क़रीब होने के कारण सुविधाजनक है।／স্টেশনের কাছাকাছি হওয়ায় সুবিধাজনক।／ස්ටේෂන් එක ළඟ ඉඳල ළඟ නිසා පහසුයි.)

㉞ □交通(こうつう)の便(べん) (परिवहन की सुविधा／পরিবহনের সুবিধা／ප්‍රවාහනය)

▶ここは交通の便はいいですよ。

(यहाँ परिवहन की सुविधा अच्छी है।／এখানে পরিবহন সুবিধাজনক।／මෙතන ප්‍රවාහනය හොඳයි.)

㉟ □ 不便(ふべん)(な) (असुविधाजनक／সুবিধাজনক নয়／අපහසුයි) 反 便利(べんり)な

▶周(まわ)りにスーパーとかコンビニがないから不便です。

(आस-पास कोई सुपरमार्केट या सुविधा स्टोर नहीं है, इसलिए असुविधाजनक है।／আশেপাশে কোন সুপারমার্কেট বা কনভেনিয়েন্স স্টোর না থাকায় জায়গাটি সুবিধাজনক নয়।／වටපිටාවේ සුපිරිවෙළඳ සැල් සහ පහසු වෙළඳසැල් නැතිනිසා අපහසුයි.)

㊱ □ かわいい (प्यारा／সুন্দর／හුරුබුහුටියි , හුරතල්)

▶見(み)て、パンダの赤(あか)ちゃん。かわいい！

(देखो, एक पांडा का बच्चा। प्यारा!／দেখ, পান্ডার বাচ্চা। সুন্দর!／අර බලන්න, පැන්ඩා පැටියෙක් ,හුරතල්.)

▶かわいい女(おんな)の子(こ)、かわいいデザイン

(प्यारी लड़की, प्यारा डिज़ाइन／সুন্দর মেয়ে, সুন্দর ডিজাইন／හුරතල් ගැහැණු ළමයෙක් , හුරුබුහුටි මෝස්තරයක්)

㊲ □ すてき(な) (अच्छा／চমৎকার／ලස්සනයි)

▶すてきな人(ひと) / 服(ふく) / バッグ

(अच्छा व्यक्ति/कपड़ा/बैग／চমৎকার ব্যক্তি/জামাকাপড়/ব্যাগ／ලස්සන කෙනෙක්/ඇඳුමක් /බෑග් එකක්)

㊳ □ 有名(ゆうめい)(な) (प्रसिद्ध／বিখ্যাত／ප්‍රසිද්ධයි)

▶ここは昔(むかし)から有名なお店(みせ)です。

(यहाँ एक पुरानी प्रसिद्ध दुकान है।／এটা বহুদিন আগে থেকে বিখ্যাত একটি দোকান।／මේක ඉස්සර ඉඳලා ප්‍රසිද්ධ කඩයක්.)

42 どんな人？
43 とても・もっと
44 こそあ
46 場所
47 パソコン・ネット
48 仕事
49 教室の言葉
50 あいさつ・よく使う表現

❸❾ □ 珍(めずら)しい (असामान्य／বিরল／දුර්ලභයි , කාලෙකින් දකින)

▶きょうはスーツですか。珍しいですね。

(आज सूट पहना है? यह असामान्य है।／আজ স্যুট পরেছেন? বিরল নয় কি?／අද ෆුල් සූට් එකද? කාලෙකින් දකින්නේ)

▶珍しいお菓子(かし) / 鳥(とり) / 名前(なまえ)

(असामान्य मिठाई/पक्षी/नाम／দূর্লভ মিষ্টি/পাখি/নাম／දුර්ලභ රසකැවිලි /කුරුල්ලෙක් /නමක්)

❹⓪ □ かたい (सख़्त／নরম／තදයි, හයියයි)　反やわらかい

▶ベッドがかたくて、よく寝(ね)(ら)れなかった。

(बिस्तर सख़्त था और मैं अच्छी तरह से सो नहीं सका।／বিছানা শক্ত হওয়ায় ভালভাবে ঘুমাতে পারিনি।／ඇඳ හයිය නිසා,හොඳට නින්ද ගියේ නැහැ.)

❹❶ □ やわらかい (नरम／শক্ত／මෘදුයි)　反かたい

▶肉(にく)がやわらかくて、おいしいです。

(माँस नरम और स्वादिष्ट है।／মাংস নরম হওয়ায় সুস্বাদু।／මස් මෘදු නිසා,රසයි.)

❹❷ □ 安全(あんぜん)(な) (सुरक्षित／বিপজ্জনক／ආරක්ෂාව)　反危険(きけん)な、危(あぶ)ない

▶ここにいるほうが安全ですよ。

(यहाँ होना सुरक्षित है।／এখানে থাকাটা নিরাপদ।／මෙතන ඉන්න එක ආරක්ෂිතයි.)

❹❸ □ 危(あぶ)ない (ख़तरनाक／বিপজ্জনক／භයානකයි)　反安全(あんぜん)な

▶危ないから、機械(きかい)にさわらないでください。

(मशीन को स्पर्श न करें क्योंकि यह ख़तरनाक है।／বিপজ্জনক বিধায়, মেশিনটিকে স্পর্শ করবেন না।／භයානක නිසා යන්ත්‍රය අල්ලන්න එපා.)

❹❹ □ 危険(きけん)(な) (ख़तरनाक／বিপজ্জনক／භයානකයි)　反安全(あんぜん)な

▶いま行(い)くのは危険です。もう少(すこ)し待(ま)ったほうがいいですよ。

(अभी जाना ख़तरनाक है। आपको थोड़ी देर इंतजार करना चाहिए।／এখন যাওয়া বিপদজনক। আর একটু অপেক্ষা করা ভালো।／දැන් යන එක භයානකයි. තව ටිකක් ඉන්න එක හොඳයි.)

㊺ □ うまい (स्वादिष्ट/अच्छा／সুস্বাদু／රසයි , දක්ෂයි)

▶うんっ、このピザはうまい！

(ओह, यह पिज़्ज़ा स्वादिष्ट है!／উম, এই পিজ্জা সুস্বাদু!／මම , මේ පිසා එක රසයි.)

▶彼女(かのじょ)はピアノだけじゃなく、歌(うた)もうまいんですよ。

(वह गायन में भी अच्छी है, न कि केवल पियानो में।／মেয়েটি শুধু পিয়ানো নয়, গানেও পারদর্শী।／ඇය පියානෝ වලට විතරක් නෙමෙයි, ගායනයටත් දක්ෂයි.)

㊻ □ いろいろ(な) (विभिन्न／বিভিন্ন ধরণের／විවිධ, එක එක)

▶これだけじゃなくて、いろいろなデザインのがあります。

(इतना ही नहीं, बल्कि विभिन्न डिज़ाइन हैं।／শুধু এটি নয়, বিভিন্ন ধরণের ডিজাইন রয়েছে।／මේක විතරක් නෙමෙයි, විවිධ මෝස්තර වල ඒවා තියෙනවා.)

㊼ □ 大丈夫(だいじょうぶ)(な) (ठीक／ঠিক আছে／කමක් නෑ)

▶ 〈車(くるま)に乗(の)る〉あと一人(ひとり)、乗れますか。　―大丈夫ですよ。

(<कार में> क्या एक और व्यक्ति भी सवारी कर सकता है? -- हाँ, ठीक है।／<গাড়িতে চড়া> আরও একজন গাড়িতে চড়তে পারবে কি? --ঠিক আছে।／(වාහනයට නගිනවා) තව එක්කෙනෙක්ට නගින්න පුළුවන්ද? ආ ...කමක් නෑ)

㊽ □ 大事(だいじ)(な) (महत्त्वपूर्ण／গুরুত্বপূর্ণ／වැදගත්)

▶・・・ごめんなさい、きょうは大事な約束(やくそく)があるんです。

(... मुझे क्षमा करें, आज एक महत्त्वपूर्ण वादा निभाना है।／ক্ষমা করবেন, আজ একটি গুরুত্বপূর্ণ অ্যাপয়েন্টমেন্ট আছে।／...සමවෙන්න, අද වැදගත් පොරොන්දුවක් තියෙනවා.)

㊾ □ 大切(たいせつ)(な) (महत्त्वपूर्ण／मूल्यवान／වැදගත්)

▶大切な友達(ともだち) / 指輪(ゆびわ)

(महत्त्वपूर्ण दोस्त/अँगूठी／মূল্যবান বন্ধু/আংটি／වැදගත් යාළුවා/මුද්ද)

㊿ □ 大切にする (महत्त्व देना／যত্ন করা／අගය කරනවා/ රැකගන්නවා /බලා ගන්නවා)

▶母(はは)からもらった時計(とけい)なので、大切にしています。

(मैं इसे महत्व देता हूँ क्योंकि यह घड़ी मुझे अपनी माँ से मिली है।／মায়ের কাছ থেকে পাওয়া ঘড়ি জন্য যত্ন করে ব্যবহার করি।／අම්මගෙන් ලැබුණ ඔරලෝසුව නිසා, පරිස්සමෙන් බලා ගන්නවා.)

▶命(いのち) / 自然(しぜん)を大切にする

(जीवन/प्रकृति को महत्व देना／জীবন/প্রকৃতির যত্ন নেয়া／ජීවිතය / ස්වභාවධර්මය රැකගන්නවා)

42 どんな人？
44 こそあ
46 場所
47 パソコン・ネット
48 仕事
49 教室の言葉
50 あいさつ・よく使う表現

(51) □ いい (अच्छा／ভালো／හොඳයි)

▶きょうは天気(てんき)がいいですね。

(आज मौसम अच्छा है।／আজকে আবহাওয়া খুব ভালো।／අද කාලගුණය හොඳයිනේද?)

▶コーヒーでいいですか。　—はい、お願(ねが)いします。

(क्या कॉफी ठीक है? —जी, ज़रूर।／কফিতে কি ঠিক আছে? —হ্যাঁ, অনুরোধ করছি।／කෝපි කමක් නැද්ද? —හා,හොඳයි)

(52) □ 悪(わる)い (ख़राब／খারাপ／නරකයි/අවුල්)　反いい

▶どこか具合(ぐあい)が悪いんですか。

(कहाँ ख़राब लग रहा है?／কোথায় খারাপ লাগছে?／ඔයා මොකක්හරි අවුලකින්ද?)

(53) □ だめ(な) (अच्छा नहीं／ঠিক না／එපා,බැහැ)

▶辞書(じしょ)を使(つか)ってもいいですか。　—だめです。

(क्या मैं शब्दकोश का उपयोग कर सकता हूँ? —नहीं।／অভিধানটা কি ব্যবহার করতে পারি? —না, এখন নয়।／ශබ්දකෝෂය පාවිච්චි කෙරුවට කමක් නැද්ද? —එපා.)

(54) □ ひどい (भयानक／ভয়ানক／භයානකයි , දුකයි)

▶ボーナスがゼロ!?　それはひどいですね。

(बोनस शून्य है!? यह भयानक है।／বোনাস জিরো !? সেটি ভয়ানক নয় কি?／ප්‍රසාද දීමනාව 0යි.ඒකට දුකයි.)

(55) □ 変(へん)(な) (अजीब／অদ্ভুত／අමුතු)

▶これ、変な匂(にお)いがする。大丈夫(だいじょうぶ)？

(इसमें अजीब गंध आ रही है। क्या यह ठीक है?／এটার গন্ধ অদ্ভুত।　ঠিক আছে তো?／මෙකෙන් අමුතු ගඳක් එනවා. මොකක්හරි ප්‍රශ්නයක්ද?)

(56) □ むだ(な) (व्यर्थ／অপচয়／අපතේ යෑම)

▶これ以上(いじょう)話(はな)しても、時間(じかん)のむだです。

(इससे अधिक बात करना समय व्यर्थ करना होगा।／এর চাইতে বেশি কথা বলা, সময়ের অপচয়।／මීට වැඩිය කතා කරන එක,වෙලාව අපතේ යැවීමක්.)

(57) □ 急（きゅう）(な) (अचानक／হঠাৎ／හදිසි)

▶すみません、急な用事（ようじ）ができて、帰（かえ）らなければならなくなりました。

(मुझे क्षमा करें, अचानक कुछ काम आ गया। मुझे घर जाना पड़ेगा।／ক্ষমা করবেন। হঠাৎ কাজে বাড়ি ফিরে যেতে হয়েছিল।／සමාවෙන්න,හදිසි වැඩක් තියෙන නිසා, ආපහු යන්න වෙනවා.)

(58) □ 急に (अचानक／হঠাৎ／හදිසියේම)

▶急に外（そと）が暗（くら）くなってきた。

(अचानक बाहर अंधेरा हो गया।／হঠাৎ বাইরে অন্ধকার হয়ে গেছে।／එකපාරටම එළිය, අඳුරු වුණා.)

(59) □ 上手（じょうず）(な) (निपुण／ভালো পারা／දක්ෂයි) 反下手（へた）な

▶このケーキ、自分（じぶん）で作（つく）ったんですか。上手ですね。

(क्या आपने इस केक को स्वयं बनाया है? आप निपुण हैं।／এই কেক নিজে বানিয়েছেন? আপনি ভাল পারেন।／මේ කේක් එක තනියම හැදුවද? දක්ෂයිනේ.)

(60) □ 下手（へた）(な) (अकुशल／ভালো পারা／අදක්ෂයි , දක්ෂ නැහැ) 反上手（じょうず）な

▶テニスをやるんですか。
—ええ。でも、好（す）きなだけで、下手なんです。

(आप टेनिस खेलते हैं? —हाँ, लेकिन मैं इसे सिर्फ़ पसंद करता हूँ। मैं इसमें अच्छा नहीं हूँ।／টেনিস খেলেন কি? —হ্যাঁ। তবে পছন্দ করলেও ভাল পারি না।／ටෙනිස් කරනවද? —ඔව්,ඒ වුනාට කැමැත්තට කරනවා විතරයි, දක්ෂ නැහැ.)

(61) □ 得意（とくい）(な) (में सक्षम／ভালো／දක්ෂ) 反苦手（にがて）な

▶得意な料理（りょうり）は何（なん）ですか。

(आप किस व्यंजन को बनाने में सक्षम हैं?／কোন রান্নাটা ভালো করেন?／හදන්න දක්ෂ කෑම මොනවද?)

(62) □ 苦手（にがて）(な) (असक्षम／ভালো না／අදක්ෂ ,අමාරුයි) 反得意（とくい）な

▶大勢（おおぜい）の前（まえ）で話（はな）すのは苦手なんです。

(मैं बहुत लोगों के सामने बोलने में असक्षम हूँ।／অনেক মানুষের সামনে ভালোভাবে কথা বলতে পারি না।／ලොකු සෙනගක් ඉස්සරහ කතා කරන්න අමාරුයි.)

63 □ **忙しい** (व्यस्त／ব্যস্ত／කාර්යබහුලයි)　　　　　　　　　　　　　反 **暇な**
いそが　　　　　　　　　　　　　　　　　　　　　　　　　　　　　　　　　ひま

▶**忙しくて、わたしは行けません。**
い

(मैं व्यस्त होने के कारण नहीं जा सकता।／ব্যস্ত থাকায় (যেতে পারছি না।／කාර්යබහුල නිසා, මට යන්න බැහැ.)

---

64 □ **暇(な)** (खाली／অবসর／විවේක)　　　　　　　　　　　　　　　反 **忙しい**
ひま　　　　　　　　　　　　　　　　　　　　　　　　　　　　　　　　　いそが

▶**暇なとき、何をしていますか。**
なに

(जब आप के पास वक्त हो, तो आप क्या करते हैं?／অবসর সময়ে কি করেন?／විවේක වෙලාවට කරන්නේ මොනවද?)

---

65 □ **眠い** (नींद आना／ঘুম পাওয়া／නිදිමතයි)
ねむ

▶**眠いですか。　──いえ、大丈夫です。**
だいじょうぶ

(क्या आपको नींद आ रही है?।─नहीं, सब ठीक है।／আপনার কি ঘুম পাচ্ছে? ─না, ঠিক আছে।／නිදිමතියිද? ─නෑ , නෑ , හොඳම නෑ)

---

66 □ **かわいそう(な)** (बेचारा／বেচারা/বেচারি／පව්)

▶**彼女、けがをして、試合に出(ら)れなかったそうです。**
かのじょ　　　　　　　　　しあい　で

──えっ、そうなんですか。かわいそうですね。

(वह घायल हो गई और खेल में नहीं जा सकी।─अच्छा, ऐसा है? बेचारी।／মেয়েটি আহত হওয়ায়, খেলায় অংশ নিতে পারেনি।
─ওহ্ তাই নাকি? (বেচারি।／එයා කුවාල වෙලා තරඟයට යන්න බැරිවෙලා ─ඔහ් ,හොමද?පව්.)

---

67 □ **立派(な)** (सराहनीय／চমৎকার／සුපිරි)
りっぱ

▶**これが新しくできた図書館ですか。立派な建物ですね。**
あたら　　　　　　　　としょかん　　　　　　たてもの

(क्या यह एक नया पुस्तकालय? यह सराहनीय इमारत है।／এটা নতুনভাবে প্রতিষ্ঠিত লাইব্রেরি? চমৎকার ভবন, তাই না?／
ඕක අලුතෙන් හදපු පුස්තකාලයද?සුපිරි ගොඩනැගිල්ලක් නේද?)

---

68 □ **仲がいい** (अच्छा रिश्ता／অন্তরঙ্গ／යාලුයි)　　　　　　　　　　　　反 **仲が悪い**
なか　　　　　　　　　　　　　　　　　　　　　　　　　　　　　　　　　なか　わる

▶**あの二人は仲がいいですね。**
ふたり

(उन दोनों का अच्छा रिश्ता है।／তারা দুজন খুব অন্তরঙ্গ।／අර දෙන්නා යාලුයිනේ.)

69 □ **大変（たいへん）(な)** (ख़राब／কষ্টকর／අමාරුයි)　反 楽（らく）な

▶きょうも残業（ざんぎょう）ですか。大変ですね。

(क्या आज भी ओवरटाइम है? बहुत ख़राब है।／আজ ওভারটাইম আছে? বেশ কষ্টকর, তাই না?／අදත් ඕවර් ටයිම්ද/ඕ.ටී ද? අමාරුයිනේ.)

70 □ **楽（らく）(な)** (आसान／সহজ／පහසුයි, ලේසියි)　反 大変（たいへん）な

▶もうちょっと楽な仕事（しごと）がいいです。

(और थोड़ा आसान काम चाहिए।／আরো একটু সহজ কাজ হলে ভালো হয়।／තව ටිකක් පහසු වැඩක් හොඳයිනේ.)

71 □ **無理（むり）(な)** (असंभव／অসম্ভব／බැහැ)

▶これを1週間（しゅうかん）でやるんですか!?　無理ですよ。

(इसे एक हफ़्ते में करना है!? असंभव है।／এটা কি এক সপ্তাহের মধ্যে করতে চান!? মনে হয় অসম্ভব।／මේක සතියකින් කරනවද?..බැරිවෙයි.)

72 □ **無理をする** (ज़्यादा करना／খুব বেশি চাপ নেয়া／මහන්සි වෙනවා/ කරන්න බැරි දේවල් කරනවා)

▶体（からだ）が大事（だいじ）ですから、あまり無理をしないでください。

(ज़रूरत से ज़्यादा मत करो क्योंकि आपका शरीर महत्त्वपूर्ण है।／শরীর গুরুত্বপূর্ণ, খুব বেশি চাপ নিবেন না।／ශරීර සෞඛ්‍ය , වැදගත් නිසා, එච්චර මහන්සි වෙන්න එපා.)

73 □ **正（ただ）しい** (सही／সঠিক／නිවැරදියි)

▶正しい答（こた）えはbです。

(सही जवाब b है।／সঠিক উত্তর হল b।／නිවැරදි පිළිතුර b .)

74 □ **おしゃれ(な)** (भव्य／স্টাইলিশ／හැඩකාර, විලාසිතාවට බර, ෆැන්සි)

▶たまには、おしゃれな店（みせ）でおいしい料理（りょうり）を食（た）べたいです。

(कभी -कभी मैं भव्य रेस्टोरेंट में स्वादिष्ट भोजन खाना चाहता हूँ।／মাঝে মাঝে স্টাইলিশ রেস্তোরাঁয় সুস্বাদু খাবার খেতে চাই।／ඉදලා හිටලා ෆැන්සි කඩේකින්, රස කෑම කන්න ඕනේ.)

42 どんな人？
43 とても・もっと
44 こそあ
46 場所
47 パソコン・ネット
48 仕事
49 教室の言葉
50 あいさつ・よく使う表現

⑮ □ 親しい（した） (घनिष्ट/करीब／ঘনিষ্ঠ／සමීපයි)

▶彼（かれ）とは親しいから、今度（こんど）、聞（き）いてみます。

(मैं उसके क़रीब हूँ, इसलिए अगली बार पूछूँगा।／মেয়েটার সাথে ঘনিষ্ঠ বিধায়, পরের বার জিজ্ঞাসা করব।／එයා සමීප නිසා, මේ පාර අහලා බලන්නම්.)

⑯ □ すごい (अद्भुत／চমৎকার／නියමයි)

▶この服（ふく）、自分（じぶん）で作（つく）ったんですか。すごいですね。

(क्या आपने ये कपड़े स्वयं बनाए हैं? अद्भुत है।／এই পোশাকটি কি নিজেই তৈরি করেছেন? চমৎকার।／මේ ඇඳුම තනියම මහගත්තද/හදා ගත්තද? නියමයි)

⑰ □ すばらしい (बढ़िया／বিস্ময়কর／අනර්ඝයි)

▶青木（あおき）さんのスピーチはすばらしかったです。

(आओकी जी का भाषण बढ़िया था।／আওকি-সানের বক্তৃতা বিস্ময়কর ছিল।／අඔකි මහතාගේ කතාව අනර්ඝයි.)

⑱ □ 丁寧（ていねい）(な) (विनम्र／মার্জিত／ආචාරශීලි)

▶森先生（もりせんせい）はいつも丁寧に教（おし）えてくれます。

(मोरी टीचर हमेशा विनम्रता से सिखाते हैं।／মরি-সান সবসময় মার্জিতভাবে পড়িয়ে থাকেন।／මොරි ගුරුතුමා නිතරම ආචාරශීලිව උගන්වනවා.)

UNIT 42

どんな人？
ひと

(किस तरह का व्यक्ति?／কোন ধরনের মানুষ?／මොනවගේ කෙනෙක්ද?)

❶ □ 頭のいい (बुद्धिमान／বুদ্ধিমান／දක්ෂ/බුද්ධිමත්)
あたま

▶彼がクラスで一番頭がいい。
かれ　　　　　　　いちばんあたま

(वह अपनी कक्षा में सबसे बुद्धिमान है।／সে ক্লাসের সবচেয়ে বুদ্ধিমান (ছেলে।／ඔහු පන්තියේ දක්ෂම එක්කෙනා.)

❷ □ 背の高い (लंबा (क़द)／লম্বা／උසයි)
せ　　たか

▶ポールさんは背が高いですね。

(पॉल जी का क़द लंबा है न!／লম্বা ব্যক্তিটি হলেন পল-সান।／පෝල් උසයි.)

❸ □ 背の低い (छोटा (क़द)／সংক্ষিপ্ত／මිටියි)
せ　　ひく

▶背の低いほうがスーさんです。

(छोटे क़द वाला सू जी हैं।／খাটো ব্যক্তিটি হলেন সূ-সান।／මිටි එක්කෙනා සූ මහතයි.)

❹ □ 髪の長い (लंबे बाल (वाला)／লম্বা চুল／දිගයි)
かみ　なが

▶髪の長い女性が先生です。
じょせい　せんせい

(लंबे बालों वाली महिला शिक्षक है।／লম্বা চুলের মহিলাটি হলেন শিক্ষক।／කොණ්ඩේ දිග ගැහැණු කෙනා තමයි ගුරුතුමිය.)

❺ □ かわいい (प्यारा／সুন্দর／හුරුබුහුටියි)

▶彼女はかわいいから、人気がありますよ。
かのじょ　　　　　　　にんき

(वह बहुत प्यारी है, इसलिए बहुत लोकप्रिय है।／মেয়েটি সুন্দরী হওয়ায় জনপ্রিয়তা রয়েছে।／ගැහැණු ළමයා හුරුබුහුටි නිසා, ජනප්‍රියයි.)

❻ □ きれい（な） (सुंदर／সুন্দর／ලස්සනයි)

▶きれいな女の人！　モデルみたい。
おんな　ひと

(ख़ूबसूरत महिला! वह मॉडल की तरह है।／সুন্দরী মহিলা! (দেখতে মডেলের মতো।／ලස්සන ගැහැණු කෙනෙක්, නිරූපිකාවක් වගේ.)

❼ □ おしゃれ(な) (फ़ैशनेबल／চটকদার／හැඩකාරයි)

▶原(はら)さんは、服(ふく)もおしゃれだけど、言(い)うこともおしゃれですね。

(हारा जी के कपड़े तो फ़ैशनेबल हैं ही, वे बोलते भी स्टाइल में हैं।／হারা-সানের পোশাক চটকদার, তবে তার কথাও চটকদার।／හරගේ ඇඳුම හැඩයි වගේම,වචනත් හැඩයි.)

❽ □ かっこいい (आकर्षक／সুদর্শন／කඩවසම් ,නියමයි)

▶あの７番(ばん)の選手(せんしゅ)、かっこいいですね。

(वह 7वाँ खिलाड़ी बहुत आकर्षक है।／৭ নম্বর খেলোয়াড়টি দেখতে সুন্দর।／අර හත්වෙනි ක්‍රීඩකයා, නියමයිනේ.)

❾ □ ハンサム(な) (आकर्षक／সুদর্শন／කඩවසම්)

▶この中(なか)で、誰(だれ)が一番(いちばん)ハンサムだと思(おも)いますか。

(आपको क्या लगता है कि इन सब में कौन सबसे आकर्षक है?／এর মধ্যে কাকে সবচেয়ে সুদর্শন বলে মনে হয়?／මොවුන් අතරින් කඩවසම්ම කෙනා කවුරු කියලද හිතන්නේ?)

❿ □ 親切(しんせつ)(な) (दयालु／সদয়／කරුණාවන්තයි)

▶親切な人(ひと)が荷物(にもつ)を持(も)ってくれました。

(एक दयालु व्यक्ति ने मेरा सामान पकड़ा।／সদয় ব্যক্তিটি লাগেজ বহন করেছেন।／කරුණාවන්ත කෙනෙක් බඩු ටික ගෙනිහින් දුන්නා .)

⓫ □ 優(やさ)しい (दयालु／স্নেহপরায়ণ／කරුණාවන්තයි)

▶祖母(そぼ)は、わたしにはいつも優(やさ)しかったです。

(मेरी दादी हमेशा मेरे प्रति दयालु थीं।／দাদী আমার প্রতি সবসময় স্নেহপরায়ণ ছিলেন।／ආච්චි නිතරම මට කරුණාවන්ත වුණා.)

⓬ □ まじめ(な) (गंभीर／নিষ্ঠাবান／ගොඩක් මහන්සි වෙන)

▶彼(かれ)はまじめで、よく働(はたら)きますよ。

(वह गंभीरता से काम करता है और अच्छे से काम करता है।／তিনি নিষ্ঠাবান এবং কঠোর পরিশ্রম করেন।／ඔහු ගොඩක් මහන්සිවෙන, හොඳට වැඩ කරන කෙනෙක්.)

⓭ □ 金持(かねも)ち (अमीर／धनी／පොහොසත්)

▶金持ちになりたいですか。

(क्या आप अमीर बनना चाहते हैं?／ধনী হতে চান কি?／පොහොසත් වෙන්න ඕනේ.)

UNIT 43 とても・もっと

(बहुत/ज्यादा／অনেক বেশি/আরো／ගොඩක්. තවත්)

❶ □ とても (बहुत／অনেক বেশি／ගොඩක්)

▶とてもおもしろかったです。

(बहुत दिलचस्प था।／অনেক বেশি আকর্ষণীয় ছিল।／ගොඩක් විනෝදයි.)

❷ □ ちょっと (थोड़ा／একটু／ටිකක්)

▶ちょっと疲(つか)れました。

(मुझे थोड़ी थकान हो रही है।／আমি একটু ক্লান্ত।／ටිකක් මහන්සියි.)

❸ □ あまり～ない (इतना नहीं／খুব একটা ~ না／එච්චර - නැහැ)

▶あまりおいしくなかったです。

(यह इतना स्वादिष्ट नहीं था।／খুব একটা সুস্বাদু ছিল না।／එච්චර රස නැහැ.)

❹ □ すごく (बहुत/अद्भुत／খুব／ගොඩක්)

▶京都(きょうと)、どうでした？ ―すごくよかったです。

(क्योतो कैसा था? —अद्भुत था।／কিয়োতো কেমন ছিল? —খুব- চমৎকার ছিল।／කියෝතෝ, කොහොමද? —ගොඩක් හොඳයි.)

❺ □ もっと (अधिक／আরো／තවත්)

▶もっときれいになりたいです。

(मैं और अधिक सुंदर होना चाहता हूँ।／আরো সুন্দর হতে চাই।／තවත් ලස්සන වෙන්න ඕනේ.)

❻ □ 一緒(いっしょ)に (एक साथ／একসাথে／එකට)

▶駅(えき)まで一緒に行(い)きませんか。

(क्या आप एक साथ स्टेशन जाना चाहेंगे?／স্টেশন পর্যন্ত একসাথে যাবেন কি?／දුම්රියපොළට එකට යමුද?)

41 新しい・静かな
42 どんな人？
43 とても・もっと
44 こそあ
46 場所
47 パソコン・ネット
48 仕事
49 教室の言葉
50 あいさつ・よく使う表現

❼ □ 自分(じぶん)で (अपने आप／নিজে／තනියම)

▶自分で予約(よやく)してください。

(कृपया अपने आप आरक्षण करें।／নিজে রিজার্ভেশন করুন।／කරුණාකර ඔබම වෙන් කරවාගන්න.)

❽ □ 一人(ひとり)で (अकेला／একা／තනියම)

▶一人で行ったんですか。

(क्या आप अकेले गए थे?／সব একা গেয়েছেন কি?／තනියම ඔක්කොම කෑවද ?)

❾ □ 全部(ぜんぶ) (सभी／সব／ඔක්කොම)

▶全部覚(おぼ)えました。

(मैंने सब कुछ याद कर लिया।／সব মুখস্থ করেছি।／ඔක්කොම මතකතියා ගත්තා.)

❿ □ みんな (सब कुछ/सब／সবাই／ඔක්කොම)

▶みんな忘(わす)れました。

(ये सब मिलाकर कितना हुआ?／সবাই ভুলে গেছে।／ඔක්කොම අමතක වුණා.)

⓫ □ 全部で (सब मिलाकर／সব মিলিয়ে／ඔක්කොමටම)

▶全部でいくらですか。

(ये सब मिलाकर कितना है?／সব মিলিয়ে কত?／ඔක්කොමටම කීයද?)

⓬ □ うまく (सफलतापूर्वक／সফলভাবে／හොඳට)

▶うまく発表(はっぴょう)できました。

(मैं सफलतापूर्वक प्रस्तुति दे पाया।／সফলভাবে উপস্থাপন করতে পেরেছি।／හොඳට ඉදිරිපත් කිරීම කෙරුවා.)

⓭ □ 一生懸命(いっしょうけんめい) (कड़ी मेहनत से／কঠোরভাবে／මහන්සියෙන්)

▶今回(こんかい)は、一生懸命勉強(べんきょう)しました。

(इस बार मैंने कड़ी मेहनत से पढ़ाई की।／এইবার, কঠোরভাবে অধ্যয়ন করেছি।／මේ පාර මහන්සියෙන් පාඩම් කෙරුවා.)

⓮ □ 自由(じゆう)に (स्वतंत्र रूप से／অবাধে/ইচ্ছা মতো／නිදහසේ)

▶この部屋(へや)は、自由に使(つか)っていいですよ。

(आप इस कमरे का स्वतंत्र रूप से उपयोग कर सकते हैं।／অবাধে (ইচ্ছা মতো) এই রুম ব্যবহার করতে পারেন।／මේ කාමරය , නිදහසේ පාවිච්චි කරන්න.)

⑮ □ ゆっくり (धीरे-धीरे／ধীরে ধীরে／හෙමින්)

▶もう少(すこ)しゆっくり話(はな)してくれませんか。

(क्या आप थोड़ा और धीरे -धीरे बात कर सकते हैं?／একটু ধীরে ধীরে কথা বলতে পারবেন কি?／තව ටිකක් හෙමින් කතාකරන්න පුළුවන්ද?)

⑯ □ ゆっくりと (धीरे से／ধীরে／නිවාඩුපාඩුවේ)

▶疲(つか)れたでしょう。あしたはゆっくり休(やす)んでください。

(आप थके हुए होंगे। कृपया कल अच्छे से आराम कीजिए।／অবশ্যই ক্লান্ত হয়ে পড়েছেন। আগামীকাল ভালভাবে বিশ্রাম নিন।／මහන්සියි නේද? හෙට නිවාඩු පාඩුවේ විවේකයක් ගන්න.)

⑰ □ まっすぐ (सीधा／সোজা／කෙළින්)

▶この道(みち)をまっすぐ行(い)ってください。

(इस सड़क पर सीधे जाइए।／এই রাস্তা দিয়ে সোজা যান।／මේ පාරේ කෙළින්ම යන්න.)

⑱ □ まっすぐに (सीधे／সোজাভাবে／කෙළින්)

⑲ □ 本当(ほんとう)に (वास्तव में／সত্যিই／ඇත්තටම)

▶本当にありがとうございました。

(मैं वास्तव में आपका आभारी हूँ।／সত্যিই আপনাকে ধন্যবাদ।／ඇත්තටම ස්තුතියි.)

⑳ □ きっと (निश्चित रूप से／অবশ্যই／නිසැකවම)

▶大丈夫(だいじょうぶ)です。きっとうまくいきます。

(कोई बात नहीं। यह निश्चित रूप से ठीक हो जाएगा।／ঠিক আছে। অবশ্যই এই কাজ করব।／ප්‍රශ්නයක් නැහැ. නිසැකවම හොඳට කරන්න පුළුවන්.)

㉑ □ もちろん (बेशक／অবশ্যই／ඇත්ත වශයෙන්ම / නැතුව)

▶あの本(ほん)、買(か)いました？　―もちろん、買いました。

(क्या आपने वह किताब ख़रीदी? —बेशक मैंने उसे ख़रीदा।／ঐ বইটি ক্রয় করেছেন কি? -অবশ্যই, ক্রয় করেছি।／අර පොත ගත්තද? —නැතුව මං ඒක ගත්තා.)

42 どんな人？
43 とても・もっと
44 こそあ
46 場所
47 パソコン・ネット
48 仕事
49 教室の言葉
50 あいさつ・よく使う表現

㉒ □ 必ず (ज़रूर／অবশ্যই／අනිවාර්යෙන්ම)
かなら

▶あしたは必ず書類を持ってきてください。
しょるい　も
(कृपया कल दस्तावेज़ ज़रूर लाएं।／আগামীকাল অবশ্যই কাগজপত্র নিয়ে আসবেন।／හෙට අනිවාර්යෙන්ම ලියකියවිලි අරන් එන්න.)

㉓ □ 絶対に (बिल्कुल／অবশ্যই／කොහෙත්ම)
ぜったい

▶先生のことは絶対に忘れません。
せんせい　　　　　　　　　わす
(मैं अध्यापक को बिल्कुल नहीं भूलूँगा।／শিক্ষকের কথা অবশ্যই ভুলব না।／ගුරුතුමාව කොහෙත්ම අමතක කරන්නේ නැහැ.)

㉔ □ ぜひ (ज़रूर／যে ভাবেই হোক／අනිවාර්යෙන්ම)

▶今度、ぜひ遊びに来てください。
こんど　　　　　あそ　　き
(कृपया अगली बार ज़रूर आइए।／পরের বার যে ভাবেই হোক বেড়াতে আসবেন।／ඊළඟ සැරේ, අනිවාර්යෙන්ම සෙල්ලම් කරන්න එන්න.)

㉕ □ たぶん (शायद／সম্ভবত／සමහරවිට)

▶田中さんは、たぶん来ないと思います。
たなか　　　　　　　　　こ　　　おも
(तनाका जी शायद नहीं आएँगे, ऐसा लगता है।／তানাকা-সান সম্ভবত আসবেন না বলে মনে হয়।／තනක මහතා, සමහරවිට එන්නේ නැහැ කියලා හිතනවා.)

㉖ □ できるだけ (जितना संभव हो／যতটুকু সম্ভব／හැකිතරම්, පුළුවන් තරම්)

▶できるだけ安く買いたいです。
やす　か
(मैं जितना संभव हो सस्ते में खरीदना चाहता हूँ।／যতটুকু সম্ভব সস্তায় কিনতে চাই।／පුළුවන් තරම් ලාභෙට ගන්න ඕන.)

㉗ □ できれば (यदि संभव हो／সম্ভব হলে／පුළුවන් නම්)

▶できれば日本で働きたいと思っています。
にほん　はたら　　　　　　おも
(यदि संभव हो तो मैं जापान में काम करना चाहूँगा।／সম্ভব হলে, জাপানে কাজ করতে চাই।／පුළුවන් නම්, ජපානයේ වැඩ කරන්න ඕනේ කියලා හිතනවා.)

㉘ □ なるべく (जितना संभव हो／যতটা সম্ভব／පුළුවන් තරම්)

▶なるべく早(はや)く来(き)てください。

(जितना संभव हो कृपया जल्द से जल्द आएँ।／যতটা সম্ভব তাড়াতাড়ি আসুন।／පුළුවන් තරම් ඉක්මනට එන්න.)

㉙ □ とりあえず (अभी के लिए／আপাতত／දැනට)

▶いいかどうかわからないので、とりあえず１つ買(か)ってみます。

(मुझे नहीं पता कि यह ठीक है या नहीं, इसलिए मैं अभी के लिए एक ख़रीदूँगा।／ভালো কিনা জানি না জন্য, আপাতত একটা কিনে দেখব।／හොඳද නැද්ද කියලා දන්නේ නැති නිසා,දැනට 1ක් අරන් බලනවා.)

㉚ □ 代(か)わりに (बजाय／পরিবর্তে／වෙනුවට)

▶旅行(りょこう)に行(い)けなくなったので、代わりにおいしいものを食(た)べに行きました。

(मैं यात्रा पर नहीं जा सका, इसलिए मैं इसके बजाय कुछ स्वादिष्ट खाने गया।／বেড়াতে যাওয়া হয়নি বলে, পরিবর্তে কিছু সুস্বাদু খাবার খেতে গিয়েছিলাম।／විනෝද ගමන යන්න බැරිවුනනිසා, ඒ වෙනුවට රස කෑමක් කන්න ගියා.)

▶社長(しゃちょう)の代わりに、わたしが行きました。

(कंपनी के अध्यक्ष की बजाय मैं गया था।／প্রেসিডেন্টের পরিবর্তে, আমি গিয়েছিলাম।／සභාපති වෙනුවට, මම ගියා.)

㉛ □ 一度(いちど) (एक बार／একবার／එක පාරක්)

▶一度、着物(きもの)を着てみたいです。

(मैं एक बार किमोनो पहनना चाहता हूँ।／একবার কিমোনো পরে দেখতে চাই।／එක පාරක්, කිමෝනාව ඇඳලා බලන්න ආසයි.)

㉜ □ すぐ(に) (तुरंत／অবিলম্বে／වහාම, ඉක්මනටම)

▶お客(きゃく)さんが待(ま)っているから、すぐに来(き)てください。

(कृपया तुरंत आइए क्योंकि ग्राहक इंतजार कर रहा है।／গ্রাহক অপেক্ষা করছে জন্য অবিলম্বে আসুন।／අමුත්තන් බලාගෙන ඉන්න නිසා, ඉක්මනට එන්න.)

㉝ □ しばらく (कुछ समय के लिए／কিছু দিনের জন্য／ටික වෙලාවක් , ටික කාලයක්)

▶しばらく国(くに)へ帰(かえ)ることになりました。

(मुझे कुछ समय के लिए अपने देश वापस जाना पड़ेगा।／কিছু দিনের জন্য দেশে ফিরে যাওয়ার সিদ্ধান্ত নেয়া হয়েছে।／ටික කාලෙකට රටට යන්න තීරණය කෙරුවා.)

43 とても・もっと
44 こそあ
46 場所
47 パソコン・ネット
48 仕事
49 教室の言葉
50 あいさつ・よく使う表現

❸❹ □ ずっと （लगातार／অনবরত／දිගටම , සදහටම）

▶こっちは朝からずっと雨です。
あさ　　　　　　　あめ

（यहाँ सुबह से लगातार बारिश हो रही है।／এখানে সকাল থেকে অনবরত বৃষ্টি হচ্ছে।／මෙහේ උදේ ඉදන්ම දිගටම වහිනවා.）

❸❺ □ そろそろ （धीरे-धीरे／আস্তে আস্তে／කායන්න වෙලාව හරි）

▶もう9時ですね。そろそろ帰ります。
じ

（9 बज चुके हैं। धीरे-धीरे जाने की तैयारी करूँगा।／ইতিমধ্যে ৯টা বেজে গেছে। আস্তে আস্তে চলে যাব ভাবছি।／දැනටමත් 9 යි ...දැන් යන්න වෙලාව හරි.）

❸❻ □ 突然 （अचानक／হঠাৎ／හදිසියේම）
とつぜん

▶突然、雨が降ってきたんです。
あめ　ふ

（अचानक बारिश होने लगी।／হঠাৎ বৃষ্টি শুরু হয়েছে।／හදිසියේම,වහින්න පටන්ගත්තා.）

❸❼ □ 途中で （बीच में／মাঝখানে／අතරමගදී）
と　ちゅう

▶走っている途中で、足が痛くなってきたんです。
はし　　　　　　　　　　あし　いた

（दौड़ते समय बीच में मेरे पैर में दर्द शुरू हो गया।／দৌড়ানোর মাঝখানে পায়ে ব্যাথা শুরু হয়েছিল।／දුවන අතරමගදී, කකුල රිදෙන්න පටන්ගත්තා.）

❸❽ □ 久しぶりに （एक लंबे समय के बाद／অনেক দিন পর／කාලෙකින්）
ひさ

▶きょう、久しぶりに大学の時の友達に会いました。
だいがく　とき　ともだち　あ

（आज मैं एक लंबे समय के बाद अपने कॉलेज के दोस्त से मिला।／গতকাল, অনেক দিন পর বিশ্ববিদ্যালয়ের সময়কার এক বন্ধুর সাথে দেখা করেছি।／අද, කාලෙකින් විශ්ව විද්‍යාල කාලේ,යහළුවන්ව හමබවුණා.）

❸❾ □ 初め（は） （पहली बार／প্রথমে／ඉස්සෙල්ලාම）
はじ

▶初めは恥ずかしかったですが、いまはもう、慣れました。
はじ　　　　　　　　　　　　　　　　　　　な

（मुझे पहली बार में शर्म आ रही थी, लेकिन अब मुझे आदत हो गई है।／প্রথমে লজ্জা পেলেও, এখন বেশ অভ্যস্ত হয়ে পড়েছি।／ඉස්සෙල්ලාම ලැජ්ජා වුණාට,දැන්නම් පුරුදු වෙලා）

㊵ □ 初(はじ)めて (पहली बार／প্রথমবার／මුලින්ම)

▶きのう、初めて彼女(かのじょ)のお父(とう)さんに会(あ)いました。

(कल मैं पहली बार उसके पिता से मिला।／গতকাল প্রথমবার মেয়েটির বাবার সাথে দেখা করেছি।／ඊයේ,මුලින්ම ඇයගේ තාත්තාව හම්බවුණා.)

㊶ □ 最初(さいしょ)(は) (शुरू में／প্রথমে／ඉස්සෙල්ල)

▶わたしも最初、そう思(おも)っていました。

(मैंने भी शुरू में ऐसा सोचा था।／আমিও প্রথমে সেটি ভেবেছিলাম।／මමත් ඉස්සෙල්ලා එහෙම හිතුවා.)

㊷ □ 最初に (सबसे पहले／প্রথমে／මුලින්ම)

▶部屋(へや)に入(はい)ったら、最初に名前(なまえ)を言(い)ってください。

(जब आप कमरे में प्रवेश करें, तो सबसे पहले अपना नाम कहें।／রুমে প্রবেশ করলে প্রথমে নাম বলুন।／කාමරයට ඇතුල් වුණාම,මුලින්ම නම කියන්න.)

㊸ □ 最後(さいご)(は) (अंत／শেষে／අන්තිමට)

▶このドラマ、最後はどうなるんですか。

(इस नाटक में अंत क्या होगा?／এই নাটকের শেষে কী হবে?／මේ නාට්‍යය, අන්තිමට මොකද වෙන්නේ?)

㊹ □ 最後に (अंत में／সব শেষে／අන්තිමට)

▶最後にもう一度(いちど)確認(かくにん)してください。

(अंत में एक बार फिर से जाँच करें।／সবশেষে একবার চেক করুন।／අන්තිමට තව එක පාරක් පරික්ෂා කරන්න.)

㊺ □ 先(さき)に (पहले／আগে／කලින්)

▶あとから行(い)きますから、どうぞ先に行ってください。

(मैं बाद में जाऊँगा, इसलिए कृपया पहले जाएँ।／ আমি পরে আসছি, তাই আগে যান।／මම පස්සේ යනනිසා, ඔයා කලින් යන්න.)

42 どんな人？
43 とても・もっと
44 こそあ
46 場所
47 パソコン・ネット
48 仕事
49 教室の言葉
50 あいさつ・よく使う表現

㊻ ☐ **今度**(こんど) (अगली बार／পরের বার／ඊළඟ පාර)

▶今度また誘(さそ)ってください。

(अगली बार कृपया मुझे फिर से आमंत्रित करें।／পরের বার আবার দাওয়াত করবেন।／ඊළඟ පාර, ආයෙත් ආරාධනා කරන්න.)

㊼ ☐ **次は**(つぎ) (अगला ~／এর পরে~／ඊළඟ)

▶次は来週(らいしゅう)にしましょう。

(अगला अगले हफ्ते करते हैं।／এর পরে আগামী সপ্তাহে করি।／ඊළඟ සතියේ කරමු.)

㊽ ☐ **次に**(つぎ) (उसके बाद／এরপর／ඊළඟට)

▶次に、住所(じゅうしょ)をお願(ねが)いします。

(इसके बाद कृपया मुझे पता बताएँ।／এরপর ঠিকানা বলুন।／ඊළඟට, ලිපිනය දෙන්න.)

㊾ ☐ **最近**(さいきん) (हाल में／সম্প্রতি／මෑතකදී ,ලහදී)

▶最近(さいきん)、林(はやし)さんと会(あ)ってないです。

(मैं हाल में हयाशी जी से नहीं मिला।／সম্প্রতি হায়াশি-সনের সাথে দেখা হয়নি।／ලහදී , හයෂි මහතාව හම්බවුනේ නැහැ.)

㊿ ☐ **さっき** (कुछ समय पहले／কিছু সময় আগে／ටිකකට කලින්)

▶さっき社長(しゃちょう)から電話(でんわ)がありました。

(कुछ समय पहले कंपनी के अध्यक्ष का फ़ोन आया था।／কিছু সময় আগে প্রেসিডেন্টের কাছ থেকে ফোন পেয়েছি।／
ටිකකට කලින් සභාපතිගෙන් කෝල් එකක් අවා.)

---

51 ☐ **結構**(けっこう) (काफ़ी／বেশ／ගොඩක්)

▶この本(ほん)、結構(けっこう)おもしろいですよ。読(よ)んでみてください。

(यह किताब काफ़ी दिलचस्प है। कृपया पढ़कर देखें।／এই বইটি বেশ আকর্ষণীয়। পড়ে দেখবেন।／මේ පොත, ගොඩක් රසවත්,
කියවල බලන්න.)

❺❷ □ だいたい (लगभग／অধিকাংশ／දළ වශයෙන්)

▶いまの説明(せつめい)、わかりましたか。 —はい、だいたいわかりました。

(अभी का स्पष्टीकरण समझ में आया? —हाँ, लगभग समझ आया।／এখনকার ব্যাখ্যাটা কি বুঝতে পেরেছেন ? —হ্যাঁ, অধিকাংশই বুঝতে পেরেছি।／දැන් පැහැදිලි කිරීම, තේරුණාද? —ඔව්,දළ වශයෙන් තේරුණා.)

❺❸ □ だいぶ (काफ़ी हद तक／অনেক／ගොඩක් දුරට)

▶だいぶ元気(げんき)になりました。

(मैं काफ़ी ठीक हूँ।／এখন অনেক ভালো অনুভব করছি।／ගොඩක් දුරට හොඳ වුණා.)

❺❹ □ ほとんど (अधिकतर／বেশিরভাগ／ගොඩක්)

▶ここにあるのは、ほとんどＬサイズです。

(यहाँ अधिकतर एल नाप है।／এখানে বেশিরভাগই L সাইজের।／මෙතන තියෙන ඒවා, ගොඩක් L සයිස් .)

❺❺ □ ほとんど～ない (ज़्यादातर ~ नहीं ／বেশিরভাগ ~ নেই／ගොඩක් දුරට - නැහැ)

▶昔(むかし)のことだから、ほとんど覚(おぼ)えていません。

(क्योंकि यह पुरानी बात है, मुझे ज़्यादातर याद नहीं है।／অনেক দিন আগের কথা বিধায়, বেশিরভাগ মনে নেই।／ඉස්සර දේවල් නිසා, ගොඩක් දුරට මතක නැහැ.)

❺❻ □ また (फिर से／আবার／ආයෙත්)

▶よかったら、また来(き)てください。

(यदि आप चाहें, तो कृपया फिर से आएँ।／ভালো লাগলে আবার আসবেন।／පුලුවන්නම්, ආයෙත් එන්න.)

❺❼ □ たいてい (आम तौर पर／সাধারণত／සාමාන්‍යයෙන්)

▶休(やす)みの日(ひ)は、たいてい家(いえ)にいます。

(छुट्टियों में मैं आम तौर पर घर पर रहता हूँ।／ছুটির দিনে সাধারণত বাড়িতে থাকি।／නිවාඩු දවසට, සාමාන්‍යයෙන් ගෙදර ඉන්නවා.)

❺❽ □ だんだん (धीरे-धीरे／ক্রমশ／ක්‍රම ක්‍රමයෙන් , එන්න එන්නම)

▶だんだん暖(あたた)かくなってきましたね。

(धीरे-धीरे मौसम गर्म हो रहा है।／ক্রমশ উষ্ণ হচ্ছে।／එන්න එන්නම රස්නේ වෙනවනේ.)

42 どんな人？
43 とても・もっと
44 こそあ
46 場所
47 パソコン・ネット
48 仕事
49 教室の言葉
50 あいさつ・よく使う表現

❺❾ □ **どんどん**（ज्यादा से ज्यादा／অধিক পরিমাণে／ක්‍රම ක්‍රමයෙන්）

▶練習を続ければ、どんどん話せるようになりますよ。
れんしゅう つづ　　　　　　　　　　　　　　　　はな

（यदि आप अभ्यास करना जारी रखते हैं, तो आप ज्यादा से ज्यादा बोल पाएँगी।／অনুশীলন অব্যাহত রাখলে, অধিক পরিমাণে কথা বলতে সক্ষম হবেন।／පුහුණුවීම් දිගටම කෙරුවොත්,ක්‍රම ක්‍රමයෙන් කතා කරන්න පුළුවන් වෙයි.）

❻⓪ □ **ちょうど**（अभी/ठीक／ঠিক／හරියටම）

▶ちょうどいま、電話しようと思っていたんです。
　　　　　　　でんわ　　　　　　おも

（अभी मैं फ़ोन करने के बारे में सोच रहा था।／ঠিক এই সময় ফোন করতে যাচ্ছিলাম।／හරියටම දැන්, කෝල් කරන්න හිතුවා.）

▶ここは、5時ちょうどに閉まります。
　　　　　じ　　　　　　　し

（यहाँ ठीक ५ बजे बंद हो जाता है।／এই জায়গাটা ঠিক ৫টায় বন্ধ হয়ে যায়।／මෙතන,හරියටම 5ට වහනවා.）

❻① □ **ちょうど〜**（ठीक〜／ঠিক〜／හරියටම）

▶時間、わかりますか。　—ちょうど2時です。
　じかん

（क्या आपको समय पता है? —ठीक २ बजे हैं।／কটা বাজে, জানেন কি? --ঠিক ২টা বাজে।／වෙලාව, දන්නවද? —හරියටම 2යි .）

❻② □ **ちょうどいい**（बिल्कुल सही／একদম ঠিক／ගානට තියෙනවා）
▶甘くないですか。　—いえ、ちょうどいいです。
　あま

（क्या यह मीठा नहीं है? —नहीं, बिल्कुल सही है।／খুব মিষ্টি হয়েছে কি? —না, একদম ঠিক।／පැණිරස නැද්ද? —නැහැ, ගානට තියෙනවා.）

❻③ □ **ほか**（अन्य／অন্য (কান／වෙන）

▶ほかに質問はありませんか。
　　　　しつもん

（क्या आपके पास कोई अन्य प्रश्न है?／অন্য কোন প্রশ্ন আছে কি?／වෙන ප්‍රශ්න තියෙනවද?）

❻④ □ **まだ**（अभी भी／এখনো／තාම）

▶彼はもう働いているんですか。　—いえ、まだ学生です。
　かれ　　　　はたら　　　　　　　　　　　　　　がくせい

（क्या वह अब काम कर रहा है? —नहीं, अभी भी छात्र है।／সে কি এরই মধ্যে কাজ শুরু করেছে? —না, এখনো শিক্ষার্থী।／ඔහු දැනටම්ත් වැඩ කරනවද? —නැහැ,තාම ශිෂ්‍යයෙක්!）

⑥⑤ □ もう (पहले से ही／ইতিমধ্যে／දැනටමත්)

▶昼(ひる)ごはんはもう食(た)べましたか。　—いえ、まだです。

(क्या आपने पहले से ही दोपहर का भोजन कर लिया? —नहीं,अभी तक नहीं।／আপনি কি দুপুরের খাবার খেয়ে ফেলেছেন? —না এখনো খাইনি।／දවල් කෑම කාලත් ඉවරයිද? —තම නැහැ.)

⑥⑥ □ もう～ (थोड़ा और／আর একটু~／තව)

▶もう少(すこ)し待(ま)ってください。

(कृपया थोड़ा और इंतज़ार करें।／আর একটু অপেক্ষা করুন।／තව ටිකක් ඉන්න.)

⑥⑦ □ もうすぐ (जल्द ही／খুব শীঘ্রই／ඉක්මනටම)

▶もうすぐ夏休(なつやす)みですね。

(जल्दी ही गर्मियों की छुट्टी है।／খুব শীঘ্রই গ্রীষ্মের ছুটি।／ඉක්මනටම සරත් නිවාඩුවනේ.)

⑥⑧ □ やっと (आख़िरकार／অবশেষে／අන්තිමට)

▶説明(せつめい)を聞(き)いて、やっとわかりました。

(स्पष्टीकरण सुनने के बाद मैं आख़िरकार समझ गया।／ব্যাখ্যা শুনে, অবশেষে বুঝতে পেরেছি।／පැහැදිලි කිරීම අහලා,අන්තිමට තේරුම් ගත්තා)

⑥⑨ □ ～中(ちゅう) (~के बीच में／~মধ্যে／ගමන් , අතර)

▶いま仕事中(しごとちゅう)だから、あとで電話(でんわ)する。

(मैं अभी काम के बीच में हूँ, इसलिए मैं आपको बाद में फ़ोन करूँगा।／এখন কাজের মধ্যে আছি বিধায় পরে কল করব।／දැන් වැඩකරන ගමන් නිසා, පස්සේ කතා කරන්නම්.)

⑦⓪ □ ～中(じゅう) (सारा/पूरा／~ব্যাপী／පුරාම)

▶きのうは一日中(いちにちじゅう)、掃除(そうじ)をしていました。

(कल पूरे दिन सफ़ाई कर रहा था।／গতকাল সারাদিন ব্যাপী, পরিষ্কার করেছি।／ඊයේ දවස පුරාම , පිරිසිදු කෙරුවා.)

42 どんな人？
43 とても・もっと
44 こそあ
46 場所
47 パソコン・ネット
48 仕事
49 教室の言葉
50 あいさつ・よく使う表現

㉛ □ **〜中に／〜中に** (~के अंदर／~মধ্যে／ඇතුළත)
ちゅう　じゅう

▶今日中に返事をください。
きょうじゅう　へんじ

(कृपया आज के आज उत्तर दें।／আজকের মধ্যে উত্তর দিন।／අද දවස ඇතුළත පිළිතුරක් දෙන්න.)

㉜ □ **そのあと** (उसके बाद／~পর／ඊටපස්සේ)

▶きのうは映画を見て、そのあと、買い物をしました。
えいが　　　　　　　　　　かもの

(कल मैंने फ़िल्म देखी और उसके बाद ख़रीदारी की।／গতকাল সিনেমা দেখার পর শপিং করতে গিয়েছিলাম।／ඊයේ චිත්‍රපටියක්
බැලුවා,ඊටපස්සේ ,බඩු ගත්තා.)

㉝ □ **このあと** (इसके बाद／এরপর／මේකට පස්සේ)

▶このあと、何か予定がありますか。
なに　よてい

(क्या आपके पास इसके बाद कोई योजना है?／এরপর কোনো পরিকল্পনা আছে কি?／මේකට පස්සේ, මොනවහරි වැඩක්
තියෙනවද?)

㉞ □ **あのあと** (उसके बाद／তারপর／ඊටපස්සේ)

▶あのあと、すぐ家に帰ったんですか。
いえ　かえ

(उसके बाद क्या आप तुरंत घर गए थे?／তারপর অবিলম্বে বাড়ি ফিরে গিয়েছিলেন কি?／ඊට පස්සේ, ඉක්මනට ගෙදර ගියාද?)

㉟ □ **でも…** (लेकिन／তবে／නමුත්)

▶天気はずっとよくなかったです。でも、楽しかったですよ。
てんき　　　　　　　　　　　　　　たの

(मौसम लगातार ख़राब था लेकिन मज़ा आया।／আবহাওয়া অনবরত খারাপ ছিল। তবে মজা করেছিলাম।／කාලගුණය දිගටම
හොඳ වුනේ නැහැ.නමුත් විනෝද් වුණා.)

㊱ □ **それから…** (और फिर／তারপর／ඊටපස්සේ)

▶あしたはまず、工場を見学します。それから、さくら公園に行って、お弁当
こうじょう　けんがく　　　　　　　　　　　　　こうえん　い　　　　　　　べんとう
を食べます。
た

(कल हम पहले कारख़ाने का दौरा करेंगे और फिर सकुरा पार्क में जाकर भोजन करेंगे।／আগামীকাল, প্রথমে কারখানাটি পরিদর্শন করব।
তারপর, সাকুরা পার্কে গিয়ে দুপুরের থাবার খাব।／හෙට මුලින්ම, කර්මාන්තශාලාව බලනවා.ඊටපස්සේ, සකුරා උයනට
ගිහිල්ලා, කෑම කනවා.)

216

UNIT 44 こ・そ・あ (ko・so・a)

(को-सो-आ／এখানে সেখানে ঐখানে／Ko-so-a)

❶ □ ここ (यहाँ／এখানে／මෙතන)

▶ここに名前(なまえ)を書(か)いてください。

(कृपया अपना नाम यहाँ लिखिए।／এখানে নাম লিখুন।／මෙතන නම ලියන්න.)

❷ □ そこ (वहाँ/यहाँ／সেখানে／ඔතන)

▶そこ、私(わたし)の席(せき)なんですが……。

(वह मेरी सीट है ....／সেখানে, আমার সিট...／ඔතන,මගේ පුටුව කියලා හිතනවා....)

❸ □ あそこ (वहाँ／ঐখানে／අතන)

▶あそこに喫茶店(きっさてん)がありますね。ちょっと休(やす)みませんか。

(वहाँ पर एक कॉफ़ी की दुकान है न। वहाँ पर थोड़ा आराम नहीं करेंगे क्या?／ঐখানে কফি শপ আছে। একটু বিশ্রাম নিবেন কি?／අතන කෝපි හලක් තියෙනවනේ , චුට්ටක් විවේක ගමුද?)

❹ □ こっち (इधर／এখানে／මෙහේ)

▶マリアさん、ちょっとこっちに来(き)て。

(मारिया जी, ज़रा इधर आइए।／মারিয়া-সান, একটু এখানে আসুন।／මරියා,ටිකක් මෙහෙට එන්න.)

❺ □ そっち (उधर/इधर／সেখানে／ඔහේ)

▶〈電話(でんわ)で〉そっちの天気(てんき)はどう？

(<फ़ोन पर> वहाँ का मौसम कैसा है?／（ফোনে） সেখানকার আবহাওয়া কেমন?／<දුරකථනයෙන්> ඔහේ කාලගුණය කොහොමද?)

❻ □ あっち (उधर／ঐখানে／අරෙහෙ)

▶じゃまだなあ。あっちに行(い)って！

(यह मेरे रास्ते की रुकावट है ना। उधर जाओ!／এখনো না। ঐখানে যান!／කරදරයක්නේ, අරෙහෙට යන්න.)

▶こっちは混(こ)んでますね。あっちの店(みせ)にしましょう。

(यहाँ भीड़ है। चलो, वहाँ की दुकान चलें।／এখানে ভিড়। ঐখানের দোকানে যাওয়া যাক।／මෙතන සෙනග ඉන්නවනේ. අතන තියෙන සාප්පුවට යමු.)

❼ □ この (यह／এই/এটা／මේ)

▶この電車(でんしゃ)は新宿(しんじゅく)に止(と)まりますか。

(क्या यह ट्रेन शिंजुकु पर रुकती है?／এই ট্রেন শিনজুকুতে থামবে কি?／මේ කෝච්චිය ශින්ජුකු වල නවත්තනවද?)

❽ □ その (वह/यह／সেই/সেটা／ඔය)

▶その服(ふく)で会社(かいしゃ)に行くの？

(क्या आप ये कपड़े पहनकर कंपनी जाएँगे?／সেই পোশাক পরে কোম্পানিতে যাবেন?／ඔය ඇඳුමෙන්ද ඔෆිස් එකට යන්නේ?)

❾ □ あの (वह／ঐ/ ঐটা／අර)

▶あの人(ひと)、知(し)ってる？　―あのめがねの人？　知らない。

(क्या आप उस व्यक्ति को जानते हैं? —वह चश्मे वाला? मैं नहीं जानता।／ঐ ব্যক্তিটিকে চেনেন কি? —চশমাওয়ালা ব্যক্তিটি? চিনি না।／අර කණ්නාඩිය දාගෙන ඉන්න කෙනාද? —දන්නේ නෑ)

❿ □ これ (यह／এই/এটা／මේක)

▶これ、友達(ともだち)がくれたんです。

(यह मेरे दोस्त ने मुझे दिया था।／এটা বন্ধু দিয়েছে।／මේක,යහළුවෙක් දුන්නා.)

⓫ □ それ (वह/यह／সেই/সেটা／ඕක)

▶それ、いつ買(か)ったんですか。

(आपने इसे कब ख़रीदा?／সেটা কখন ক্রয় করেছেন?／ඕක, ගත්තේ කවදාද?)

⓬ □ あれ (वह／ঐ/ঐটা／අරක)

▶わたしのはあれです。

(मेरा वाला वह है।／ওইটা আমার।／මගේ එක අරක.)

⓭ □ こちら (यहाँ／এখানে／මේ පැත්ත)

(「こっち」कहने का विनम्र तरीक़ा।／「こっち」কে মার্জিতভাবে বলার পদ্ধতি／「こっち」... ආචාරශීලීව භාවිතයෙදී)

▶こちらが出口(でぐち)です。

(यह द्वार है।／এখানে বের হওয়ার রাস্তা।／මේ පැත්ත පිටවීම.)

▶こちらにどうぞ。

(कृपया इधर आइए।／এখানে, আসুন।／මේ පැත්තට එන්න.)

⓮ □ そちら (वहाँ/यहाँ／সেখানে／ඔය පැත්ත)

(「そっち」कहने का विनम्र तरीक़ा।／「そっち」কে মার্জিতভাবে বলার পদ্ধতি／「そっち」... ආචාරශීලීව භාවිතයෙදී)

▶そちらでお待(ま)ちください。

(कृपया वहाँ इंतज़ार कीजिए।／সেখানে অপেক্ষা করুন।／ඔය පැත්තේ ඉන්න.)

⓯ □ あちら (वहाँ／ঐখানে／අර පැත්ත)

(「あっち」कहने का विनम्र तरीक़ा।／「あっち」কে মার্জিতভাবে বলার পদ্ধতি／「あっち」... ආචාරශීලීව භාවිතයෙදී)

▶お席(せき)は、あちらです。

(आपकी सीट उधर है।／আপনার সিট ঐখানে।／ආසනය අර පැත්තේ.)

⓰ □ こちら (ये／ইনি／මේ පුද්ගලයා,මේ කෙනා)

(「この人」कहने का विनम्र तरीक़ा।／「この人」কে মার্জিতভাবে বলার পদ্ধতি／「この人」... ආචාරශීලීව භාවිතයෙදී)

▶〈人(ひと)を紹介(しょうかい)する〉こちらは森先生(もりせんせい)です。

(<लोगों का परिचय कराने पर> ये मोरी जी हैं।／<ব্যক্তিকে পরিচয় করিয়ে দেওয়া> ইনি হলেন মরি-সান।／(කෙනෙක්ව හැඳින්වීමේදී) මේ පුද්ගලයා මොරි ගුරුවරුයා.)

⓱ □ そちら (वे(वो)/ये／এটা／ඒ පුද්ගලයා ,ඒ කෙනා)

(「あなた」कहने का विनम्र तरीक़ा।／「あなた」কে মার্জিতভাবে বলার পদ্ধতি／「あなた」... ආචාරශීලීව භාවිතයෙදී)

▶これは、そちらのお荷物(にもつ)ですか。

(क्या यह उनका सामान है?／এটা, আপনার লাগেজ?／මේක, ඒ පුද්ගලයාගේ බඩුද?)

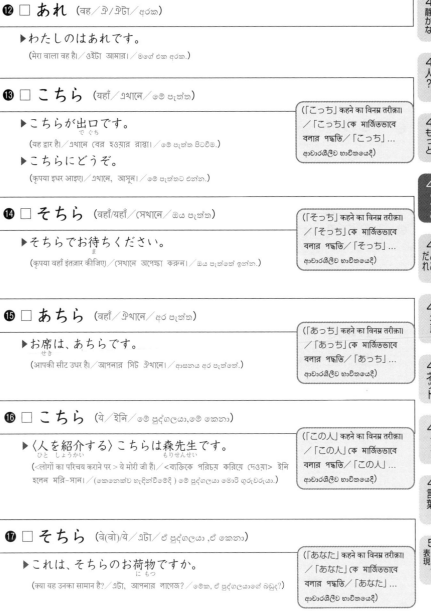

41 新しい・静かな
42 どんな人?
43 とても・もっと
44 こそあ
46 場所
47 パソコン・ネット
48 仕事
49 教室の言葉
50 あいさつ・よく使う表現

⑱ □ あちら (वे(वो)/ये／উনি／අර පුද්ගලයා ,අර කෙනා)

▶あちらは社長(しゃちょう)さんですか。

(क्या वे कंपनी के अध्यक्ष हैं?／উনি কি প্রেসিডেন্ট?／අර පුද්ගලයා සභාපතිද?)

(「あの人」कहने का विनम्र तरीक़ा।／「あの人」কে মার্জিতভাবে বলার পদ্ধতি／「あの人」...ආචාරශීලීව භාවිතයෙදී)

⑲ □ この辺(へん) (यह इलाक़ा／এখানে／මේ හරිය)

▶この辺にコンビニはありませんか。

(क्या इस इलाक़े में सुविधा स्टोर है?／এখানে কোন কনভেনিয়েন্স স্টোর আছে কি?／මේ හරියේ පහසු වෙළඳසැලක් තියෙනවද?)

⑳ □ その辺 (यह/वह इलाक़ा／সেখানে／ඔය හරිය)

▶わたしのかばん、知(し)りませんか。　―その辺で見(み)ましたよ。

(क्या आप जानते हैं कि मेरा बैग कहाँ है? —मैंने उसे यहाँ कहीं आसपास देखा था।／আমার ব্যাগ, কোথায় আছে জানেন কি? —আমি সেখানে দেখেছি।／මගේ බෑග් එක, දැක්කද? —ඔය හරියේ දැක්කා.)

㉑ □ あの辺 (वह इलाक़ा／ঐখানটা／අර හරිය)

▶どこにしますか。　―あの辺がよさそうです。

(आप कहाँ जाना चाहते हैं? —वह इलाक़ा अच्छा-सा लग रहा है।／কোথায় যেতে চান? —ঐখানটা ভালো মনে হয়।／කොහෙද කරන්නේ? —අර හරිය හොඳයි වගේ.)

㉒ □ こんな～ (ऐसा ~／এমন~／මේ වගේ)

▶こんな服(ふく)は着(き)たくない。

(मैं ऐसे कपड़े नहीं पहनना चाहता।／এমন পোশাক পরতে চাই না।／මේ වගේ ඇඳුම් අඳින්න ආස නැහැ.)

㉓ □ こんなふう (ऐसे／এরকম／මේ වගේ වෙන්න)

▶わたしも、こんなふうになりたい。

(मैं भी ऐसा बनना चाहता हूँ।／আমিও এরকম হতে চাই।／මටත් මේ වගේ වෙන්න ආසයි.)

42 どんな人？
43 とても・もっと
44 こそあ
46 場所
47 パソコン・ネット
48 仕事
49 教室の言葉
50 あいさつ・よく使う表現

㉔ □ そんな～ (ऐसा/वैसा／সেরকম~／ඒ වගේ)

▶そんな店(みせ)、聞(き)いたことがありません。

(मैंने कभी ऐसी दुकान के बारे में नहीं सुना।／সেরকম দোকানের কথা শুনিনি।／ඒ වගේ සාප්පුවක් ගැන අහලා නෑ.)

㉕ □ そんなこと（は）ない (ऐसा/वैसा／এমন কোনো কথা নেই／එහෙම දෙයක් නැහැ.)

▶わたしは無理(むり)です。 ―そんなことないですよ。頑張(がんば)ってください。

(मैं यह नहीं कर सकता। —ऐसा नहीं है। कृपया कोशिश कीजिए।／আমি পারব না। —এমন কোনো কথা নেই। চেষ্টা করে দেখুন।／මට බැහැ. —එහෙම දෙයක් නැහැ,කරලා බලන්න.)

㉖ □ そんなに (इतना/उतना／এত／ඔච්චර)

▶そんなに（たくさん）食(た)べるんですか。

(क्या आप इतना (ज़्यादा) खाएँगे?／এত （বেশি） খান?／ඔච්චර (ගොඩක්) කනවද?)

㉗ □ そんなに～ない (इतना/उतना नहीं／এত ~ নয়／විතර - නැහැ)

▶10万円(まんえん)くらいですか。 ―いえいえ、そんなに高(たか)くないです。

(क्या यह १००,००० येन का है? —नहीं नहीं, उतना महँगा नहीं है।／প্রায় 100,000 ইয়েন? —না, এত দামি নয়।／යෙන් ලක්ෂයක් විතර වගේද? —නෑ නෑ ,එච්චර ගණන් නෑ.)

㉘ □ あんな～ (उस तरह का ~／ঐরকম~／අර වගේ)

▶わたしもあんな家(いえ)に住(す)みたい。

(मैं भी ऐसे घर में रहना चाहता हूँ।／আমিও ঐরকম বাড়িতে থাকতে চাই।／මටත් අර වගේ ගෙයක,ජීවත් වෙන්න ආසයි.)

㉙ □ あんなに (उतना／ঐ পরিমাণে／අච්චර)

▶あんなに注意(ちゅうい)したのに、また遅刻(ちこく)したの!?

(मेरी इतनी चेतावनी देने के बावजूद तुम फिर से लेट हो गए!?／এত সাবধান করার পরেও আবার দেরি করলে?／අච්චර පරිස්සම් වෙලත් , ආයෙත් පරක්කු වුනාද?)

㉚ □ このような (इस तरह का／এমন／මේ වගේ)

▶このようなミスは二度(にど)としないでください。

(फिर से ऐसी गलती न करें।／এমন ভুল আর করবেন না।／මේ වගේ වැරදි ආයෙත් කරන්න එපා.)

㉛ □ このように （इस तरह से／এরকম／මේ විදිහට）

▶きょうの予定はこのようになっています。
よてい

（आज का कार्यक्रम इस प्रकार है।／আজকের সময়সূচী এরকম।／අද වැඩසටහන මේ විදිහට වෙනවා.）

㉜ □ このくらい （इतना／এই পরিমাণ／මේ තරම් , මේ ප්‍රමාණය）

▶どのくらい食べますか。このくらいですか。
た

（आप कितना खाएँगे? क़रीबन इतना।／কতটুকু খাবেন? এই পরিমাণ?／කොච්චර ප්‍රමාණයක් කනවද?...මේ ප්‍රමාණය ?）

㉝ □ そのくらい （इतना/उतना／সেই পরিমাণ／ඔය තරම් , ඔය ප්‍රමාණය）

▶ビールは10本くらいでいい?
ほん
　ーそのくらいでいいと思います。
おも

（क़रीबन १० बियर ठीक हैं? —हाँ, उतना ठीक रहेगा।／প্রায় 10টি বিয়ার হলে ঠিক আছে কি? —সেই পরিমাণ হলে ঠিক আছে মনে হয়।／බියර් 10ක් විතර ඇතිද? —ඒ ප්‍රමාණය ඇති කියලා හිතනවා.）

㉞ □ あのくらい （उतना／ঐ পরিমাণে／අර තරම් , අර ප්‍රමාණය）

▶彼女、歌が上手ですね。
かのじょ うた じょうず
　ーそうですね。わたしもあのくらい上手に歌いたいです。

（वह गाने में अच्छी है, ना —वाक़ई! मैं भी उतना अच्छा गाना चाहता हूँ!／মেয়েটি ভাল গান করে। —হাঁ তাই। আমিও ঐ রকম ভালো গাইতে চাই।／ඇය , සින්දු කියන්න දක්ෂයිනේ. —ඔව් , මටත් අර තරමට දක්ෂ වෙන්න ආසයි.）

㉟ □ そうです （जी/हाँ／সেটা ঠিক／එහෙමයි）

▶これも100円ですか。　ーええ、そうです。
えん

（क्या यह भी १०० येन का है? —जी हाँ।／এটাও কি 100 ইয়েন? —হ্যা, সেটা ঠিক।／මේකත් යෙන් 100ද? —ඔව්, එහෙමයි.）

41 新しい・静かな

42 どんな人？

43 とても・もっと

44 こそあ

45 どれ・いつ…

46 場所

47 パソコン・ネット

48 仕事

49 教室の言葉

50 あいさつ・よく使う表現

㊱ □ そうですか (ऐसा है क्या／তাই নাকি／එහෙමද)

▶すみません。あしたはちょっと用事があって……。
―そうですか。それは残念です。

(क्षमा करें। कल कुछ काम है इसलिए……। ―अच्छा, यह तो अफ़सोस की बात है।／মাফ করবেন। কাল কিছু করার ছিল...
―তাই নাকি। সেটা দুঃখজনক।／සමාවෙන්න, හෙට ටිකක් වැඩක් තියෙන නිසා,... ―එහෙමද? ඒක ගැන කණගාටුයි.)

㊲ □ そうですね (ऐसा है न／সেটা ঠিক আছে／ඔව් නේද?)

▶ここから入ればいいんですか。 ―そうですね。

(क्या यहाँ से प्रवेश करना ठीक है?／এখান থেকে প্রবেশ করা যায় না? ／මෙතනින් ඇතුල් වුණාම හරිද? ―ඔව් නේද?)

㊳ □ そうですねえ (ऐसा है न／সেটা ঠিক আছে／එහෙනම්...)

▶もっと小さいの、ありますか。
―そうですねえ。これはどうですか。

(और छोटा है क्या? ―ज़रा देखता हूँ। यह कैसा रहेगा?／আরো ছোট আছে কি? ―সেটা ঠিক আছে। এটা কেমন?／තව පොඩි
එකක් තියෙනවද? ―එහෙනම් ....මේක කොහොමද?)

UNIT 45

いつ・どこ・だれ

(कब/कहाँ/कौन／কখন/কোথায়/কে／කවදාද . කොහෙද . කවුද)

❶ □ いつ (कब／কবে／කවදාද)

▶誕生日(たんじょうび)はいつですか。

(आपका जन्म दिन कब है?／জন্মদিন কবে?／උපන්දිනය කවදාද?)

❷ □ どこ (कहाँ／কোথায়／කොහෙද)

▶それ、どこで買(か)ったんですか。

(आपने इसे कहाँ से ख़रीदा?／সেটি কোথায় ক্রয় করেছেন?／ඕක, ගත්තේ කොහෙන්ද?)

❸ □ どちら (कौन-सा／কোনটি／කොහෙද , මොකක්ද)

▶お国(くに)はどちらですか？　—中国(ちゅうごく)です。

(आपका देश कौन-सा है? —चीन है।／আপনার দেশ কোনটা? —চীন।／රට මොකක්ද? —චීනය)

❹ □ だれ (कौन／কে/কার／කවුද)

▶誰(だれ)と会(あ)うんですか。　—田中(たなか)さんです。

(आप किससे मिलेंगे? —तनाका जी से।／কার সাথে দেখা করবেন? —তানাকা-সান।／කවද හම්බවෙන්නේ? —තනක.)

❺ □ どなた (कौन (आदरवाचक)／কে／කවුද)

▶あそこにいるのはどなたですか？　—うちの社長(しゃちょう)です。

(वहाँ पर वे कौन हैं? —मेरी कंपनी के अध्यक्ष हैं।／ঐখানকার ব্যক্তিটি কে? —আমাদের প্রেসিডেন্ট।／අතන ඉන්නේ කවුද? —අපේ සභාපති.)

❻ □ どう (कैसा／কেমন/কি／කොහොමද)

▶日本(にほん)の生活(せいかつ)はどうですか。　—楽(たの)しいです。

(जापान में जीवन कैसा है? —मज़ेदार है।／জাপানের জীবনজাপান কেমন? —আনন্দের।／ජපානයේ ජීවිතය කොහොමද? —විනෝදයි.)

▶どうしたんですか。　—頭(あたま)がちょっと痛(いた)いんです。

(क्या हुआ। —मेरा सिर थोड़ा दर्द कर रहा है।／কি হয়েছে। —মাথাটা একটু ব্যাথা করছে।／මොකද වුණේ? —ඔළුව ටිකක් රිදෙනවා.)

❼ □ どうやって (कैसे／কিভাবে／කොහොමද)

▶これはどうやって食(た)べるんですか。

(आप इसे कैसे खाते हैं?／এটা কিভাবে খায়?／මේක කන්නේ කොහොමද?)

❽ □ いかが (कैसा है／কেমন／කොහොමද)

▶こちらの色(いろ)はいかがですか。　—いいですね。それをください。

(यह रंग कैसा है? —अच्छा है। वह दीजिए।／এই রংটি কেমন? —ভালো। সেটি দিন।／මේ පාට කොහොමද? —හොඳයි. ඕක දෙන්න.)

❾ □ どちら (कौन-सा／কোনটি／කෝපියි)

▶コーヒーと紅茶(こうちゃ)と、どちらがいいですか。

(कॉफ़ी या चाय, क्या लेंगे?／চা না কফি, কোনটি চান?／කෝපියි තේයි, කෝකද හොඳ?)

❿ □ どっち (कौन-सा (अनौपचारिक)／কো নটি／කෝකද)

▶どっちがいい？　—こっち。

(कौन-सा अच्छा है? —यह।／কোনটা ভালো? —এইটা।／කෝකද හොඳ? —මේක)

⓫ □ どれ (कौन-सा(विकल्प)／কোনটি／කෝකද)

▶私(わたし)のグラスはどれ？　—これだよ。

(मेरा गिलास कौन-सा है? —यह वाला।／আমার গ্লাস কোনটি? —এইটা।／මගේ වීදුරුව කෝකද? —මේක.)

42 どんな人？
43 とても・もっと
44 こそあ
45 だれ・どこ・いつ・
46 場所
47 パソコン・ネット
48 仕事
49 教室の言葉
50 あいさつ・よく使う表現

⓬ □ どの （कौन सा／কোনটি／මොන）

▶〈写真を見ながら〉どの人が奥さんですか。
（<फोटो को देखते हुए> आपकी पत्नी कौन-सी हैं?／<ছবির দিকে তাকিয়ে> কোন ব্যক্তিটি আপনার স্ত্রী?／
<ඡායාරූප බලන ගමන්> බිරිඳ මොන කෙනාද?）

⓭ □ どのくらい （कितना／কেমন／කොච්චර）

▶お店はどのくらい混んでいましたか。
（दुकान में कितनी भीड़ थी?／দোকানে কেমন ভিড় ছিল?／සාප්පුවේ කොච්චර සෙනගක් හිටියද?）

⓮ □ 同どれくらい （कितना／কত／කොච්චර）

⓯ □ どの辺 （किस जगह／কোনখানে／කොයි හරියද）

▶家はどの辺ですか。 ―駅のすぐ近くです。
（घर किस जगह है? ―स्टेशन के बहुत करीब है।／আপনার বাড়ি কোনখানে? ―স্টেশনের কাছে।／ගෙදර කොයි හරියද?
―ස්ටේෂන් එක ළඟමයි.）

⓰ □ どうして （क्यों／কেন／ඇයි）

▶きのうはどうして来なかったんですか。
（कल आप क्यों नहीं आए?／গতকাল আসেননি কেন?／ඊයේ ආවේ නැත්තේ ඇයි?）

⓱ □ なに （क्या／কী／මොනවද）

▶何を飲みますか。
（क्या पिएँगे?／কী পান করবেন?／බොන්නේ මොනවද?）

⓲ □ 何 （क्या／কি／මොකක්ද）

▶これは何ですか。 （यह क्या है?／এটা কি?／මේක මොකක්ද?）
▶それは何という食べ物ですか。 ―なっとうです。
（इस खाने की चीज़ को क्या कहते है? ―नात्तो／এই খাবারের নাম কি? ―নাত্তো।／මේ කෑම එකේ නම මොකක්ද? ―නත්තෝ.）

⑲ □ いくつ (कितने／কতগুলো／කීයක්)

▶いくつ食(た)べますか。　—じゃ、３つください。

(आप कितने खाएँगे? —हम्म, 3 दीजिए।／কয়টি খাবেন? —তাহলে তিনটা দিন।／කීයක් කනවද? —එහෙනම් 3ක් දෙන්න.)

▶お子(こ)さんは、おいくつですか。　—２歳(さい)です。

(आपका बच्चा कितने साल का है? —२ साल का है।／আপনার সন্তানের বয়স কত? —২ বছর।／දරුවට වයස කීයද? —අවුරුදු 2යි.)

⑳ □ いくら (कितने का／কত／කීයද)

▶すみません、これはいくらですか。　— 1,000 円(えん)です。

(क्षमा करें, यह कितने का है? —१,००० येन।／মাফ করবেন, এটার দাম কত? —১,০০০ ইয়েন।／සමාවෙන්න, මේක කීයද? —යෙන් 1000යි.)

㉑ □ どんな (किस तरह का／কোন ধরনের／මොන වගේ)

▶どんな家に住(す)みたいですか。

(आप किस तरह के घर में रहना चाहते हैं?／কোন ধরনের বাড়িতে বসবাস করতে চান?／ජීවත් වෙන්න ආස මොනවගේ ගෙදරකද?)

㉒ □ どういう (क्या／অর্থ কি／මොන වගේ)

▶これはどういう意味(いみ)ですか。

(इसका अर्थ क्या है?／এটার অর্থ কি?／මේකේ තේරුම මොන වගේද?)

㉓ □ いくつ目(め) (कितने ~／কততম／කීවෙනි)

▶東京駅(とうきょうえき)からいくつ目の駅(えき)ですか。

(टोक्यो स्टेशन से कितने स्टेशन हैं?／টোকিও স্টেশন থেকে কততম স্টেশন?／ටෝකියෝ ස්ටේෂන් එකේ ඉඳලා කීවෙනි ස්ටේෂන් එකද?)

41 新しい・静かな
42 どんな人？
44 こそあ
45 だれ・どこ・いつ…
46 場所
47 パソコン・ネット
48 仕事
49 教室の言葉
50 あいさつ・よく使う表現

UNIT 46

54

場所(ばしょ) (जगह／স্থান/জায়গা／ස්ථාන. තැන්)

❶ □ 場所 (जगह／স্থান/জায়গা／තැන)

▶場所は、どこでもいいです。

(कोई भी जगह ठीक है।／যে কোন স্থান হলে ভালো হয়।／තැන කොහේ වුණත් කමක් නැහැ.)

❷ □ 上(うえ) (ऊपर／উপরে／උඩ)

❸ □ 下(した) (नीचे／নিচে／යට)

❹ □ 前(まえ) (आगे／সামনে／ඉස්සරහ)

▶もう少(すこ)し前のほうに来(き)てください。

(कृपया और थोड़ा आगे आएँ।／দয়া করে আর একটু সামনে আসুন।／තව ටිකක් ඉස්සරහ පැත්තට එන්න.)

❺ □ 後ろ(うしろ) (पीछे／পিছনে／පිටිපස්ස)

▶〈タクシーに乗(の)る〉わたしが前に乗るから、後ろに乗ってくれる？

(<टैक्सी में चढ़ने पर> मैं सामने बैठूँगा, इसलिए क्या आप पीछे वाली सीट पर बैठेंगे?／<ট্যাক্সিতে চড়া> আমি সামনে চড়ব বিধায় আপনি পিছনে চড়বেন কি?／(ටැක්සියට නගිනකොට) මම ඉස්සරහින් නගින නිසා, පිටිපස්සෙන් නගින්න පුළුවන්ද?)

❻ □ 間(あいだ) (बीच／মাঝখানে／අතර)

▶棚(たな)と壁(かべ)の間に本(ほん)が落(お)ちて、取(と)れない。

(अलमारी और दीवार के बीच में किताब गिर गई है, इसलिए मैं उठा नहीं पा रहा।／তাক এবং দেয়ালের মাঝখানে বই পড়ে গেছে, তাই বের করতে পারছি না।／රාක්කය සහ බිත්තිය අතරට පොත වැටිලා,ගන්න බැහැ.)

❼ □ そば (पास/साथ (में)／কাছে／ළඟ)

▶大学のそばに大きい本屋があります。
だいがく　　　　　　　　おお　　ほんや

(विश्वविद्यालय के पास एक बड़ी किताबों की दुकान है।／বিশ্ববিদ্যালয়ের কাছে একটি বড় বইয়ের দোকান আছে।／විශ්ව විද්‍යාලය ළඟ ලොකු පොත් සාප්පුවක් තියෙනවා.)

---

❽ □ 近く (पास (में)／কাছাকাছি／ළඟ)
　　　ちか

▶ホテルは駅の近くがいいです。
　　　　　えき

(होटल अगर स्टेशन के पास हो तो अच्छा है।／হোটেল স্টেশনের কাছাকাছি হলে ভালো হয়।／ස්ටේෂන් එක ළඟ හෝටලයක් හොඳයි.)

---

❾ □ となり (पड़ोस／পাশে／අල්ලප)

▶となりがうるさくて、眠れません。
　　　　　　　　　　　　　ねむ

(पड़ोस में शोर होने की वजह से मैं सो नहीं पा रहा।／পাশে শোরগোল হওয়ায় ঘুমাতে পারি না।／අල්ලප ගෙදර සද්ද වැඩි නිසා නිදාගන්න බැහැ.)

---

❿ □ 横 (के बग़ल में／পাশে／පැත්තෙන්)
　　よこ

▶ゴミ箱は、机の横に置いてください。
　　　ばこ　　　つくえ　よこ　お

(मेज़ के बग़ल में कूड़े का डब्बा रखिए।／ডেস্কের পাশে ডাস্টবিনটি রাখুন।／කුණු කූඩය, මේසයේ පැත්තෙන් තියන්න.)

⓫ □ 右 (दायाँ／ডান／දකුණ)
　　みぎ

⓬ □ 左 (बायाँ／বাম／වම)
　　ひだり

⓭ □ 中 (अंदर／ভিতরে／ඇතුල)
　　なか

▶箱の中に何がありましたか。
　はこ　なか　なに

(डब्बे के अंदर क्या था?／বাক্সের ভিতরে কি ছিল?／පෙට්ටිය ඇතුලේ තියෙන්නේ මොනවද?)

41 新しい・静かな

42 どんな人？

43 とても・もっと

44 こそあ

45 どれ・いつ・・

46 場所

47 パソコン・ネット

48 仕事

49 教室の言葉

50 あいさつ・よく使う表現

⑭ □ 外（そと） (बाहर／বাইরে／එළිය,පිටත)

▶雨（あめ）が強（つよ）くて、外に出（で）られません。

(बारिश तेज़ हो रही है, इसलिए मैं बाहर नहीं जा सकता।／বৃষ্টি প্রবল হওয়ায়, বাইরে বেরোতে পারছি না।／වැස්ස වැඩි නිසා, එළියට යන්න බැහැ.)

⑮ □ 中央（ちゅうおう） (बीच／মাঝখানে／මැද)

▶そのテーブルは、部屋（へや）の中央に置（お）いてください。

(टेबल को कमरे के बीच में रखिए।／সেই টেবিলটি ঘরের মাঝখানে রাখুন।／ඔය මේසය, කාමරයේ මැදින් තියන්න.)

⑯ □ 周り（まわり） (आस-पास／চারপাশে／වටේ, අවට)

▶いつも公園（こうえん）の周りを走（はし）っています。

(मैं हमेशा पार्क में दौड़ता हूँ।／সবসময় পার্কের চারপাশে দৌড়াই।／නිතරම park එක වටේ දුවනවා.)

⑰ □ 先（さき） (आगे／সামনে／දුරින්)

▶すみません、この近（ちか）くにATMはありませんか。
— 100メートルくらい先にコンビニがありますよ。

(क्षमा करें, लेकिन यहाँ पास में ATM नहीं है, क्या? —१०० मीटर आगे सुविधा स्टोर में है।／মাফ করবেন, এখানে কাছাকাছি কোন ATM আছে কি? —প্রায় 100 মিটার সামনে একটি কনভেনিয়েন্স স্টোর আছে।／සමාවෙන්න, මේ ළඟ ATM එකක් තියෙනවද?...මීටර් 100ක් විතර දුරින් පහසු වෙළඳ සැලක් තියෙනවා.)

⑱ □ 表（おもて） (सामने／সন্মুখভাগ／ඉදිරිපස ,හොඳපිට)

▶これはどっちが表ですか。

(इस का कौन-सा भाग सामने की ओर है?／এটির সন্মুখভাগ কোনটি?／මේකේ හොඳ පිට මොන පැත්තද?)

⑲ □ 裏（うら） (पीछे／পেছনে／පිටුපස,කණපිට)

▶テレビの裏にも、番号（ばんごう）が書（か）いてあるはずです。

(टीवी के पीछे भी संख्या लिखी होनी चाहिए।／টেলিভিশনের পিছনেও নম্বরও লেখা থাকার কথা।／TVඑක පිටිපස්සේත් අංකය ලියලා තියෙන්න ඕනේ.)

41 新しい・静かな

42 どんな人？

43 とても・もっと

44 こそあ

45 だいどこ・れつ・

46 場所

47 パソコン・ネット

48 仕事

49 教室の言葉

50 あいさつ・よく使う・表現

㉒ □ **地図** (नक्शा／মানচিত্র／සිතියම)
ち　ず

㉑ □ **北** (उत्तर／উত্তর／උතුර)
きた

▶ **北口** (उत्तर निकास／উত্তর বহির্গমন／උතුරු දොරටුව)
ぐち

㉒ □ **南** (दक्षिण／দক্ষিণ／දකුණ)
みなみ

▶ **南口** (दक्षिण निकास／দক্ষিণ বহির্গমন／දකුණු දොරටුව)
ぐち

㉓ □ **西** (पश्चिम／পশ্চিম／බස්නාහිර)
にし

▶ **西口** (पश्चिम निकास／পশ্চিম বহির্গমন／බස්නාහිර දොරටුව)
ぐち

㉔ □ **東** (पूर्व／পূর্ব／නැගෙනහිර)
ひがし

▶ **東口** (पूर्व निकास／পূর্ব বহির্গমন／නැගෙනහිර දොරටුව)
ぐち

㉕ □ **〜側** (～पक्ष／～দিক／පැත්ත)
がわ

▶ **窓側の席は空いてますか。**
まど　　せき　あ

(क्या खिड़की के साइड की सीट खाली है?／জানালার দিকের সিট থালি আছে কি?／ජනේලය පැත්තේ පුටුව හිස්ද?)

▶ **右側、左側、窓側、南側**

(दाईं ओर, बाईं ओर, खिड़की की ओर, दक्षिण की ओर／ডান দিক, বাম দিক, জানালার দিক, দক্ষিণ দিক／දකුණු පැත්ත, වම පැත්ත, ජනේලය පැත්ත, දකුණු පැත්ත)

㉖ □ **〜口** (～निकास／～বহির্গমন পথ／දොරටුව)
くち／ぐち

㉗ □ **北口、入口、出口、非常口、裏口**
きたぐち　いり　　で　　　ひじょう　　うら

(उत्तर निकास, प्रवेश द्वार, निकास, आपातकालीन निकास, पिछला निकास／উত্তর বহির্গমন, প্রবেশ পথ, বহির্গমন, জরুরী বহির্গমন, পিছনের দরজা／උතුරු දොරටුව,ඇතුළුවීම ,පිටවීම , හදිසි පිටවීම , පිටුපස දොරටුව)

▶ **玄関は閉まっていますので、裏口から入ってください。**
げんかん　し　　　　　　　　　　　うら　　　　はい

(प्रवेश-द्वार बंद है, इसलिए कृपया पीछे के दरवाजे से प्रवेश कीजिए।／প্রবেশদ্বার বন্ধ, তাই পিছনের দরজা দিয়ে প্রবেশ করুন।
／ඇතුළ් වෙන තැන වහලා නිසා, පිටුපස්ස පැත්තෙන් එන්න.)

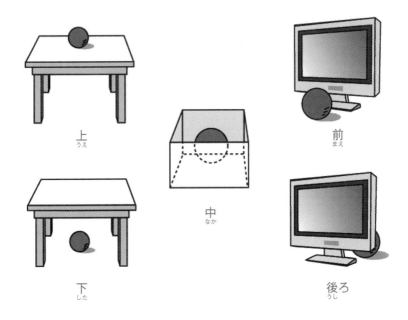

上
うえ

中
なか

前
まえ

下
した

後ろ
うし

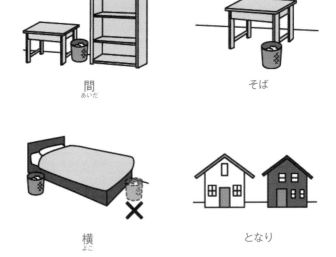

間
あいだ

そば

横
よこ

となり

UNIT 47 パソコン・ネット

(लैपटॉप / नेट／ব্যক্তিগত কম্পিউটার/ইন্টারনেট／පරිගණකය . අන්තර්ජාලය)

❶ □ パソコン (लैपटॉप／ব্যক্তিগত কম্পিউটার／පරිගණකය)

❷ □ コンピューター (कंप्यूटर／কম্পিউটার／අන්තර්ජාලය)

❸ □ データ (डाटा／ডেটা／දත්ත)

❹ □ ファイル (फ़ाइल／ফাইল／ෆයිල්)

❺ □ 開く(ひら) (खोलना／খোলা／අරිනවා)

▶すみません、ファイルが開かないんですが……。

(मुझे क्षमा करें, फ़ाइल नहीं खुल रही ...／মাফ করবেন, ফাইলটি খুলছে না...।／සමාවෙන්න, ෆයිල් එක ඇරෙන්නේ නැහැ)

❻ □ 保存(ほぞん)(する) (सेव करना／সংরক্ষণ করা／ගබඩා කරනවා/ සේව් කරනවා)

▶ファイル / データを保存する

(फ़ाइलें/डाटा सेव करना／ফাইল / ডেটা সংরক্ষণ করা／ෆයිල් / දත්ත ගබඩා කරනවා)

❼ □ 上書(うわが)き(する) (~के ऊपर लिखना／লেখার ওপরে লেখা (ওভাররাইট করা)／එකම නමින් ගබඩා කිරීම)

▶ファイルを上書きしないよう、気(き)をつけてください。

(सावधान रहें कि फ़ाइल के ऊपर न लिखें।／ফাইল ওভাররাইট না করার ব্যাপারে সতর্কতা অবলম্বন করুন।／ෆයිල් එක එකම නමින් ගබඩා නොකරන්න ,පරිස්සම් වෙන්න.)

❽ □ フォルダ (फ़ोल्डर／ফোল্ডার／ෆෝල්ඩරය)

41 新しい・静かな
42 どんな人？
43 とても・もっと
44 こそあ
46 場所
47 パソコン・ネット
48 仕事
49 教室の言葉
50 あいさつ・よく使う表現

❾ □ パスワード (पासवर्ड／পাসওয়ার্ড／රහස්‍ය අංකය)

❿ □ 入力(する) (にゅうりょく) (कंप्युटर में दर्ज करना／ইনপুট(করা) /লেখা／ඇතුළත් කරනවා)

▶次(つぎ)に、パスワードを入力してください。

(अगला, अपना पासवर्ड दर्ज करें।／তারপর, আপনার পাসওয়ার্ড ইনপুট করুন/লিখুন।／ඊළගට,රහස්‍ය අංකය ඇතුළත් කරන්න.)

⓫ □ クリック(する) (क्लिक／ক্লিক／ක්ලික් කරනවා)

▶ダブルクリック (डबल क्लिक／ডবল ক্লিক／දෙපාරක් ක්ලික් කරනවා)

⓬ □ キー (की／কী／බොත්තම)

▶どのキーを押(お)せばいいんですか。

(मुझे किस की को दबाना चाहिए?／কোন কী-টিতে চাপ দিতে হয়?／මොන බොත්තම එබුවම හරිද?)

⓭ □ 取(と)り消(け)す (रद्द करना／বাতিল করা／අවලංගු කරනවා / කැන්සල් කරනවා)

⓮ □ 取り消し (रद्द／বাতিল／අවලංගු කිරීම)

▶取り消しをしたいときは、どうすればいいんですか。

(जब मैं कुछ रद्द करना चाहता हूँ तो मुझे क्या करना चाहिए?／বাতিল করতে চাইলে কি করা উচিত?／කැන්සල් කරන්න ඕන වෙලාවට, මොකක් කලොත් හොඳද?)

⓯ □ 電源 (でんげん) (बिजली का स्विच／পাওয়ার সাপ্লাই／විදුලි සැපයුම)

▶おかしいと思(おも)ったら、電源が入(はい)ってなかった。

(बिजली का स्विच／অদ্ভুত মনে হলেও, পাওয়ার অন ছিল না।／අමුතුයි කියලා හිතුනම,විදුලි සැපයුම සම්බන්ධ වෙලා තිබුණේ නැහැ.)

▶電源を入(い)れる (स्विच चालू करना／পাওয়ার অন করা／විදුලි සැපයුම දෙනවා.)

▶電源を切(き)る (स्विच बंद करना／পাওয়ার অফ করা／විදුලි සැපයුම විසන්ධි කරනවා.)

⓰ □ 再起動(する) (さいきどう) (रीबूट／রিবুট করা／නැවත ආරම්භ කරනවා)

⓱ □ インターネット (इंटरनेट／ইন্টারনেট／අන්තර්ජාලය)

⓲ □ ネット (नेट／ইন্টারনেট／අන්තර්ජාලය)

▶ネットでも買（か）えますよ。

(आप इसे ऑनलाइन ख़रीद सकते हैं।／ইন্টারনেটে কিনতে পাওয়া যায়।／අන්තර් ජාලයෙනුත් මිලදී ගන්න පුළුවන්.)

⓳ □ 接続（せつぞく）(する) (कनेक्शन／সংযোগ／සම්බන්ධතාවය)

⓴ □ つながる (के साथ कनेक्ट होना／সংযোগ／සම්බන්ධ වෙනවා)

▶困（こま）ったなあ。ネットにつながらなくなった。

(मुसीबत हो गई। मैं नेट से कनेक्ट नहीं कर पा रहा।／বিপদে পড়েছি। ইন্টারনেটে সংযোগ করতে পারছি না।／ප්‍රශ්නයක් නේ , අන්තජාලයට සම්බන්ධ වෙන්න බැහැ.)

㉑ □ サイト (साइट／সাইট／අඩවිය / සයිට් එක)

▶人気（にんき）のレストランを紹介（しょうかい）しているサイトです。

(यह एक ऐसी साइट है जो लोकप्रिय रेस्तराँ का परिचय देती है।／জনপ্রিয় রেস্তোরাঁ পরিচয় করিয়ে দেওয়ার সাইট।／ජනප්‍රිය අවන්හල් හඳුන්වාදෙන අඩවිය.)

㉒ □ ウェブサイト (वेबसाइट／ওয়েবসাইট／වෙබ් අඩවිය)

㉓ □ ホームページ (होमपेज／হোম পেজ／මුල් පිටුව)

㉔ □ アクセス(する) (एक्सेस／অ্যাক্সেস (করা)／ප්‍රවේශවීම)

▶会社（かいしゃ）のホームページには、一日（いちにち）に１万（まん）のアクセスがあります。

(कंपनी के होमपेज में एक दिन में १०,००० एक्सेस हैं।／কোম্পানির হোমপেজে দিনে 10,000 বার অ্যাক্সেস করা হয়।／සමාගමේ මුල් පිටුවේ,දවසකට ප්‍රවේශවීම් 10000ක් තියෙනවා.)

㉕ □ 検索（けんさく）(する) (ढूँढ़ना／অনুসন্ধান (করা)／සෙවීම)

▶検索して調（しら）べて。

(ढूँढ़कर जाँच करें।／অনুসন্ধান করে খুঁজে বের করুন।／සොයලා දැනගන්නවා)

41 新しい・静かな
42 どんな人？
43 とても・もっと
44 こそあ
46 場所
47 パソコン・ネット
48 仕事
49 教室の言葉
50 あいさつ・よく使う表現

❷❻ □ メール(する) (ईमेल (करना)／ইমেইল (করা)／විද්‍යුත් තැපැල් / මේල් එකක් (යවනවා))

❷❼ □ 添付(てんぷ)(する) (संलग्न／সংযুক্ত (করা)／අමුණනවා)

▶きのうの写真(しゃしん)、メールに添付しますね。

(मैं कल की तस्वीर ईमेल में संलग्न करूँगा।／গতকালের ছবিটি ইমেলের সাথে সংযুক্ত করব।／ඊයේ ඡායාරූප , ඊ මේල් එකට අමුණන්නම්.)

▶添付ファイル (संलग्न फ़ाइल／সংযুক্ত ফাইল／අමුණන ෆයිල්)

❷❽ □ 送信(そうしん)(する) (भेजना／প্রেরণ／යවනවා)

❷❾ □ 受信(じゅしん)(する) (प्राप्त करना／গ্রহণ／ලබනවා)

❸⓿ □ 転送(てんそう)(する) (फ़ॉरवर्ड करना／স্থানান্তর／මාරු)

❸❶ □ ソフト (सॉफ़्टवेयर／সফট／මෘදුකාංග)

❸❷ □ ダウンロード(する) (डाउनलोड／ডাউনলোড／බාගත කිරීම)

❸❸ □ ウイルス (वायरस／ভাইরাস／වයිරස්)

❸❹ □ 印刷(いんさつ)(する) (प्रिंटिंग／প্রিন্ট／මුද්‍රණය කරනවා)

❸❺ □ プリンター (प्रिंटर／প্রিন্টার／මුද්‍රණ යන්ත්‍රය)

UNIT 48

仕事
しごと
(काम／কাজ／රස්සාව,රැකියාව,රක්ෂාව,වැඩ)

41 新しい・静かな・

42 どんな人？

43 とても・もっと・

44 こそあ

45 どれっ・だい・

46 場所

47 パソコン・ネット

48 仕事

49 教室の言葉

50 よく使う・あいさつ・表現

❶ □ **仕事** (काम／কাজ／රස්සාව)

▶どんな仕事をしているんですか。

(आप किस प्रकार का काम करते हैं?／কোন্ ধরনের কাজ করছেন?／මොනවගේ රස්සාවක්ද කරන්නේ?)

❷ □ **働く** はたら (काम करना／কাজ／වැඩ කරනවා)

❸ □ **勤める** つと (काम करना／কাজ করা／රැකියාව කරනවා)

▶旅行会社に勤めています。
りょこうがいしゃ

(मैं एक ट्रैवल एजेंसी में काम करता हूँ।／ট্রাভেল এজেন্সিতে কাজ করি।／සංචාරක සමාගමක රැකියාව කරනවා.)

❹ □ **会社** かいしゃ (कंपनी／কোম্পানি／ආයතනය／සමාගම)

❺ □ **事務所** じ む しょ (कार्यालय／কার্যালয়／කාර්යාලය)　　　　同オフィス

❻ □ **職場** しょくば (कार्यस्थल／কর্মক্ষেত্র／රැකියා ස්ථානය)

❼ □ **本社** ほんしゃ (मुख्य कार्यालय／প্রধান কার্যালয়／ප්‍රධාන කාර්යාලය)

▶**支社** (शाखा कार्यालय／শাখা অফিস／ශාඛා කාර්යාලය)
し しゃ

▶**本店、支店**
ほんてん　　してん

(प्रधान कार्यालय, शाखा कार्यालय／প্রধান কার্যালয়, শাখা অফিস／ප්‍රධාන කාර්යාලය , ශාඛාව)

❽ □ **会議** かい ぎ (बैठक／সভা／රැස්වීම)　　　　同ミーティング

❾ □ 出張(する) (व्यापार यात्रा／ব্যবসায়িক সফর／ව්‍යාපාරික සංචාරය)
しゅっちょう

❿ □ 集合(する) (एकत्रित होना／সমবেত হওয়া／රැස්වෙන)
しゅうごう

▶集合時間
じかん

(एकत्रित होने का समय／সমবেত হওয়ার সময়／රැස්වෙන වෙලාව)

⓫ □ 遅刻(する) (देरी／দেরিতে আগত／ප්‍රමාදය)
ちこく

⓬ □ 遅れる (देर से आना／দেরী করে আসা／පරක්කු වෙනවා)
おく

▶９時集合ですから、遅刻しないようにしてください。
じ

(हम ९ बजे एकत्रित होंगे इसलिए कृपया देर न करें।／৯টায় সমবেত হওয়ার সময় জন্য দেরি করবেন না।／9ට රැස්වීම නිසා, පරක්කු නොවෙන්න වග බලාගන්න.)

⓭ □ 休む (आराम करना／ছুটি নেওয়া／නිවාඩු ගන්නවා)
やす

▶あしたは会社を休みます。
かいしゃ

(कल मैं कंपनी से छुट्टी लूँगा।／আগামীকাল কাজ থেকে ছুটি নেব।／හෙට නිවාඩු ගන්නවා.)

⓮ □ 休み (छुट्टी／ছুটি／නිවාඩු)

▶田中さんは、きょうは休みです。
たなか

(तनाका जी की आज छुट्टी है।／তানাকা-সান আজ ছুটিতে আছেন।／තනක මහතා , අද නිවාඩු.)

⓯ □ 予定 (अनुसूची／পরিকল্পনা／සැලැස්ම)
よてい

▶来月の予定は、どうなっていますか。
らいげつ

(अगले महीने की अनुसूची क्या है?／আগামী মাসের জন্য কি কোনও পরিকল্পনা করেছেন?／ලබන මාසේ සැලැස්ම, තියෙන්නේ කොහොමද?)

⓰ □ スケジュール (कार्यक्रम／সময়সূচী／විස්තරාත්මක)

▶詳しいスケジュールを教えてください。
くわ　　　　　　　おし

(कृपया मुझे विस्तृत कार्यक्रम बताइए।／বিস্তারিত সময়সূচী সম্পর্কে বলুন।／විස්තරාත්මක සැලැස්ම කියන්න.)

⑰ □ 計画(けいかく)(する) (योजना／পরিকল্পনা／සැලැස්ම)

▶最初(さいしょ)の計画とは、ちょっと違(ちが)います。

(यह पहली योजना से थोड़ा अलग है।／প্রথমবারের পরিকল্পনা থেকে একটু আলাদা।／මුල් සැලැස්මට වඩා ටිකක් වෙනස්.)

⑱ □ 係(かか)り (प्रभारी व्यक्ति／দায়িত্বপ্রাপ্ত ব্যক্তি／භාර පුද්ගලයා)

▶〈電話(でんわ)で〉係りの者(もの)に代(か)わります。

(<फ़ोन पर> प्रभारी व्यक्ति आपका स्थान लेंगे।／(টেলিফোনে) দায়িত্বপ্রাপ্ত ব্যক্তিকে ফোন হস্তান্তর করছি।／(දුරකථනයෙන්) භාර පුද්ගලයට ඇමතුම දෙන්නම්.)

⑲ □ 上司(じょうし) (मालिक／উর্ধ্বতন কর্মকর্তা／ප්‍රධානියා)

⑳ □ 新人(しんじん) (नवागंतुक／নবাগত／නවකයා)

㉑ □ 資料(しりょう) (दस्तावेज़／ডকুমেন্ট／ලියකියවිලි)

▶あした会議(かいぎ)があるから、資料を用意(ようい)しなければならない。

(कल एक बैठक है, इसलिए मुझे दस्तावेज़ तैयार करने हैं।／আগামীকাল সভা আছে জন্য ডকুমেন্ট প্রস্তুত করতে হবে।／හෙට රැස්වීම තියෙන නිසා, ලියකියවිලි සූදානම් කරන්න ඕනේ.)

㉒ □ サンプル／見本(みほん) (नमूना／নমুনা／සාම්පලය)

▶商品(しょうひん)のサンプルを送(おく)ってもらえますか。

(क्या आप मुझे उत्पाद का नमूना भेज सकते हैं?／পণ্যের কি একটি নমুনা পাঠাতে পারবেন?／නිෂ්පාදනයේ සාම්පලයක් එවන්න පුළුවන්ද?)

㉓ □ カタログ (सूची／ক্যাটালগ／නාමාවලිය)

▶カタログの中(なか)から好(す)きなものを選(えら)べます。

(आप कैटलॉग से अपनी पसंदीदा चीज़ चुन सकते हैं।／ক্যাটালগ থেকে আপনার পছন্দের জিনিস বাছাই করতে পারেন।／නාමාවලියෙන් කැමති දෙයක් තෝරනවා.)

42 どんな人？
43 とても・もっと
44 こそあ
46 場所
47 パソコン・ネット
48 仕事
49 教室の言葉
50 あいさつ・よく使う表現

㉔ □ コピー(する) (कॉपी／কপি／පිටපත)

▶これを10枚(まい)コピーしてください。

(कृपया इसकी १० कॉपी कर दें।／এটির ১০টি কপি করুন।／මෙකෙන් 10ක් පිටපත් කරන්න.)

㉕ □ コピーをとる (फ़ोटो कॉपी लेना／কপি করা／පිටපත් ගන්නවා)

㉖ □ コピー機(き) (कापियर／কপি মেশিন／පිටපත් යන්ත්‍රය)

㉗ □ 確認(かくにん)(する) (पुष्टीकरण／নিশ্চিতকরণ／තහවුරු කිරීම)

▶時間(じかん)と場所(ばしょ)を確認しておいてください。

(कृपया समय और स्थान की पुष्टि करके रखें।／সময় এবং স্থান নিশ্চিত করুন।／වෙලාව සහ තැන තහවුරු කරලා තියාගන්න.)

㉘ □ 確(たし)かめる (जाँच करना／পরীক্ষা করা／තහවුරු කරනවා)

▶よく確かめないで来(き)たので、場所(ばしょ)を間違(まちが)えてしまいました。

(मैं ठीक से जाँच करके नहीं आया, इसलिए मैंने जगह में गलती कर दी।／ভালোভাবে পরীক্ষা করে আসিনি জন্য, জায়গা ভুল করেছিলাম।／හරියට තැන තහවුරු කරගන්නේ නැතුව ආව නිසා, තැන වැරදුණා.)

㉙ □ 連絡(れんらく)(する) (संपर्क／যোগাযোগ／අමතනවා)

▶遅(おく)れるときは、必(かなら)ず連絡をしてください。

(यदि आपको देर हो रही हो, तो हमें ज़रूर बताएँ।／দেরী হওয়ার সময় অবশ্যই যোগাযোগ করবেন।／පරක්කු වෙන වෙලාවට, අනිවාර්යෙන්ම අමතන්න.)

㉚ □ 報告(ほうこく)(する) (प्रतिवेदन／রিপোর্ট／වාර්තාව)

▶あした、詳(くわ)しく報告します。

(मैं कल विस्तार से रिपोर्ट करूँगा।／আমি আগামীকাল বিস্তারিত রিপোর্ট করব।／හෙට,පැහැදිලිව වාර්තා කරනවා.)

㉛ □ ミス(する) (ग़लती／ভুল／වැරද්ද)

▶すみません、ちょっとミスをしてしまいました。

(क्षमा करें, मुझसे थोड़ी ग़लती हो गई।／দুঃখিত, একটু ভুল করেছি।／සමාවෙන්න, පොඩි වැරද්දක් වුණා.)

㉜ □ トラブル (मुसीबत／সমস্যা／ප්‍රශ්නය)

▶トラブルが起(お)きたときは、上司(じょうし)に報告(ほうこく)して、相談(そうだん)してください。

(यदि कोई समस्या आई, तो कृपया अपने पर्यवेक्षक को इसकी सूचना दें और सलाह लें।／সমস্যা দেখা দিলে, ঊর্ধ্বতন কর্মকর্তাকে রিপোর্ট করে পরামর্শ করুন।／ප්‍රශ්නයක් ඇති වුණාම, ප්‍රධානියාට වාර්තා කරලා, සාකච්ඡා කරන්න.)

㉝ □ サイン(する) (हस्ताक्षर／স্বাক্ষর／අත්සන)

▶ここにサインをお願(ねが)いします。

(कृपया यहाँ हस्ताक्षर करें।／এখানে স্বাক্ষর করুন।／මෙතන අත්සන් කරන්න.)

㉞ □ 名刺(めいし) (बिज़नेस कार्ड／ব্যবসায়িক কার্ড／ව්‍යාපාරික කාඩ්පත/බිස්නස් කාඩ් එක)

▶名刺を交換(こうかん)する、名刺をもらう

(बिज़नेस कार्ड का आदान-प्रदान करना, बिज़नेस कार्ड प्राप्त करना／ব্যবসায়িক কার্ড বিনিময় করা, ব্যবসায়িক কার্ড গ্রহণ করা／ව්‍යාපාරික කාඩ්පත/බිස්නස් කාඩ් එක හුවමාරු කරනවා, ලබා ගන්නවා.)

㉟ □ 残業(ざんぎょう)(する) (ओवरटाइम काम करना／ওভারটাইম／අතිකාල වැඩ/ ඕ.ටී)

▶きょうも残業ですか。大変(たいへん)ですね。

(क्या आप आज भी ओवरटाइम कर रहे हैं? कठिन है ना।／আজ ওভারটাইম কাজ আছে? কষ্টকর, তাই না?／අදත් ඕ.ටී ද ? අමාරුයිනේ.)

㊱ □ ストレス (तनाव／মানসিক চাপ／ආතතිය)

▶毎日(まいにち)忙(いそが)しくて、ストレスがたまっています。

(मैं हर दिन व्यस्त हूँ, इसलिए मैं तनावग्रस्त हो रहा हूँ।／প্রতিটি দিন ব্যস্ত থাকায় মানসিক চাপ জমছে।／හැමදාම කාර්යබහුල නිසා, ආතතිය තියෙනවා.)

㊲ □ やめる (छोड़ना／ত্যাগ করা／නවත්තනවා)

▶会社(かいしゃ) / 仕事(しごと) / たばこをやめる

(कंपनी/कार्य/धूम्रपान छोड़ना／কোম্পানি/কাজ/ধূমপান ত্যাগ করা／සමාගම/වැඩ / දුම්බීම නවත්තනවා.)

42 どんな人？
43 とても・もっと
44 こそあ
46 場所
47 パソコン・ネット
48 仕事
49 教室の言葉
50 あいさつ・よく使う表現

㊳ □ 募集(する)（ぼしゅう） (भर्ती／নিয়োগ／බඳවා ගැනීම)

▶そちらのお店（みせ）で、いま、アルバイトの募集をしていますか。

(क्या आपकी दुकान में अभी अंशकालिक कर्मचारियों की भर्ती कर रहे हैं?／সেই দোকানটিতে কি এখন খণ্ডকালীন কর্মী নিয়োগ করা হচ্ছে?／ඒ පැත්තේ සප්පුවේ ,දැන්,අර්ධ කාල රැකියා වලට බඳවා ගන්නවද?)

㊴ □ 就職(する)（しゅうしょく） (नौकरी／কাজ পাওয়া／රැකියාවක් සෙවීම)

▶日本（にほん）で就職したいと思（おも）っています。

(मैं जापान में काम करना चाहूँगा।／জাপানে কাজ পেতে চাই।／ජපානයේ රැකියාවක් සොයාගන්න ඕනේ කියලා හිතනවා.)

㊵ □ 面接(する)（めんせつ） (साक्षात्कार／সাক্ষাৎকার／සම්මුඛ පරීක්ෂණය)

▶あした、A社（しゃ）の面接を受（う）けます。

(कल मेरा A कंपनी के साथ साक्षात्कार है।／আগামীকাল, A কোম্পানির সাথে আমার সাক্ষাৎকার হবে।／හෙට, A සමාගමේ සම්මුඛ පරීක්ෂණයකට සහභාගී වෙනවා.)

UNIT 49 教室の言葉（きょうしつ ことば）

(कक्षा के शब्द／ক্লাসরুমের শব্দ／පන්ති කාමරයේ වචන)

❶ □ 授業（じゅぎょう） (पाठ／ক্লাস／පාඩම)

❷ □ 始める（はじ） (शुरू करना／শুরু করা／පටන් ගන්නවා)

▶では、授業を始めます。

(चलो, पाठ शुरू करते हैं।／তাহলে, ক্লাস শুরু করছি।／එහෙනම්, පාඩම පටන් ගන්නවා.)

❸ □ 終わる（お） (समाप्त होना／শেষ হওয়া／ඉවර වෙනවා)

▶では、これで授業を終わります。

(अब पाठ ख़त्म हो गया है।／তাহলে, এখন ক্লাস শেষ হচ্ছে।／එහෙනම්,මෙතනින් පාඩම ඉවර වෙනවා.)

❹ □ 出席（しゅっせき）(する) (उपस्थित (होना)／উপস্থিত থাকা／පැමිණීම (ලකුණු කරනවා))

❺ □ 欠席（けっせき）(する) (अनुपस्थित (होना)／অনুপস্থিত থাকা／නොපැමිණීම (ලකුණු කරනවා))

❻ □ 遅刻（ちこく）(する) (देर से आना／দেরী করা／පරක්කු වෙනවා)

▶遅刻したら、だめですよ。

(देर से आना ग़लत है।／দেরি করা ভাল নয়।／පරක්කු වෙනවනම්, බැහැ.)

❼ □ 時間割（じかんわり） (समय सारणी／সময়সূচী／කාලසටහන)

❽ □ 教科書（きょうかしょ） (पाठ्यपुस्तक／পাঠ্যপুস্তক／අච්චුපොත)

41 新しい・静かな
42 どんな人？
43 とても・もっと
44 こそあ
46 場所
47 パソコン・ネット
48 仕事
49 教室の言葉
50 あいさつ・よく使う表現

❾ □ テキスト (मूलपाठ／পাঠ্য／පෙළපොත)

❿ □ ページ (पृष्ठ／পৃষ্ঠা／පිටුව)

⓫ □ 開(ひら)く (खोलना／খোলা／අරිනවා/පෙරලනවා)

▶テキストの 20 ページを開いてください。

(पाठ का पृष्ठ २० खोलें।／পাঠ্যবইয়ের ২০ পৃষ্ঠা খুলুন।／අච්චු පොතේ විසිවෙනි පිටුව පෙරලන්න.)

⓬ □ 問題(もんだい) (प्रश्न／প্রশ্ন／ගැටළුව)

▶問題は全部(ぜんぶ)で 10 問(もん)あります。

(सब मिलाकर १० प्रश्न हैं।／মোট ১০টি প্রশ্ন রয়েছে।／ගැටළු ඔක්කොම 10ක් තියෙනවා.)

⓭ □ 問題集(しゅう) (अभ्यास पुस्तिका／অনুশীলনের বই／අභ්‍යාස පොත)

⓮ □ 練習(れんしゅう)(する) (अभ्यास (करना)／অনুশীলন করা／පුහුණුවීම (කරනවා))

⓯ □ ドリル (ड्रिल／ড্রিল／සරඹ)

⓰ □ もう一度(いちど) (फिर एक बार／আরেকবার／තව එක පාරක්)

⓱ □ くり返(かえ)す (दोहराना／পুনরাবৃত্তি করা／නැවත වරක් කරනවා)

⓲ □ くり返し (दोहराव／পুনরায়／නැවත නැවත)

▶くり返し言(い)ってください。

(कृपया दोहराएँ।／পুনরায় বলুন।／නැවත නැවත කියන්න.)

⓳ □ ペア (जोड़ा／জোড়া／යුගල)

▶となりの人(ひと)と、ペアで練習(れんしゅう)してください。

(कृपया अपने बग़ल के व्यक्ति के साथ एक जोड़ी में अभ्यास करें।／পাশের ব্যক্তির সাথে জোড়া হয়ে অনুশীলন করুন।／ළඟ කෙනත් එක්ක යුගල වෙලා පුහුණු වෙන්න.)

⑳ □ グループ (समूह／দল／කණ්ඩායම)

▶グループで練習(れんしゅう)しましょう。

(चलो, समूह में अभ्यास करते हैं।／দলবদ্ধভাবে অনুশীলন করা যাক।／කණ්ඩායම් වශයෙන් පුහුණු වෙමු.)

㉑ □ 予習(よしゅう)(する) (तैयारी (करना)／প্রস্তুতি গ্রহণ করা／සූදානම් වෙනවා)

▶あしたの予習はもうしましたか。

(क्या आप पहले से ही कल के लिए तैयार हैं?／আগামীকালের জন্য কি এরই মধ্যে প্রস্তুতি গ্রহণ করেছেন?／හෙට සඳහා සූදානම් වෙලා ඉවරද?)

㉒ □ 復習(ふくしゅう)(する) (समीक्षा (करना)／পর্যালোচনা করা／පුනරීක්ෂණය කරනවා)

▶ここはよく復習しておいてください。

(कृपया इसकी अच्छी तरह से समीक्षा करें।／এই জায়গাটি ভালোভাবে পর্যালোচনা করুন।／මෙතන හොඳට පුනරීක්ෂණය කරලා තියන්න.)

㉓ □ 宿題(しゅくだい)(する) (होमवर्क (करना)／বাড়ির কাজ করা／ගෙදර වැඩ (කරනවා))

▶宿題はもうやった？

(क्या तुमने अपना होमवर्क किया?／বাড়ির কাজ কি করে ফেলেছো?／ගෙදර වැඩ කරලත් ඉවරද?)

▶宿題を持(も)って来(く)るのを忘(わす)れた。

(मैं अपना होमवर्क लाना भूल गया।／বাড়ির কাজ আনতে ভুলে গেছি।／ගෙදර වැඩ අරන් එන්න අමතක වුණා.)

㉔ □ 出(だ)す (बाहर निकालना／বের করা／දෙනවා)

▶先週(せんしゅう)の宿題を出してください。

(कृपया अपना पिछले हफ़्ते का होमवर्क दें।／গত সপ্তাহের বাড়ির কাজ বের কর।／ගිය සතියේ ගෙදර වැඩ දෙන්න.)

㉕ □ 締(し)め切(き)り (अंतिम तारीख़／শেষ তারিখ／අවසාන දිනය)

▶レポートのしめきりは、あさってです。

(रिपोर्ट की अंतिम तारीख़ परसों है।／রিপোর্টের শেষ তারিখ আগামীকাল।／වාර්තාව භාරදෙන අවසාන දිනය, අනිද්දා.)

㉖ □ 自習(じしゅう)(する) (ख़ुद पढ़ाई (करना)／নিজে অধ্যয়ন করা／ස්වයං අධ්‍යනය/ පාඩම් කරනවා)

42 どんな人？
43 とても・もっと
44 こそあ
46 場所
47 パソコン・ネット
48 仕事
49 教室の言葉
50 あいさつ・よく使う表現

㉗ □ 試験（परीक्षा／পরীক্ষা／විභාගය,පරීක්ෂණය）
しけん

㉘ □ テスト（する）（परीक्षा/टेस्ट (लेना)／টেস্ট পরিচালনা করা／විභාගය(කරනවා)）

㉙ □ 合格（する）（उत्तीर्ण/पास (होना)／উত্তীর্ণ হওয়া／සමත්(වෙනවා)）
ごうかく

▶試験に合格したんですか。
（क्या आपने परीक्षा पास की?／পরীক্ষায় উত্তীর্ণ হয়েছ কি?／විභාගය සමත් වුණා.）

㉚ □ 不合格（असफलता/फ़ेल／অনুত্তীর্ণ হওয়া／අසමත්）
ふごうかく

㉛ □ 点数（अंक／স্কোর／ලකුණු）
てんすう

▶元気がないですね。　—テストの点数がよくなかったんです。
げんき
（आप ठीक नहीं लग रहे। —टेस्ट का अंक अच्छा नहीं था।／ভাল বোধ করছি না। —পরীক্ষার স্কোর ভালো ছিল না।
／උද්යෝගිමත් නැහැනේ, —විභාගයේ ලකුණු හොඳ නැහැ.）

㉜ □ 成績（परिणाम／ফলাফল／ප්‍රගති වාර්තාව）
せいせき

㉝ □ レポート（रिपोर्ट／রিপোর্ট／වාර්තාව）

㉞ □ 発表（する）（प्रस्तुत करना／উপস্থাপন করা／ඉදිරිපත් (කරනවා)）
はっぴょう

▶一人ずつ発表してください。
ひとり
（कृपया एक-एक करके प्रस्तुत करें।／একজন করে উপস্থাপন কর।／එක එක්කෙනා ඉදිරිපත් කරන්න.）

㉟ □ 質問（する）（सवाल (पूछना)／প্রশ্ন করা／ප්‍රශ්න (කරනවා)）
しつもん

▶何か質問はありませんか。
なに
（क्या आपका कोई सवाल है?／কোন প্রশ্ন আছে কি?／මොනවහරි ප්‍රශ්න තියෙනවද?）

㊱ □ 答(こた)える (जवाब देना／উত্তর দেওয়া／පිළිතුරු දෙනවා , උත්තර කියනවා)

▶質問(しつもん)に答えてください。
(कृपया इस सवाल का जवाब दें।／প্রশ্নের উত্তর দেও।／ප්‍රශ්න වලට පිළිතුරු දෙන්න.)

㊲ □ 答え (जवाब／উত্তর／පිළිතුර, උත්තර)

㊳ □ 選(えら)ぶ (चुनना／বেছে নেওয়া／තෝරනවා)

▶この中(なか)から一(ひと)つ選んでください。
(कृपया इनमें से एक को चुनें।／এর মধ্যে থেকে একটি বেছে নিন।／මේවා වලින් එකක් තෝරන්න.)

㊴ □ 丸(まる)をつける (गोला खींचना/जाँचना／বৃত্ত দিয়ে চিহ্নিত করা／බින්දුව දානවා)

▶答えを言(い)いますから、自分(じぶん)で丸(まる)をつけてください。
(मैं जवाब बोलूँगा, कृपया ख़ुद से जाँचिए।／উত্তরটি আপনাদেরকে বলব। তাই, নিজে বৃত্ত দিয়ে চিহ্নিত করুন।／උත්තර කියන නිසා, තනියම බින්දුව දාගන්න.)

★日本では、○（マル）＝正しい、×（バツ）＝まちがい（正しくない）

㊵ □ 考(かんが)える (सोचना／চিন্তা করা／උත්තර දෙන්න)

▶よく考えて、答えてください。
(ध्यान से सोचें और जवाब दें।／ভালোভাবে চিন্তা করে উত্তর দিন।／හොඳට කල්පනා කරලා, උත්තර දෙන්න.)

㊶ □ 覚(おぼ)える (याद करना／মনে রাখা／ඉගෙන ගන්නවා , මතක තියාගන්නවා)

▶大切(たいせつ)なところなので、覚えてください。
(कृपया इसे याद करें क्योंकि यह महत्त्वपूर्ण है।／ গুরুত্বপূর্ণ জায়গা হিসাবে এটা মনে রাখুন।／වැදගත් තැනක් නිසා, මතක තියාගන්න .)

㊷ □ 忘(わす)れる (भूल जाना／ভুলে যাওয়া／අමතක වෙනවා)

42 どんな人？
44 こそあ
46 場所
47 パソコン・ネット
48 仕事
49 教室の言葉
50 あいさつ・よく使う表現

㊸ □ わかる (समझना／বুঝতে পারা／තේරෙනවා)

▶わかりましたか。　—いえ、よくわかりません。

(समझ में आया? —नहीं, ठीक से समझ नहीं आया।／বুঝতে পেরেছেন? —না, ভালোভাবে বুঝতে পারি নি।／තේරුනාද? —නැහැ, හොඳට තේරුනේ නැහැ,.)

㊹ □ 説明(せつめい)(する) (व्याख्या (करना)／ব্যাখ্যা (করা)／පැහැදිලි (කරනවා))

㊺ □ 漢字(かんじ) (चीनी अक्षर／কাঞ্জি／කන්ජි)

㊻ □ ふりがな (फ़ुरिगाना／ফুরিগানা／ෆුරිගන)

㊼ □ 読(よ)み (पढ़ना／পড়া／කියවීම)

㊽ □ 調(しら)べる (जाँच करना／অনুসন্ধান করা／හොයනවා)

㊾ □ チェック(する) (जाँच करना／চেক (করা)／පරීක්ෂා කරනවා / බලනවා)

▶宿題(しゅくだい)は、チェックして明日(あした)返(かえ)します。

(होमवर्क जाँचकर कल लौटाऊँगा।／বাড়ির কাজ চেক করে আগামীকাল ফেরত দেব।／ගෙදර වැඩ බලලා, හෙට දෙන්නම්.)

▶これはテストによく出(で)るので、チェックしてください。

(यह अक्सर परीक्षा में आता है, इसलिए इसे देखें।／এটি প্রায়ই পরীক্ষায় আসে, তাই চেক করে দেখুন।／මේක විභාගයට ගොඩක් එන නිසා, බලා ගන්න.)

㊿ □ 正(ただ)しい (सही／সঠিক／නිවැරදි)

▶正しい答えはどれですか。

(कौन-सा उत्तर सही है?／সঠিক উত্তর কোনটি?／නිවැරදි පිළිතුර මොකක්ද?)

51 □ **正解(せいかい)(する)** (सही जवाब／সঠিক উত্তর প্রদান করা／නිවැරදි (කරනවා))

▶正解は2番(ばん)の「インド」です。

(सही उत्तर नंबर २ “भारत” है।／সঠিক উত্তর হল ২ নম্বরের “ভারত”।／නිවැරදි පිළිතුර දෙවෙනි අංකයේ (ඉන්දියාව).)

52 □ **合(あ)う** (मेल खाना／মিলে যাওয়া／උත්තරය)

▶この答(こたえ)えは合っていますか。

(क्या यह उत्तर मेल खाता है?／এই উত্তরটি মিলেছে কি?／මේ උත්තරය ගැලපෙනවද?)

53 □ **間違(まちが)える** (ग़लती करना／ভুল করা／වැරදුණා)

▶また間違ってしまった。

(मैंने फिर से ग़लती की।／আবার ভুল করেছি।／ආයෙත් වැරදුණා.)

54 □ **間違い** (ग़लती／ভুল／වැරද්ද)

▶この中(なか)に、間違いが一(ひと)つあります。

(इसमें एक ग़लती है।／এর মধ্যে একটা ভুল আছে।／මෙකේ එක වැරද්දක් තියෙනවා.)

55 □ **直(なお)す** (ठीक करना／সংশোধন করা／නිවැරදි කරනවා)

▶正(ただ)しい漢字(かんじ)に直してください。

(कृपया इसे सही कांजी से ठीक करें।／সঠিক কাঞ্জিতে সংশোধন কর।／කන්ජි නිවැරදි කරන්න)

56 □ **単語(たんご)** (शब्द／শব্দ／වචන)

57 □ **意味(いみ)** (अर्थ／অর্থ／තේරුම)

▶この単語の意味がわかりません。

(मैं इस शब्द का अर्थ नहीं समझता।／এই শব্দের অর্থ বুঝি না।／මේ වචනයේ තේරුම තේරෙන්නේ නැහැ.)

41 新しい・静かな
42 どんな人?
43 とても・もっと
44 こそあ
45 いつ・どこ・だれ
46 場所
47 パソコン・ネット
48 仕事
49 教室の言葉
50 あいさつ・よく使う表現

58 □ 表現(する) (अभिव्यक्त (करना)／প্রকাশ করা／ප්‍රකාශන (කරනවා))
ひょうげん

▶よく使う表現なので、覚えてください。
つか おぼ

(कृपया याद रखें क्योंकि यह एक अभिव्यक्ति है जिसका उपयोग अक्सर किया जाता है।／এটি প্রায়শই ব্যবহৃত অভিব্যক্তি, তাই মুখস্থ করে রাখুন।／හොඳට පාවිච්චි කරන ප්‍රකාශනයක් නිසා,මතක තියාගන්න.)

59 □ 例 (उदाहरण／উদাহরণ／උදාහරණ)
れい

▶例文 (उदाहरण वाक्य／বাক্যের উদাহরণ／උදාහරණ වාක්‍ය)
ぶん

60 □ 例えば (उदाहरण के लिए／উদাহরণ স্বরূপ／උදාහරණ වශයෙන්,සමහරවිට)
たと

▶例えば、a、c、f などです。

(उदाहरण के लिए, ए, सी, एफ़, आदि।／উদাহরণ স্বরূপ a, c, f ইত্যাদি।／උදාහරණ වශයෙන් a , c , f ආදියයි.)

61 □ 参考 (संदर्भ／রেফারেন্স／යොමුව)
さんこう

▶これを参考にするといいですよ。

(आपको इसका संदर्भ लेना चाहिए।／এটাকে রেফারেন্স হিসাবে ব্যবহার করলে ভালো হয়।／මේක යොමු කරන එක හොඳයි.)

62 □ 文 (वाक्य／বাক্য／වාක්‍ය)
ぶん

63 □ 文章 (वाक्य／বাক্য／වාක්‍ය)
ぶんしょう

▶長い文章だと、疲れます。
なが つか

(अगर लंबा वाक्य है तो थक जाऊँगा।／দীর্ঘ বাক্য হলে ক্লান্ত হয়ে পড়ি।／දිග වාක්‍ය නම්, මහන්සියි.)

64 □ 行 (पंक्ति／লাইন／පේළිය)
ぎょう

▶上から5行目です。
うえ め

(यह ऊपर से पाँचवीं पंक्ति है।／উপরের দিক থেকে পঞ্চম লাইন।／උඩ ඉඳලා පස්වෙනි පේළිය.)

65 □ 黒板 (ब्लैक बोर्ड／ব্ল্যাকবোর্ড／කළු ලෑල්ල)
こくばん

⑯ □ ホワイトボード (व्हाईटबोर्ड／হোয়াইটবোর্ড／වයිට් බෝර්ඩ් එක)

⑰ □ プリント (प्रिंट आउट／প্রিন্ট／පිටපත්)

⑱ □ 配る(くば) (बाँटना／বিতরণ করা／බෙදාහරිනවා)

▶これからプリントを配ります。

(मैं अब प्रिंट आउट बाँटूँगा।／এখন থেকে প্রিন্ট বিতরণ করা হবে।／මෙතන ඉඳලා පිටපත් බෙදනවා.)

⑲ □ 辞書(じしょ) (शब्दकोष／অভিধান／ශබ්දකෝෂය)

⑳ □ 辞書を引(ひ)く

(शब्दकोश में देखना／অভিধানে সন্ধান করা／ශබ්ද කෝෂය බලනවා)

㉑ □ 作文(さくぶん) (रचना／রচনা／රචනා)

▶自分(じぶん)の夢(ゆめ)について、作文を書(か)いてください。

(अपने सपनों के बारे में अपनी रचना लिखें।／নিজের স্বপ্ন সম্পর্কে রচনা লিখুন।／තමන්ගේ හීනය ගැන, රචනාවක් ලියන්න.)

㉒ □ 聞(き)き取(と)る (सुनना／শুনা／සවන් දෙනවා)

▶よく聞き取れなかったので、もう一度(いちど)言(い)ってもらえませんか。

(मैं इसे अच्छी तरह से नहीं सुन सका, तो क्या आप इसे फिर से कह सकते हैं?／ঠিকভাবে শুনতে পারিনি, তাই আবার বলতে পারবেন?／හොඳට ඇහුනේ නැති නිසා, තව පාරක් කියන්න පුළුවන්ද?)

㉓ □ 聞き取り (सुनकर समझना／শ্রবণ／සවන්දීම)

㉔ □ 発音(はつおん)(する) (उच्चारण (करना)／উচ্চারণ (করা)／උච්චාරණය කරනවා)

㉕ □ 会話(かいわ)(する) (बातचीत (करना)／কথোপকথন (করা)／සංවාද (කරනවා))

41 新しい・静かな
42 どんな人？
43 とても・もっと
44 こそあ
46 場所
47 パソコン・ネット
48 仕事
49 教室の言葉

UNIT 50 あいさつ・よく使う表現

(अभिवादन और अक्सर प्रयुक्त अभिव्यक्तियाँ／অভিবাদন/প্রায়শ ব্যবহৃত অভিব্যক্তি／ආචාරවිධි . නිතර භාවිච්චි කරන ප්‍රකාශන)

❶ □ あいさつ (अभिवादन／অভিবাদন／ආචාරවිධි)

❷ □ おはようございます。(शुभ प्रभात／সুপ্রভাত／සුභ උදෑසනක් වේවා) 短おはよう。

❸ □ こんにちは。(नमस्ते／হ্যালো／සුභ දවසක් වේවා)

❹ □ こんばんは。(नमस्ते/शुभ संध्या／শুভ সন্ধ্যা／සුභ සැන්දෑවක් වේවා)

❺ □ おやすみなさい。(शुभ रात्रि／শুভ রাত্রি／සුභ රාත්‍රියක් වේවා) 短おやすみ。

❻ □ さようなら。(अलविदा／বিদায়／සුභ ගමන්)

❼ □ では (तो फिर／ঠিক আছে তাহলে／එහෙනම්)

▶では、お元気で。

(अच्छा फिर, अच्छे स्वास्थ्य में रहिएगा।／ঠিক আছে তাহলে, ভাল থাকুন।／එහෙනම් හොඳින් ඉන්න.)

❽ □ じゃあ／じゃ (तो फिर／আচ্ছা তাহলে／එහෙනම්)

▶じゃあ、また明日(あした)。

(चलिए, कल फिर मिलते हैं।／আচ্ছা তাহলে, আগামীকাল দেখা হবে।／එහෙනම්, ආයෙත් හෙට හම්බවෙමු.)

▶じゃあ、元気(げんき)でね。

(तो फिर ठीक रहना।／আচ্ছা তাহলে, ভাল থাকুন।／එහෙනම්, හොඳින් ඉන්න.)

★「では」のカジュアルな言い方。
(「では」कहने का आकस्मिक तरीका।／「では」বলার ক্যাজুয়াল পদ্ধতি।／「では」...යන යෙදුමේ සාමාන්‍ය ව්‍යවහාරයේදී භාවිතා කරන යෙදුමයි.)

❾ □ 行(い)ってきます。(मैं जाकर आता हूँ／আমি যাচ্ছি／ගිහින් එන්නම්)

❿ □ 行ってらっしゃい。(जाकर आइए／যাত্রা শুভ হোক／ගිහින් එන්න)

⓫ □ ただいま。(मैं घर वापस आया हूँ।／বাড়িতে ফিরে এসেছি／මම ගෙදර දැන් ආවා.)

⓬ □ お帰(かえ)りなさい。(वापसी पर स्वागत है।／বাড়িতে স্বাগতম／ගෙදරට සාදරයෙන් පිළිගන්නවා) 短おかえり。

⓭ □ いらっしゃい(ませ)。(स्वागत／স্বাগতম／සාදරයෙන් පිළිගන්නවා)

⓮ □ いただきます。(भगवान की दुआ से अब मैं शुरू करता हूँ／খাবার গ্রহণ করছি／කෑමට ස්තූතියි)

★食事を始めるときに言う。
(खाना शुरू करने के वक़्त कहा जाता है।／খাবার শুরু করার সময় বলা হয়।／කෑම කන්න පටන් ගන්න කොට කියනවා.)

⓯ □ ごちそうさま。(भोजन के लिए धन्यवाद।／খাবারের জন্য ধন্যবাদ／ඉවර වුණාට)

てごちそうさまでした。

★食事が終わったときに言う。
(खाना ख़त्म होने पर कहते हैं।／খাবার শেষ হওয়ার সময় বলা হয়।／කෑම කාලා ඉවර වුණාට පස්සේ කියනවා.)

⓰ □ はじめまして。((पहलि बार मिलने पर) नमस्ते／আপনার সাথে দেখা হয়ে ভালো লাগলো／හඳුනාගැනීම සතුටක්)

▶はじめまして。スミスと申(もう)します。

(मेरा नाम स्मिथ है। आपसे मिलकर ख़ुशी हुई।／আপনার সাথে দেখা হয়ে ভালো লাগলো। আমার নাম স্মিথ।／හඳුනා ගැනීම සතුටක්, මම සුමිත්.)

⓱ □ どうぞよろしくお願(ねが)いします。(आपसे मिलकर ख़ुशी हुई।／আপনার সাথে দেখা হওয়ায় খুশি হলাম।／හමුවීම සතුටක්)

短よろしくお願いします。

短どうぞよろしく。

41 新しい・静かな
42 どんな人?
43 とても・もっと
44 こそあ
46 場所
47 パソコン・ネット
48 仕事
49 教室の言葉

⑱ □ ありがとう。(धन्यवाद／ধন্যবাদ／ස්තූතියි)

▶手伝ってくれて、ありがとう。

(आपकी मदद के लिए धन्यवाद।／সাহায্যের জন্য ধন্যবাদ।／උදව් කෙරුවට ස්තූතියි.)

⑲ □ ありがとうございます。(धन्यवाद／ধন্যবাদ（মার্জিত）／ඔබට ස්තූතියි)

▶メールをありがとうございます。

(ईमेल के लिए धन्यवाद।／ইমেইলের জন্য ধন্যবাদ।／ඊමේල් එකට, ඔබට ස්තූතියි.)

て どうもありがとうございます

(आपका बहुत-बहुत धन्यवाद／আপনাকে অনেক ধন্যবাদ／ඔබට ස්තූතියි, ඒක සුළු දෙයක්.)

⑳ □ どうも。(धन्यवाद／ধন্যবাদ／ස්තූතියි)

▶荷物、ここに置きますね。
—あ、どうも。

(मैं सामान यहाँ रख देता हूँ। —जी जी , धन्यवाद।／মালপত্র এখানে রেখে দেব। —ওহ ধন্যবাদ।／බඩු මෙතන තියන්නම්, ආ —ස්තූතියි)

★軽くお礼を言うときに使う。
(हलके से धन्यवाद देते समय उपयोग किया जाता है।／হালকাভাবে ধন্যবাদ দেওয়ার সময় ব্যবহার করা হয়।／සරලව ස්තූතිය ප්‍රකාශ කිරීමේදී භාවිතා කරයි.)

㉑ □ どういたしまして。(कोई बात नहीं।／আপনাকে স্বাগতম／ඒක සුළු දෙයක්)

▶ありがとうございました。
—いえ、どういたしまして。

(आपका बहुत-बहुत धन्यवाद। —नहीं नहीं, ऐसी कोई बात नहीं।／অনেক ধন্যবাদ। —না না, আপনাকে স্বাগতম।／බොහෝම ස්තූතියි, —ඒක සුළු දෙයක්)

㉒ □ すみません。(क्षमा करें／ক্ষমা করবেন।／සමාවෙන්න)

▶遅れてすみませんでした。

(मैं देर से आने के लिए माफ़ी चाहता हूँ।／দেরি করার জন্য ক্ষমা করবেন।／පරක්කු වුණාට සමාවෙන්න.)

㉓ □ ごめんなさい。(माफ़ कीजिए／দুঃখিত／මට සමාවෙන්න)

▶遅れてごめんなさい。

(देर से आने के लिए माफ़ कर दो।／দেরি করার জন্য দুঃখিত।／පරක්කු වුණාට සමාවෙන්න.)

★友達や家族には「ごめんなさい」、知らない人・あまり親しくない人には「すみません」を使うことが多い。「申し訳ありません」は、主に客や上司に謝るときに使う。
(दोस्तों और परिवार के लिए 「ごめんなさい」 का अक्सर उपयोग किया जाता है और अजनबियों और ऐसे लोगों के लिए 「すみません」 जो बहुत क़रीब नहीं हैं। 「申し訳ありません」 का उपयोग मुख्य रूप से ग्राहकों और मालिकों से माफ़ी माँगने पर किया जाता है।／প্রায়শই বন্ধু বা পরিবারের জন্য "দুঃখিত", অপরিচিত ও খুব কাছের নয় এমন ব্যক্তির জন্য "আমি দুঃখিত" ব্যবহার করা হয়। "আমি দুঃখিত" প্রধানত গ্রাহক বা উর্ধ্বতনদের কাছে ক্ষমা চাওয়ার সময় ব্যবহার করা হয়।／යහළුවන් සහ පවුලේ අය සමග 「ごめんなさい」 පාවිච්චි කල හැකි අතර, පිටස්තර පුද්ගලයින් සමග 「すみません」 යන යෙදුම පාවිච්චි කරයි. 「申し訳ありません」 යන්න පාවිච්චි කරන්නේ අමුත්තන් සහ ප්‍රධානියන්ගෙන් සමාව ඉල්ලීමේදී ය.)

㉔ □ ごめん。 (क्षमा करो／দুঃখিত (ক্যাজুয়াল)／සමාවෙන්න)

▶遅(おく)れてごめん。
(देरी के लिए माफ़ी।／দেরি করার জন্য দুঃখিত।／පරක්කු වුණාට සමාවෙන්න.)

㉕ □ 申(もう)し訳(わけ)ありません。 (मैं आप से क्षमा चाहता हूँ।／আমি ক্ষমাপ্রার্থী／සමාව අයැද සිටිනවා.)

▶申し訳ありません。すぐに直(なお)します。
(क्षमा करें। इसे तुरंत ठीक करता हूँ।／আমি ক্ষমাপ্রার্থী। এখনই ঠিক করছি।／සමාවෙන්න,ඉක්මනටම හදන්නම්.)

㉖ □ こちらこそ。 (यह तो मेरा सौभाग्य है।／আপনার সাথে দেখা করে আমারও ভালো লাগলো／එසේම වේවා)

㉗ □ お願(ねが)いします。 (कृपया／অনুরোধ করছি／කරුණාකර)

▶〈タクシーで〉駅(えき)までお願いします。
(<टैक्सी में> कृपया स्टेशन तक छोड़ दें।／<ট্যাক্সিতে> দয়া করে আমাকে স্টেশনে নিয়ে যান।／(ටැක්සියේදී) කරුණාකර ස්ටේෂන් එකට යන්න)

㉘ □ ～をお願いします (कृपया (किसी चीज़ के लिए अनुरोध)／দয়া করে～／～කරුණාකර දෙන්න.)
▶予約(よやく)をお願いします。
(कृपया बुकिंग करा दें।／রিজার্ভ (সংরক্ষণ) করুন।／කරුණාකර වෙන්කරලා දෙන්න.)

42 どんな人？
43 とても・もっと
44 こそあ
46 場所
47 パソコン・ネット
48 仕事
49 教室の言葉
50 あいさつ・よく使う表現

㉙ □ 失礼（しつれい）します。 (क्षमा करें／মাফ করবেন／සමාවෙන්න)

▶〈ドアをノックして〉失礼します。　—どうぞ。

(<दरवाज़ा खटखटाते> माफ़ कीजिएगा। —जी, अंदर आइए।／(দরজায় নক করে) মাফ করবেন। —ভিতরে আসুন।／(දොරට තට්ටු කර) සමාවෙන්න, —එන්න.)

▶お先（さき）に失礼します。　—お疲（つか）れさまでした。

(मुझे क्षमा करें, मुझे अब जाना है। —आपकी कड़ी मेहनत के लिए धन्यवाद।／আগে যাওয়ার জন্য মাফ করবেন। —কঠোর পরিশ্রমের জন্য আপনাকে ধন্যবাদ।／කලින් යනවා, මහන්සි වුණාට, —ස්තූතියි.)

▶お名前（なまえ）を間違（まちが）えて書（か）いてしまい、大変（たいへん）失礼しました。

(मैंने ग़लती से आपका नाम ग़लत लिख दिया। कृपया मुझे माफ़ करें।／নাম ভুল করে লিখে ফেলায় মাফ করবেন।／නම වැරදිලා ලිව්වට, මට සමාවෙන්න.)

> ★「失礼します」…部屋に入るときや部屋を出るとき、先に帰るとき、などに使う。
> 「失礼しました」…ミスをして、失礼になったときに使う。客などに謝る言葉。
> (「失礼します」... कमरे में प्रवेश करते समय, कमरे से बाहर निकलने पर या जब आप लौटते हैं तो इसका उपयोग किया जाता है।「失礼しました」... इसका उपयोग तब किया जाता है जब आप कोई ग़लती करते हैं और असभ्य हो जाते हैं। सामान्यतः ग्राहकों आदि से माफ़ी माँगने पर उपयोग होता है।／「失礼します」০「失礼しました」০／「失礼します」... කාමරයට ඇතුල් වෙනකොටයි,කාමරයෙන් පිට වෙනකොටයි , පාවිච්චි කරනවා.「失礼しました」...වැරද්දක් කරලා,වැරැද්ද වුණා නිසා පාවිච්චි කරනවා.අමුත්තන්ට කියන වචනය)

㉚ □ 失礼ですが… (क्षमा करें (लेकिन...)／মাফ করবেন, তবে......／සමාවෙන්න,)

▶失礼ですが、お名前は？

(माफ़ कीजिए, लेकिन आपका नाम क्या है?／মাফ করবেন, তবে আপনার নাম কি?／සමාවෙන්න,නම මොකක්ද?)

㉛ □ お疲（つか）れさまです。 (इतनी मेहनत करने के बाद आप थक गए होंगे। (अनुष्ठानिक अभिव्यक्ति)／কঠোর পরিশ্রমের জন্য আপনাকে ধন্যবাদ।／මහන්සි වුණාට, ස්තූතියි)

▶きょうは大変でしたね。お疲れさまです。
—いいえ、田中（たなか）さんこそお疲れさまです。

(आज काफ़ी मुश्किल रहा। आपकी मेहनत के लिए धन्यवाद। —अरे नहीं नहीं, तानाका जी , बल्कि आपको इतनी मेहनत के लिए धन्यवाद।／আজকের দিনটি কষ্টকর ছিল। কঠোর পরিশ্রমের জন্য আপনাকে ধন্যবাদ। —না না, তানাকা-সান আপনাকেও কঠোর পরিশ্রমের জন্য ধন্যবাদ।／අද වෙහෙසයිනේ .. නැහැ නැහැ , තනක මහතාටත් මහන්සි වුණාට, ස්තූතියි.)

㉜ □ けっこうです。(नहीं, ठीक है।／ঠিক আছে／කමක් නැහැ)

▶Mサイズはなくなってしまいました。　—じゃ、けっこうです。

(एम साइज़ ख़त्म हो गया है। —अच्छा, कोई बात नहीं।／M সাইজ শেষ হয়ে গেছে। —আচ্ছা তাহলে ঠিক আছে।／M සයිස් එක නැහැ...එහෙනම්, —කමක් නෑ.)

▶Lでもいいですか。　—ええ、けっこうですよ。

(एल होने पर भी ठीक है क्या? —जी, ठीक है।／L হলেও কি ঠিক আছে? —হ্যাঁ, ঠিক আছে।／L වුණාට කමක් නැද්ද? —හා කමක් නෑ.)

㉝ □ よろしいですか。(क्या यह ठीक है?／ঠিক আছে?／කමක් නැහැ?)

㉞ □ どうぞ (जी, लीजिए।／এগিয়ে যান／මෙන්න)

▶そこ、空(あ)いてますか。　—空いてますよ。どうぞ、どうぞ。

(वहाँ ख़ाली है क्या? —जी, ख़ाली है। आइए आइए।／সেই জায়গাটা কি খালি? —হ্যাঁ খালি। এগিয়ে যান।／ඔතන හිස්ද? —මෙතන හිස්. එන්න එන්න.)

▶コーヒーをどうぞ。　—あ、どうも。

(कृपया कॉफ़ी लें। —ओह, धन्यवाद।／কফি নিন। —ওহ, ধন্যবাদ।／කෝපිආ මෙන්න, —ආ ස්තූතියි)

㉟ □ ごめんください。(क्षमा कीजिए।／মাফ করবেন／සමාවෙන්න, ගෙදර කවුද?)

★人の家を訪ねて、誰かを呼ぶときに使う。
(किसी के घर जाने और किसी को बुलाने पर उपयोग किया जाता है।／কারো বাড়িতে গিয়ে কাউকে ডাকার সময় ব্যবহার করা হয়।／කෙනෙක්ගේ ගෙදරට ගිහිල්ලා,කාටහරි කතා කරනකොට පාවිච්චි කරනවා.)

㊱ □ ちょっと… (ज़रा……／একটু……／ටිකක්)

▶あした、カラオケに行きませんか。　—あしたはちょっと…。

(कल कराओके के लिए नहीं चलेंगे क्या? —कल थोड़ा.....／আগামীকাল কারাওকে যাবেন কি? —কাল একটু...／හෙට,කැ රෝකි වලට යමුද? —හෙට ටිකක් යන්න අමාරුයි.)

★誘いを断るときや「だめ、よくない」と言うときなどに使う。
(किसी आमंत्रण को अस्वीकार करते समय या “नहीं, यह ठीक नहीं है” कहने पर उपयोग किया जाता है।／আমন্ত্রণ প্রত্যাখ্যান করার সময় বা “না, ভাল নয়” বলার সময় ব্যবহার করা হয়।／ආරාධනාවක් ප්‍රතික්ෂේප කරනවිට, (බැහැ,හොඳ නැහැ)යනුවෙන් කියනකොට භාවිතා කරයි.)

42 どんな人？
43 とても・もっと
44 こそあ
46 場所
47 パソコン・ネット
48 仕事
49 教室の言葉

㊲ □ ください(～を)。 (कृपया (~) दीजिए／দয়া করে আমাকে ～ দিন।／කරුණාකර දෙන්න)

▶すみません。これをください。

(क्षमा चाहता हूँ। यह दीजिए।／মাফ করবেন। এটি আমাকে দিন।／සමාවෙන්න,එක දෙන්න.)

> ★何かを買うときや注文するときに使う。
> (कुछ ख़रीदते समय या ऑर्डर करते समय इस्तेमाल होता है।／কোনো কিছু ক্রয় করা বা অর্ডার করার সময় ব্যবহার করা হয়।／යමක් මිලදී ගන්නකොට හෝ ඇනවුම් කරනකොට භාවිතා කරයි.)

㊳ □ 教えてください。 (कृपया बताइए／～সম্পর্কে আমাকে বলুন／කරුණාකර කියලා දෙන්න)

おし

▶いい店があったら、教えてください。

みせ

(यदि आप अच्छी दुकान जानते हों तो कृपया मुझे बताएँ।／ভাল দোকান থাকেল আমাকে বলুন।／යමක් මිලදී ගන්නකොට හෝ ඇනවුම් කරනකොට භාවිතා කරයි.)

㊴ □ おじゃまします。 (व्यवधान डालने/दखल देने के लिए मुझे क्षमा करें।／বিরক্ত করার জন্য ক্ষমা করবেন।／ඇතුළට එනවා)

▶すみません、ちょっとおじゃまします。
—どうぞ。

(माफ़ी चाहता हूँ, लेकिन मैं अंदर आ सकता हूँ? —अवश्य／ক্ষমা করবেন, একটু বিরক্ত করব। —এগিয়ে যান।／සමාවෙන්න,ටිකක් ඇතුළට එනවා. ආ, එන්න)

> ★誰かの家や、誰かがいる場所に、"外"の人が入るときに使う。
> (इसका उपयोग तब किया जाता है जब कोई "बाहरी" व्यक्ति किसी के घर में या ऐसे स्थान पर प्रवेश करता है जहाँ कोई मौजूद होता है।／"বাইরের" কোনো ব্যক্তি কারো বাড়িতে বা অবস্থান করা স্থানে প্রবেশ করার সময় ব্যবহার করা হয়।／කවුරුන්ගේ හෝ නිවසකට, කවුරුන් හෝ සිටින තැනකට "පිට" පුද්ගලයෙක් ඇතුල් වෙනකොට භාවිතා කරයි.)

㊵ □ いくらですか。 (यह कितने का है?／এটা কত?／කීයද?)

㊶ □ おかげさまで。 (आप की कृपा से／আপনাকে ধন্যবাদ／දෙවියන්ගේ පිහිටෙන්)

▶お元気ですか。 —ええ、おかげさまで。

げんき

(आप कैसे हैं? —आपकी दुआ है।／ভালো আছেন? —হ্যাঁ, ভালো আছি, আপনাকে ধন্যবাদ।／හොඳින් ඉන්නවද? —ඔව් දෙවියන්ගේ පිහිටෙන්)

㊷ □ お大事(だいじ)に。 (अपना ध्यान रखें／সুস্থ হয়ে উঠুন／ඉක්මන් සුවය පතනවා)

▶どうぞお大事に。

(कृपया अपना ख़्याल रखें।／তাড়াতাড়ি সুস্থ হয়ে উঠুন／ඉක්මන් සුවය පතනවා.)

㊸ □ かしこまりました。 (मैं समझ गया।／বুঝতে পেরেছি／එහෙමයි)

▶飲(の)み物(もの)はあとでお願(ねが)いします。
—かしこまりました。

(पीने की चीजें बाद में में लाइएगा। —जी, समझ गया।／পানীয় পরে দেয়ার জন্য অনুরোধ করছি। —বুঝতে পেরেছি।／බීම පස්සේ ඉල්ලන්නම්....එහෙමයි .)

㊹ □ もしもし (हेलो (फ़ोन पर)／হ্যালো／හෙලෝ)

▶もしもし、佐藤(さとう)ですが、山田(やまだ)さん、いますか。

(हेलो, मैं सातो बोल रहा हूँ। क्या यामादा जी हैं?／হ্যালো, আমি সাতো, ইয়ামাদা-সান আছেন কি?／හෙලෝ,මම සතෝ, තනක ඉන්නවද?)

㊺ □ ようこそ (स्वागत／স্বাগতম／සාදරයෙන් පිලිගන්නවා)

▶ようこそ、いらっしゃいました。

(आइए , आपका स्वागत है।／আসার জন্য আপনাকে ধন্যবাদ।／සාදරයෙන් පිලිගන්නවා. පරිස්සමෙන් ආවනේ)

㊻ □ 久(ひさ)しぶり (बहुत दिनों बाद मिलने पर／অনেক দিন পর／කාලෙකට පස්සේ)

▶久しぶりですね。元気(げんき)でしたか。

(बहुत दिनों के बाद मुलाक़ात हुई। आप कैसे थे?／অনেক দিন ধরে দেখা নেই। ভালো ছিলেন কি?／කාලෙකට පස්සේ, සනීපෙන් ඉන්නවද?)

㊼ □ おめでとうございます。 (बधाई हो／অভিনন্দন／සුභ පැතුම්)

▶合格(ごうかく)おめでとうございます。

(आपकी सफलता पर बधाई हो।／পরীক্ষায় উত্তীর্ণ হওয়ার জন্য অভিনন্দন জানাই।／සමත් වීම ගැන සුභ පතනවා)

㊽ □ あけましておめでとうございます。 (नए साल की शुभकामनाएँ।／নববর্ষের শুভেচ্ছা／සුභ අලුත් අවුරුද්දක් වේවා)

42 どんな人？
43 とても・もっと
44 こそあ
46 場所
47 パソコン・ネット
48 仕事
49 教室の言葉
50 あいさつ・よく使う表現

⓸⓽ □ ああ (ओ／আহ／ආ ආ)

(50) □ ええと… (हम्मम, सोच के देखें तो ....／ঠিক আছে..., আমি দেখছি／මමම)

(51) □ あの… (सुनिए／মাফ করবেন／මේ ...)

▶あのう、お願(ねが)いしたいことがあるんですが……。

(ज़रा मैं कुछ अनुरोध करना चाहता था....／মাফ করবেন, আপনাকে কিছু অনুরোধ করতে চাই...／මේ ..,ඉල්ලීමක් කරන්න තියෙනවා ...)

(52) □ さあ (पता नहीं।／আমি নিশ্চিত নই,...／මමම)

▶これは何(なん)に使(つか)うんですか。
—さあ、よくわかりません。

(इसका उपयोग किस चीज़ के लिए किया जाता है? —मुझे ठीक से नहीं मालूम।／এটা কিসের জন্য ব্যবহার করা হয়? —আমি নিশ্চিত নই, ভালোভাবে জানি না।／මේක පාවිච්චි කරන්නේ මොනවටද?මමම හරියටම දන්නේ නැහැ.)

(53) □ へえ (वाक़ई!?／ওহ সত্যিই?／එහෙමද)

▶これもネットで買(か)えるよ。
—へえ、そうなんですか。便利(べんり)ですね。

(आप इसको भी ऑनलाइन ख़रीद सकते हैं। —ओह, ऐसा है क्या! यह तो सुविधाजनक है।／এটিও অনলাইনে ক্রয় করা যায়। —আচ্ছা, তাই নাকি? এটা বেশ সুবিধাজনক।／මේකත් අන්තර්ජාලයෙන් ගන්න පුළුවන් —ඒ එහෙමද? පහසුයි නේ.)

(54) □ 残念(ざんねん)ですね。 (बड़े दुःख की बात है／সেটি দুঃখজনক／කණගාටුයි / දුකයි)

▶妹(いもうと)さんはパーティーに来られないんですか。残念ですね。

(क्या आपकी छोटी बहन पार्टी में नहीं आ पाएँगी? ओह, दुःख हुआ सुनकर।／আপনার ছোট বোন পার্টিতে আসতে পারবে না? সেটি দুঃখজনক।／නංගිට සාදයට එන්න බැරිද? කණගාටුයි නේ.)

PART 2

コツコツ覚えよう、基本の言葉

आइए, मूल शब्दों को थोड़ा-थोड़ा याद करें।

নিয়মিতভাবে মৌলিক শব্দগুলো মুখস্থ করুন

හොඳින් මතක තබා ගමු , මූලික වචන

☐ **あ／あっ**
(आह/ ओह／ও/ওহ্／අා)

▶ あっ、思(おも)い出(だ)した！
(आह/ ओह／ওহ্, মনে পড়েছে!／අා, මතක් වුණා.)

☐ **ああ**
(अरे वाह／আ/আহ্／අා...)

▶ ああ、おいしかった。
(वाह, यह स्वादिष्ट था।／আ, এটি সুস্বাদু ছিল।／අා..., රසයි.)

☐ **遊(あそ)ぶ**
(खेलना／খেলা/মজা করা／සෙල්ලම් කරනවා)

▶ 土曜(どよう)は、友達(ともだち)の家(いえ)に遊びに行(い)きます。
(शनिवार को मैं खेलने के लिए अपने दोस्त के घर जाता हूँ।／শনিবার, বন্ধুর বাড়িতে বেড়াতে যাব।／සෙනසුරාදා, යහළුවාගේ ගෙදරට සෙල්ලම් කරන්න යනවා.)

☐ **集(あつ)まる**
(इकट्ठा होना／জড়ো হওয়া／එකතු වෙනවා)

▶ じゃ、10分後(ぷんご)にロビーに集まってください。
(तो फिर, कृपया १० मिनट बाद लॉबी में इकट्ठा हों।／তাহলে, অনুগ্রহ করে 10 মিনিট পরে লবিতে জড়ো হোন।／එහෙනම්, විනාඩි 10කට පස්සේ කරුණාකර ලොබි එකේදී එකතු වෙන්න.)

☐ **集(あつ)める**
(इकट्ठा करना／জড়ো করা／එකතු කරනවා)

▶ 荷物(にもつ)を運(はこ)ぶから、5人(にん)くらい集めてくれる？
(क्या आप लगभग ५ लोगों को इकट्ठा कर सकते हैं क्योंकि सामान ले जाना है?／লাগেজ বহন করব বিধায়, অনুগ্রহ করে প্রায় 5 জন একসঙ্গে হতে পারবেন কি?／බඩු ගෙනියන නිසා, පස් දෙනෙක් විතර එකතු කරලා දෙන්න පුළුවන්ද?)

☐ **ある**
(है/हैं／আছে/রয়েছে／තියෙනවා)

▶ トイレは2階(かい)にあります。
(शौचालय दूसरी मंज़िल पर है।／টয়লেট দ্বিতীয় তলায় রয়েছে।／වැසිකිළිය දෙවන මහලේ තියෙනවා.)

▶ 玄関(げんかん)に大(おお)きな荷物(にもつ)があります。
(प्रवेश द्वार पर एक बहुत बड़ा सामान है／প্রবেশপথে একটি বড় প্যাকেজ রয়েছে।／ඇතුල් වෙන තැන ලොකු බඩුවක් තියෙනවා.)

☐ **ある**
(है/हैं／আছে／තියෙනවා)

▶ うちにも、そのゲームがあります。
(हमारे पास भी वह खेल है।／বাড়িতেও সেই গেমটি আছে।／මගේ ගෙදරත් ඒ ගේම් එක තියෙනවා.)

▶ あしたは仕事(しごと)があるんです。
(कल काम है।／কাল আমার কাজ আছে।／හෙට වැඩ තියෙනවා.)

☐ **あれ？**
(अरे?／এ—／ඇ!)

▶ あれ？　ここにあった荷物(にもつ)は？
(अरे?यहाँ जो सामान था कहाँ गया?／এ—? এখানকার লাগেজটি কোথায়?／ඇ! මෙතන තිබුණ බඩු කොහෙද?)

☐ **安心(あんしん)**
(चिंतामुक्त／নিশ্চিন্ত／සහනයක්)

▶ 彼(かれ)に頼(たの)めば、安心です。慣(な)れてますから。
(अगर आप उनसे अनुरोध करेंगे तो चिंतमुक्त हो जाएँगे। उनको पता है। ／তাকে অনুরোধ করলে নিশ্চিন্ত হতে পারেন। কারণ সে এটাতে অভ্যস্ত।／ඔහුගෙන් ඇහුවොත් බයනැහැ.පුරුදු නිසා)

☐ **案内(あんない)(する)**
(जगह (दिखाना)／নির্দেশনা/প্রদর্শন (করা)／මග පෙන්නනවා)

▶ きょう、学校(がっこう)から入学(にゅうがく)の案内をもらいました。
(आज मुझे स्कूल से दाख़िले के लिए एक गाइड बुक मिली।／আজ স্কুল থেকে ভর্তি সম্পর্কিত নির্দেশনা পেলাম।／අද පාසලෙන් ඇතුලත් වීමේ තොරතුරු ලබාගත්තා.)

▶ 原(はら)さんが京都(きょうと)を案内してくれました。
(हारा जी ने हमें क्योतो दिखाया।／হারা-সান কিয়োতোর আশেপাশে ঘুরে দেখিয়েছেন।／හර මහතා මට කියෝතෝව පෙන්නුවා.)

□ **～以下**（いか）
(～से कम／~নীচে/কম／පහළ)

▶ 59点（てん）以下は不合格（ふごうかく）です。
(५९ से कम अंक फ़ेल है।／59 বা তার চেয়ে কম স্কোর অনুত্তীর্ণ বলে বিবেচিত হবে।／ලකුණු 59ට පහළ අසමත්)

▶ 以下が正（ただ）しい答（こた）えです。
(नीचे सही जवाब है।／নীচেরটি হোল সঠিক উত্তর।／පහත පිළිතුර නිවැරදි පිළිතුර වේ)

□ **生（い）きる**
(जीना／বেঁচে থাকা／ජීවත්වෙනවා)

□ **いくら～ても**
(चाहे कितना भी／যতই হোক না কেন／කොපමණ ~කලත්)

▶ 彼女（かのじょ）は、いくら誘（さそ）っても来（き）ませんよ。
(वह नहीं आएँगी, चाहे कितना भी आमंत्रित करें।／যতই আমন্ত্রণ জানানো হোক না কেন মেয়েটি আসবে না।／ඇයට කොපමණ ආරාධනා කලත් එන්නේ නෑ.)

□ **いじめ**
(परेशान／উৎপীড়ন／හිරිහැර)

□ **いじめる**
(परेशान करना／উত্যক্ত করা／හිරිහැර කරනවා)

▶ 弱（よわ）いものをいじめる人（ひと）は嫌（きら）いです。
(मैं उन लोगों से नफ़रत करता हूँ जो कमज़ोर लोगों को परेशान करते हैं।／দুর্বলকে উত্যক্ত করা ব্যক্তিকে পছন্দ করি না।／දුර්වලයන්ට හිරිහැර කරන අයට අකමැතියි.)

□ **～以上**（いじょう）
(～से ज़्यादा／~এর চেয়ে বেশি／වැඩිය)

▶ 毎日（まいにち）8時間（じかん）以上働（はたら）いています。
(मैं हर दिन ८ घंटे से अधिक समय तक काम करता हूँ।／প্রতিদিন ৪ ঘন্টার চেয়ে বেশি কাজ করি।／හැමදාම පැය 8 කට වැඩිය වැඩකරනවා.)

□ **～以外**（いがい）
(～के अलावा／~ছাড়া অন্য／වඩා)

▶ これ以外は見（み）たことがありません。
(मैंने इसके अलावा कुछ और नहीं देखा।／এটা ছাড়া কিছু দেখিনি।／මීට වඩා දෙයක් දැකලා නැහැ.)

□ **いたす**
(मैं करूँगा／(কোন কিছু) করা／කරනවා)

▶ よろしくお願（ねが）いいたします。
(आपके समर्थन के लिए धन्यवाद।／আপনাকে ধন্যবাদ জানাই।／ඔබට ස්තුති කරනවා.)

★丁寧（ていねい）に言（い）うときの言葉（ことば）。
(आदर दिखाने के लिए इस्तेमाल करते हैं।／মার্জিতভাবে কথা বলার সময় ব্যবহৃত শব্দ।／ආචාරශීලීව පවසන ආකාරය)

□ **一番**（いちばん）
(नंबर एक／এক নম্বর／පළවෙනි)

□ **いっぱい**
(बहुत／প্রচুর／ගොඩක්)

▶ 花（はな）がいっぱい咲（さ）いていますね。
(बहुत सारे फूल खिल रहे हैं।／প্রচুর ফুল ফুটেছে, তাইনা!／මල් ගොඩක් පිපිලා තියෙනවනේ!)

□ **糸**（いと）
(धागा／সুতা／නූල්)

□ **～以内**（いない）
(के भीतर／~এর মধ্যে／ඇතුළත)

▶ 30分以内（ぷんいない）に来（き）てください。
(कृपया ३० मिनट के भीतर आएँ।／অনুগ্রহ করে ৩০ মিনিটের মধ্যে আসুন।／මිනිත්තු 30 ක් ඇතුළත එන්න.)

□ **いなか**
(गाँव／গ্রামাঞ্চল／ගම)

□ 祈る（いの）
(प्रार्थना करना／প্রার্থনা করা／යාඥා කරනවා.)

□ 今（いま）
(अब／এখন／දැන්)

□ 嫌（いや）(な)
(नापसंद／অপছন্দের／අකමැතියි)

▶ 一人（ひとり）で行（い）くのはいやです。
(मुझे अकेले जाना पसंद नहीं है।／একা যেতে অপছন্দ করি।／තනියම යන්න අකමැතියි.)

□ いらっしゃる
(आना／থাকা/আসা／ඉන්නවා,එනවා)

★「いる」「来（く）る」の敬語（けいご）
(होना' और 'आना' का आदरवाचक／「いる」এবং「来る」এর সম্মানসূচক ভাষা／ඉන්නවා ,එනවා වචන වල ගෞරවාන්විත භාෂාව)

□ いる
(होना／থাকা／ඉන්නවා)

▶ いま、どこにいるんですか。　—家（いえ）にいますよ。
(अभी आप कहाँ हैं? —मैं घर पर हूँ।／এখন আপনি কোথায় আছেন? —বাসায় আছি।／දැන් කොහෙද ඉන්නේ ? —ගෙදර ඉන්නවා.)

□ 要（い）る
(चाहिए／প্রয়োজন থাকা／අවශ්‍යයි)

▶ コピーはいりますか。　—いえ、いりません。
(क्या आपको कॉपी चाहिए? —नहीं, मुझे नहीं चाहिए।／কপির প্রয়োজন আছে কি? —না, প্রয়োজন নেই।／පිටපත් අවශ්‍යද? —නැහැ ,අවශ්‍ය නැහැ.)

□ ううん
(नहीं／না／නැහැ / ම්ම්හ්)

▶ コーヒー、飲（の）む？　—ううん、いらない。
(कॉफ़ी पियोगे? नहीं, मुझे नहीं चाहिए।／কফি খেতে চাও? —না, প্রয়োজন নেই।／කෝපි බොනවද? —නැහැ, / ම්ම්හ් එපා.)

□ 植（う）える
(उगाना／উদ্ভিদ／හිටවනවා)

□ 伺（うかが）う
(जाना (विनम्रतासूचक)／জিজ্ঞাসা করা／යනවා)

▶ では、これからそちらに伺います。
(तो फिर,अभी उस तरफ़ आता हूँ। ／তাহলে, এখন থেকে ঐখানে যাব।／එහෙනම් , දැන් ඒ පැත්තට යනවා.)

▶ すみません、ちょっと伺っていいですか。
(क्षमा करें, क्या मैं कुछ पूछ सकता हूँ?／মাফ করবেন, একটু জিজ্ঞাসা করতে পারি কি?／සමාවෙන්න, මම ඔයාගෙන් දෙයක් අහන්නද?)

□ 受（う）ける
(परीक्षा देना／গ্রহণ করা/দেওয়া／අයදුම් කරනවා)

▶ 来年（らいねん）、A大学（だいがく）を受けます。
(मैं अगले साल A विश्वविद्यालय की प्रवेश परीक्षा दूँगा।／আগামী বছর A বিশ্ববিদ্যালয়ে ভর্তি পরীক্ষা দিব।／ලබන අවුරුද්දේ ,A විශ්ව විද්‍යාලයට අයදුම් කරනවා.)

□ 動（うご）く
(हिलना／সরানো／චලනය කරනවා)

□ 美（うつく）しい
(सुंदर／সুন্দর／ලස්සනයි)

□ 写（うつ）す
(कॉपी करना／কপি করা／පිටපත් කරනවා)

▶ 先生（せんせい）が書（か）いた答（こた）え、全部（ぜんぶ）写した？
(क्या आप सभी ने अध्यापक द्वारा लिखे गए उत्तर कॉपी कर लिए?／শিক্ষকের লেখা সব উত্তর কপি করেছ কি?／ගුරුවරයා ලියපු පිළිතුරු සියල්ල පිටපත් කෙරුවද?)

□ **移る**（うつ）
(स्थानांतरित होना／সরানো／චලනය වෙනවා)

□ **売り場**（うば）
(काउंटर／বিক্রয়ের জায়গা／විකුණුම් හල)
▶ おもちゃ売り場、下着（したぎ）売り場
(खिलौना काउंटर, अंडरवियर काउंटर／খেলনা বিক্রয়ের জায়গা, অন্তর্বাস বিক্রয়ের জায়গা／සෙල්ලම්බඩු විකුණුම්හල, යට ඇඳුම් විකුණුම්හල)

□ **売る**（う）
(बेचना／বিক্রয় করা／විකුණනවා)

□ **売れる**（う）
(बिकना／বিক্রয় হওয়া／විකිණෙනවා)
▶ どれが一番（いちばん）売れていますか。
(सबसे ज़्यादा क्या बिकता है?／কোনটি সবচেয়ে বেশি বিক্রয় হচ্ছে।／හොඳටම විකිණෙන්නේ කෝකද?)

□ **うん**
(हाँ／হ্যাঁ／ඔව්)

□ **ええ**
(जी／হ্যাঁ／ඔව්)

□ **えーっと**
((अम्म)／আরে／ම්ම්ම්)
▶ 待（ま）ち合（あ）わせは何時（なんじ）でしたか。　―ちょっと待（ま）ってください。えーっと……3時（じ）です。
(मीटिंग किस समय थी? —ज़रा ठहरिए। ख़ैर ... यह ३ बजे है।／দেখা করার সময় কয়টায় ছিল? —একটু অপেক্ষা করুন. আরে... ৩টা বাজে।／හමුවෙන වෙලාව කීයද? ටිකක් ඉන්න. ම්ම්ම් 3 ට.)

□ **お祝い**（いわ）
(उत्सव／উদযাপন／සැමරීම)

□ **おかげ**
(कृपा／आपनाকে ধন্যবাদ／පිහිට)

□ **置く**（お）
(रखना／রাখা／තියනවා)
▶ それはテーブルの上（うえ）に置きました。
(उसे मेज़ के ऊपर रख दिया।／সেটি টেবিলের উপর রেখেছি।／ඒක මේසය උඩ තිබ්බා.)

□ **屋上**（おくじょう）
(छत／ছাদ／වහලය)

□ **起こす**（お）
(जगाना／জাগিয়ে দেওয়া／ඇහැරවනවා)
▶ お母（かあ）さん、あした、7時（じ）に起こして。
(माँ, कल ७ बजे उठा देना।／মা, দয়া করে আগামীকাল ৭ টায় ঘুম থেকে ডেকে দিও।／අම්මා, හෙට, 7 ට ඇහැරවන්න.)

□ **行う**（おこな）
(आयोजितकरना／হওয়া／පවත්වනවා)
▶ 大学（だいがく）でも、5月（がつ）に留学（りゅうがく）の説明会（せつめいかい）を行うそうです。
(ऐसा कहा गया है कि विश्वविद्यालय भी मई में विदेश में पढ़ाई के लिए एक सूचना सत्र आयोजित करेगा।／বিশ্ববিদ্যালয়েও, মে মাসে বিদেশে পড়াশোনার বিষয়ে তথ্য অধিবেশন হবে বলে মনে হয়।／විශ්වවිද්‍යාල වල වුණත්, මැයි මාසයේ විදේශ අධ්‍යාපනය ගැන තොරතුරු සැසියක් පවත්වනු ඇත.)

□ **押す**（お）
(दबाना／ধাক্কা দেওয়া／ඔබනවා)

□ 落(お)ちる

▶ すみません、ハンカチが落ちましたよ！

(गिरना／পড়ে যাওয়া／වැටෙනවා)

(क्षमा करें, आपका रूमाल गिर गया है!／দুঃখিত, রুমাল পড়ে গিয়েছে!／සමාවෙන්න,ලේන්සුව වැටුනා.)

□ おっしゃる

▶ 先生(せんせい)、いま、何(なん)とおっしゃいましたか。

(कहना(आदरवाचक)／বলা／කියනවා)

(अध्यापक, अभी आपने क्या कहा?／শিক্ষক, এখন, কি বললেন?／ගුරුතුමා, දැන්, කිව්වේ මොකක්ද?)

□ 音(おと)

(आवाज़／শব্দ／ශබ්දය)

□ 驚(おどろ)く

(हैरान होना／অবাক হওয়া／පුදුමවෙනවා)

□ 泳(およ)ぐ

(तैरना／সাঁতার কাটা／පීනනවා)

□ おる

▶ いま、どこにいますか。　—会社(かいしゃ)におります。

(हूँ (विनम्रतासूचक)／থাকা/অবস্থান করা／ඉන්නවා)

(अभी आप कहाँ हैं? —मैं कंपनी में हूँ।／এখন কোথায় আছেন? —অফিসে আছি।／දැන්,කොහෙද ඉන්නේ? —ආයතනයේ ඉන්නවා.)

□ 折(お)る

▶ 折らないと、封筒(ふうとう)に入(はい)らないですね。

(मोड़ना／ভাঁজ করা／නවනවා)

(यदि मोड़ेंगे नहीं, तो लिफ़ाफ़े में जा नहीं पाएगा।／ভাঁজ না করলে এটা খামে ঢুকবে না।／නැවුවේ නැත්නම්, ලියුම්කවරයට දාන්න බැහැ.)

□ お礼(れい)

(धन्यवाद देना／কৃতজ্ঞতা／ස්තූතිය)

□ 折(お)れる

▶ あっ、おはしが折(お)れちゃった。困(こま)ったなあ。

(टूटना／ভেঙে যাওয়া／කැඩෙනවා)

(ओह, चॉप्स्टिक टूट गई। मुसीबत हो गई।／ওহ, চপস্টিক ভেঙে গেছে। বিপদে পড়েছি।／අා,චොප්ස්ටික්ස් දෙක කැඩුනා.අමාරුයිනේ!)

□ 終(お)わり

(अंत／শেষ／ඉවරයි)

□ ～終(お)わる

▶ その本(ほん)はもう読(よ)み終(お)わりました。

(~ख़त्म करना／শেষ করা／ඉවර වෙනවා)

(वह पुस्तक मैंने पढ़ ली।／ইতিমধ্যে সেই বইটি পড়া শেষ করেছি।／ඒ පොත කියවලත් ඉවර වුණා.)

□ ～会(かい)

▶ 食事会(しょくじかい)、発表会(はっぴょうかい)

(~पार्टी／~সভা／සංගමය , හමුව,සාදය)

(डिनर पार्टी, प्रस्तुतीकरण आयोजन／ডিনার পার্টি, উপস্থাপনা／භෝජන සාදය , ඉදිරිපත්කිරීම)

□ 外国人(がいこくじん)

(विदेशी／বিদেশী／විදේශිකයා)

□ 買(か)う

(ख़रीदना／ক্রয় করা／මිලදීගන්නවා)

□ 帰(かえ)り

(वापसी／প্রত্যাবর্তন／ආපසු යෑම)

□ 変(か)える

▶ ワンさん、髪型(かみがた)を変えましたね。

(बदलना／পরিবর্তন করা／වෙනස්කරනවා)

(वान जी, आपने अपना हेयरस्टाइल बदल दिया।／ওয়াং-সান, চুলের স্টাইল পরিবর্তন করেছেন, তাইনা!／වන්මහතා, කොණ්ඩ මෝස්තරය වෙනස් කරලානේ.)

□ 科学（かがく）　(विज्ञान／বিজ্ঞান／විද්‍යාව)

□ かかる
▶ ここから横浜（よこはま）まで１時間（じかん）かかります。
(लगना／লাগা／ගත වෙනවා)
(यहाँ से योकोहामा तक एक घंटा लगता है।／এখান থেকে ইয়োকোহামা পর্যন্ত 1 ঘন্টা লাগে।／මෙතන ඉඳලා යොකොහම වලට පැයක් ගතවෙනවා.)

□ 書（か）く　(लिखना／লেখা／අහනවා)

□ 学部（がくぶ）　(संकाय／অনুষদ／පීඨය)

□ 掛（か）ける
▶ 壁（かべ）にかけてある絵（え）は何（なん）の絵（え）ですか。
(लगाना／টাঙ্গানো／එල්ලනවා)
(दीवार पर लगी तस्वीर क्या तस्वीर है?／দেয়ালে টাঙ্গানো ছবিটি কিসের ছবি?／බිත්තියේ එල්ලලා තියෙන චිත්‍රය මොන චිත්‍රයක්ද?)

□ かける
▶ ちょっと電話（でんわ）をかけてきます。
(करना／ফোন কল করা／අමතනවා)
(मैं ज़रा फ़ोन करके आता हूँ।／একটু ফোন কল করে আসব।／ටිකක් දුරකථනයෙන් අමතනවා.)

□ 心配（しんぱい）をかける
▶ 心配をかけて、すみませんでした。
(चिंता देना／দুঃশ্চিন্তা করা／කණගාටුවට පත්කරනවා)
(आपको चिंता देने के लिए खेद है।／দুঃশ্চিন্তা করার জন্য দুঃখিত।／කණගාටුවට පත්කිරීම ගැන, සමාවෙන්න.)

□ 飾（かざ）る　(सजाना／সাজানো／සරසනවා)

□ 火事（かじ）　(आग／অগ্নিকাণ্ড／ගින්න)

□ ～方（かた）
▶ あの方はどなたですか。
(वे／ব্যক্তি／පුද්ගලයා)
(वे कौन हैं?／ঐ ব্যক্তিটি কে?／අර පුද්ගලයා කවරෙක්ද?)

□ ～方（かた）
▶ コピー機（き）の使（つか）い方を教（おし）えてください。
(~तरीक़ा／~পদ্ধতি／විදිහ)
(कृपया मुझे बताएँ कि कॉपी मशीन के उपयोग का तरीक़ा क्या है।／অনুগ্রহ করে কপি মেশিন ব্যবহার করার পদ্ধতি সম্পর্কে বলুন।／පිටපත් යන්ත්‍රය පාවිච්චි කරන විදිහ කියල දෙන්න.)

□ 勝（か）つ　(जीतना／জয়লাভ করা/জেতা／ජයග්‍රහණය කරනවා)

□ 家庭（かてい）　(घर／পরিবার／පවුල)

□ かまう
▶ 赤（あか）と白（しろ）、どっちがいいですか。
—どっちでもかまいません。
(परवाह करना／সমস্যা হওয়া／කමක්නැහැ)
(कौन सा बेहतर है, लाल या सफ़ेद? —कुछ भी चलेगा परवाह नहीं।／লাল এবং সাদা, কোনটি পছন্দ করেন? —কোনটাতেই সমস্যা নেই।／රතු සහ සුදු ,හොඳ කෝකද?)

□ かむ

(चबाना／চিবানো／හපනවා)

□ ～がる

▶ 彼女が会いたがってましたよ。
かのじょ あ

(चाहना／~করতে চাওয়া／අවශ්‍යයි)

(वह मिलना चाहती थी।／মেয়েটি দেখা করতে চেয়েছিল।／ඇයට හමුවීමට අවශ්‍යතාවය තිබුණා.)

□ 乾く
かわ

(सूखना／শুকানো／වේලනවා)

□ 変わる
か

(बदलना／পরিবর্তন হওয়া／වෙනස් වෙනවා)

□ 頑張る
がんば

▶ あしたの試験、頑張ってくださいね。
しけん

(कोशिश करना／যথাসাধ্য চেষ্টা করা／මහන්සිවෙනවා)

(कृपया कल की परीक्षा के लिए अपनी सर्वश्रेष्ठ कोशिश करें।／আগামীকালের পরীক্ষার জন্য যথাসাধ্য চেষ্টা করবেন।／හෙට තියෙන විභාගය , මහන්සියෙන් කරන්න)

□ 厳しい
きび

(कठोर／কঠোর／දැඩි)

□ 決まる
き

▶ 待ち合わせの場所が決まりました。
ま あ ばしょ

(तय होना／निर्धारण করা／තීරණය වෙනවා)

(मिलने का स्थान तय कर लिया गया है।／দেখা করার জায়গা নির্ধারণ করা হয়েছে কি?／හම්බවෙන තැන තීරණය වුණා.)

□ 君
きみ

(तुम／তুমি／ඔයා)

□ 決める
き

▶ 子どもの名前を決めました。さくらです。
こ なまえ

(तय करना／সিদ্ধান্ত করা/ঠিক করা／තීරණය කරනවා)

(मैंने बच्चे का नाम तय कर लिया। सकुरा है।／সন্তানের নাম ঠিক করেছি। সাকুরা।／ළමයාගේ නම තීරණය කෙරුවා. සකුර)

□ 客
きゃく

(ग्राहक／গ্রাহক／අමුත්තා)

▶ お客様は何名様ですか。
さま なんめい

((ग्राहकों से पूछकर) आप कितने लोग हैं?／গ্রাহক কতজন আছেন?／අමුත්තන් කී දෙනෙක් ඉන්නවද?)

▶ 午後からお客さんが来ます。
ごご き

(दोपहर से ग्राहक आएँगे।／বিকেল বেলা থেকে গ্রাহকরা আসবেন।／පස්වරුවේ සිට අමුත්තන් එනවා.)

□ 給料
きゅうりょう

(वेतन／বেতন／වැටුප)

□ 教会
きょうかい

(गिरजाघर／গির্জা／ක්‍රිස්තියානි පල්ලිය)

□ 競争
きょうそう

(प्रतियोगिता／প্রতিযোগিতা／තරඟය)

□ 興味
きょうみ

▶ 日本のマンガに興味があります。
にほん

(शौक़／আগ্রহ／උනන්දුව)

(मुझे जापानी मांगा का शौक़ है।／জাপানের মাঙ্গায় আগ্রহ আছে।／ජපානයේ මන්ග වලට උනන්දුවක් තියෙනවා.)

□ 近所
きんじょ

(पड़ोस／প্রতিবেশী／අසල්වැසි)

□ 比べる
くら

(तुलना करना／তুলনা করা／හොයනවා)

□ **暮れる**
く
(अँधेरा होना／অন্ধকার হওয়া／මට දෙනවා)

□ **経験**
けいけん
(अनुभव／অভিজ্ঞতা／අත්දැකීම)

□ **結果**
けっか
(परिणाम／ফলাফল／ප්‍රතිඵලය)

□ **けれども／けど**
(लेकिन, पर／তবে/কিন্তু／වුණත් / ට)

▶ 行ったことはないけど、パリは好きな街です。
い　す　まち

(मैं कभी नहीं गया, लेकिन पेरिस मेरा पसंदीदा शहर है।／কখনও যায়নি, তবে প্যারিস（আমার）পছন্দের শহর।／ගිහිල්ලා නැති වුණාට, පැරිස් නගරයට කැමතියි.)

□ **声**
こえ
(आवाज़／কণ্ঠস্বর／කටහඬ)

□ **公務員**
こうむいん
(सरकारी कर्मचारी／সরকারি কর্মচারী／රාජ්‍ය සේවකයා)

□ **ごちそう**
(दावत／ভোজ／කෑම)

□ **事**
こと
(मामला/चीज़／বিষয়/কথা／වැඩ)

▶ どんなことに興味がありますか。
きょうみ

(आप को किस चीज़ में रुचि है?／কোন বিষয়ে আগ্রহ আছে?／මොන වගේ දේවල් වලටද උනන්දු?)

□ **この間**
あいだ
(उस दिन／এর আগে／එදා)

▶ この間行ったお店はよかったですね。
い　みせ

(उस दिन मैं जिस दुकान में गया था, वह अच्छी थी।／এর আগে যে দোকানে গিয়েছিলাম, সেটা ভাল লেগেছিল।／එදා ගිය සාප්පුව හොඳයි.)

□ **このごろ**
(आजकल／আজকাল／මේ දවස් වල)

▶ このごろ、いやなニュースが多いですね。
おお

(आजकल अप्रिय समाचार ज़्यादा हैं।／আজকাল, খারাপ সংবাদের সংখ্যা অনেক বেশি, তাই নয় কি?／මේ දවස් වල, එපා කරපු තිවුස් (පුවත්) වැඩි නේද?)

□ **混む**
こ
(भीड़ होना／ভিড়／සෙනග)

▶ 電車が混んでいますね。
でんしゃ

(ट्रेन में भीड़ है।／ট্রেনে ভিড় আছে, তাই নয় কি?／කෝච්චියේ සෙනග ඉන්නවනේ.)

□ **これから**
(अब से／এখন থেকে／මිටපස්සේ)

▶ お店はどこ？
みせ
—まだ決まってない。これから予約する。
き　よやく

(हमें किस रेस्तराँ में जाना है? —अभी तक तय नहीं हुआ है। मैं अब आरक्षण करूँगा।／দোকানটি কোথায়? —এখনো ঠিক করা হয়নি। এখন থেকে রিজার্ভ করব।／කඩේ කොහෙද? —තාම තීරණය කෙරුවේ නැහැ. දැන් වෙන් කරනවා.)

□ **ころ／ごろ**
(जब~／~সময়/~কালীন／විතර)

▶ 東京に住んでいたころ、よくそこに行きました。
とうきょう　す　い

(जब मैं टोक्यो में रहता था, तो मैं अक्सर वहाँ जाता था।／টোকিওতে বসবাস করার সময় প্রায়ই সেখানে যেতাম।／ටෝකියෝ වල ජීවත් වෙලා ඉන්නකොට, එතනට ගොඩක් ගියා.)

□ **壊す**
こわ
(तोड़ना／ভেঙে ফেলা／කඩනවා)

□ **壊れる**
こわ
(टूटना／ভেঙে যাওয়া／කැඩෙනවා)

☐ 探(さが)す

(ढूँढ़ना／অনুসন্ধান করা/(খোঁজা／සොයනවා)

☐ 下(さ)がる

▶ もうちょっと値段(ねだん)が下がったら、買(か)います。

(कम होना／হ্রাস পাওয়া／අඩුවෙනවා)

(यदि क़ीमत थोड़ी और कम करते हैं, तो इसे ख़रीदूँगा।／আরেকটু দাম হ্রাস পেলে ক্রয় করব।／තව ටිකක් ගාණ අඩු කෙරුවොත් ගන්නවා.)

☐ 盛(さか)ん(な)

▶ わたしの国(くに)でも、サッカーは盛んです。

(लोकप्रिय／জনপ্রিয়／දියුණු)

(मेरे देश में भी फ़ुटबॉल लोकप्रिय है।／আমার দেশেও, ফুটবল জনপ্রিয়।／මගේ රටේ වුණත්, පාපන්දු ක්‍රීඩාව දියුණුයි.)

☐ 下(さ)げる

▶ 電話(でんわ)しているから、テレビの音(おと)をちょっと下げてくれない？

(कम करना／হ্রাস করা/কমানো／අඩුකරනවා)

(क्या आप टीवी की आवाज़ को थोड़ा कम कर सकते हैं क्योंकि मैं फ़ोन कर रहा हूँ?／ফোন করছি বলে টিভির শব্দ একটু কমাবে কি?／කෝල් එකක ඉන්න නිසා,TV එකේ සද්දේ ටිකක් අඩු කරන්න පුලුවන්ද?)

☐ 差(さ)す

▶ 雨(あめ)、強(つよ)くなってきましたね。かさを差しましょうか。

(खोलना／খোলা／ඉහලනවා)

(बारिश और तेज़ हो गई है। क्या हम छाता खोलें?／বৃষ্টি ক্রমশ জোরদার হচ্ছে। ছাতা খুলব কি?／වැස්ස,වැඩි වුනානේ,කුඩේ ඉහලන්නද?)

☐ 騒(さわ)ぐ

▶ 近所(きんじょ)に迷惑(めいわく)だから、騒がないでください。

(शोर मचाना／শোরগোল করা／කෑ ගහනවා)

(शोर मत मचाओ क्योंकि यह पड़ोसियों के लिए कष्टप्रद है।／প্রতিবেশীর জন্য বিরক্তিকর বিধায়, দয়া করে শোরগোল করবেন না।／අසල් වැසියන්ට කරදරයි නිසා,කෑ ගහන්න එපා.)

☐ 触(さわ)る

(छूना／স্পর্শ করা／අල්ලනවා)

☐ 字(じ)／文字(もじ)

(अक्षर/लिपि／অক্ষর／අකුරු)

☐ しかし

(लेकिन／কিন্তু／නමුත්)

☐ 仕方(しかた)

(तरीक़ा／পদ্ধতি／කරන ආකාරය)

☐ 叱(しか)る

(डाँटना／তিরস্কার করা/বকা দেওয়া／බනිනවා)

☐ 地震(じしん)

(भूकंप／ভূমিকম্প／භූමි කම්පාව)

☐ しっかり

▶ ドアは、しっかり閉(し)めてください。

(मज़बूती से/अच्छे से／দৃঢ়ভাবে／හරියට)

(कृपया दरवाज़ा अच्छे से बंद करें।／দরজা দৃঢ়ভাবে বন্ধ করুন।／දොර හරියට වහන්න.)

☐ 自動販売機(じどうはんばいき)

(ऑटोमैटिक वेंडिंग मशीन／ভেন্ডিং মেশিন／විකුණුම් යන්ත්‍රය)

☐ 自分(じぶん)

(ख़ुद／निज／තමන්)

□ じゃま

▶ 急(いそ)いでるんだから、じゃまをしないで。

(बाधा／বাধা দেওয়া／කරදරය)

(मैं जल्दी में हूँ, इसलिए बाधा मत डालो।／তাড়াহুড়ো করছি বিধায়, বিরক্ত করো না।／හදිස්සි නිසා, කරදර කරන්න එපා.)

□ 住所(じゅうしょ)

(पता／ঠিকানা／ලිපිනය)

□ 十分(じゅうぶん)(な)

▶ 1時間(じかん)あれば、十分です。

(पर्याप्त／যথেষ্ট／ඇතිතරම්)

(एक घंटा पर्याप्त है।／এক ঘন্টা থাকলে, যথেষ্ট।／පැයක් තියෙනවා නම්,හොඳටම ඇති.)

□ 承知(しょうち)(する)

▶ ・・・では、あした、2時(じ)に伺(うかが)います。
　―承知しました。

(समझना (विनम्रतासूचक)／বুঝতে পারা／තේරෙනවා)

(... फिर, मैं कल आपको २ बजे मिलूँगा। —समझ गया।／...আচ্ছা তাহলে আগামীকাল দুপুর 2 টায় দেখা করব। —বুঝতে পেরেছি।／....එහෙනම්,හෙට, 2 ට එන්නම්. —තේරුණා.)

□ 丈夫(じょうぶ)(な)

▶ このバッグは、安(やす)いけど、丈夫です。

(मज़बूत／টেকসই／ශක්තිමත්, පහසු)

(यह बैग सस्ता है, लेकिन मज़बूत है।／এই ব্যাগ সস্তা হলেও টেকসই।／මේ බෑගය ලාභ වුණාට, ශක්තිමත්.)

□ ～人(じん)

▶ 日本(にほん)人、アメリカ人

(~ आदमी (राष्ट्रीयता)／~ব্যক্তি／ජාතිකයා)

(जापानी, अमरीकी／জাপানি (ব্যক্তি), আমেরিকান (ব্যক্তি)／ජපන් ජාතිකයා, ඇමරිකන් ජාතිකයා)

□ 人口(じんこう)

(जनसंख्या／জনসংখ্যা／ජනගහණය)

□ 水道(すいどう)

(जलापूर्ति／পানি সরবরাহ／ජලසම්පාදනය)

□ ずいぶん

(बहुत ज़्यादा／খুব সামান্য／සෑහෙන ප්‍රමාණයක්)

□ 数学(すうがく)

(गणित／গণিত/অংক／ගණිතය)

□ 過(す)ぎる

▶ お店(みせ)は、駅(えき)をちょっと過(す)ぎたところにあります。

(~के आगे／অতিক্রম করা／පහුවෙනවා)

(दुकान स्टेशन से थोड़ा आगे है।／স্টেশন কিছুটা অতিক্রম করলে ঠিক পাশে দোকানটি আছে।／සාප්පුව, ස්ටේෂන් එක ටිකක් පහුවුන ගමන්ම තියෙනවා.)

□ ～過(す)ぎる

▶ 熱(あつ)すぎて、飲(の)めません。

(~ज़रूरत से ज़्यादा／~খুব বেশি／වැඩියි)

(ज़रूरत से ज़्यादा गर्म है, मैं पी नहीं सकता।／খুব বেশি গরম হওয়ায় খেতে পারছি না।／උණු වැඩි නිසා,බොන්න බැහැ.)

□ 空(す)く

▶ こっちのお店(みせ)はすいていますよ。

(ख़ाली होना／ভিড় না থাকা／හිස්වෙනවා)

(यह दुकान ख़ाली है।／এই দোকানটিতে ভিড় নেই।／මේ කඩේ හිස්.)

□ 進(すす)む

(आगे बढ़ना／এগিয়ে যাওয়া／ඉදිරියට යනවා)

□ ～ずつ

(~एक-एक करके／~প্রতিটি দ্বারা／එකිනෙකා)

▶ 一人(ひとり)ずつ呼(よ)ばれます。

(एक-एक करके बुलाया जाएगा।／একজন একজন করে ডাকা হবে।／එක එක්කෙනාට කතා කරනවා.)

□ すべる

(फिसलना／পিছলে যাওয়া／ලිස්සනවා)

□ 済(す)み

(समाप्ति／শেষ হওয়া／කරලා ඉවරයි)

□ 住(す)む

(रहना／বসবাস করা／ජීවත්වෙනවා)

□ すると

(फिर／তারপর／එතකොට)

▶ 次(つぎ)に、「はい」を押(お)してください。
—すると、どうなるんですか。

(अगला "हाँ" दबाएँ। —तो फिर क्या होगा?／এর পর "হ্যাঁ" চাপ দিন। —তা করা হলে, কি হবে?／ඊළඟට, (ඔව්) ඔබන්න. —එතකොට,මොකද වෙන්නේ?)

□ 座(すわ)る

(बैठना／বসা／ඉඳගන්නවා)

□ ～製(せい)

(~निर्मित／~দ্বারা তৈরি／නිෂ්පාදන)

▶ 日本(にほん)製

(जापान में निर्मित／জাপানে তৈরী／ජපන් නිෂ්පාදන)

□ 西洋(せいよう)

(पश्चिमी／পশ্চিমা／බටහිර)

□ セット

(सेट／সেট／කට්ටලය)

□ 線(せん)

(रेखा／লাইন／රේඛාව)

□ 戦争(せんそう)

(युद्ध／যুদ্ধ／යුද්ධය)

□ 専門(せんもん)

(विशेषज्ञता／বিষয়／විශේෂ අධ්‍යන විෂය)

▶ 大学(だいがく)では何(なに)が専門でしたか。

(विश्वविद्यालय में आपकी विशेषज्ञता क्या थी?／বিশ্ববিদ্যালয়ে পড়ার বিশেষ বিষয় কি ছিল?／විශ්ව විද්‍යාලයේ විශේෂ අධ්‍යන විෂය මොකක්ද?)

□ 育(そだ)てる

(पालन-पोषण करना／লালনপালন／වවනවා)

▶ 植物(しょくぶつ)が好(す)きで、部屋(へや)でたくさん育(そだ)てています。

(मुझे पौधे पसंद हैं और मैं अपने कमरे में बहुत सारे पौधे उगाता हूँ।／উদ্ভিদ পছন্দ করি বিধায়, রুমে প্রচুর লালনপালন করছি।／පැල වලට කැමති නිසා, කාමරයේ ගොඩක් වවනවා.)

□ それで

(इसलिए／তাই／ඒකනිසා)

▶ 彼(かれ)は先週(せんしゅう)も遅刻(ちこく)したんです。それで、先生(せんせい)が怒(おこ)ったんです。

(पिछले हफ़्ते भी वह देर से आया था। इसीलिए अध्यापक को गुस्सा आ गया।／সে গত সপ্তাহেও দেরি করেছিল। তাই, শিক্ষক রেগে গিয়েছিলেন।／එයා ගිය සතියෙත් පරක්කු වුණා.ඒකනිසා,ගුරුතුමා බැන්නා.)

□ それでは

(तो फिर／ঠিক আছে তাহলে／එහෙනම්)

▶ それでは、授業(じゅぎょう)を始(はじ)めます。

(चलो फिर, पाठ शुरू करते हैं।／তাহলে, পাঠ শুরু করা যাক।／එහෙනම්,පාඩම පටන් ගන්නවා.)

☐ **それに**

(ऊपर से／এছাড়াও／ඊට අමතරව, ඒ මදිවට)

▶ あしたテストだから、セールに行(い)くの、やめようか。それに雨(あめ)だし。

(कल मेरी परीक्षा है, इसलिए मैं सेल की ख़रीदारी पर नहीं जाऊँ तो ही ठीक रहेगा न? ऊपर से बारिश हो रही है। ／আমার আগামীকাল টেস্ট আছে বিধায় বিক্রয়ে（সেল）যাওয়া বন্ধ করব কিনা। এছাড়াও, বৃষ্টি হচ্ছে। ／හෙට විභාගය නිසා, සේල් එකට යන්නේ නැතුව ඉමුද? ඒ මදිවට වැස්සත් එක්ක.)

☐ **それほど**

(उतना भी नहीं／তাই／එච්චර)

▶ 試験(しけん)、難(むずか)しかった？　―ううん、それほど難(むずか)しくなかった。

(क्या परीक्षा कठिन थी? ―नहीं, उतनी भी कठिन नहीं थी।／পরীক্ষা কঠিন ছিল কি? ―হুম, তেমন কঠিন ছিল না।／විභාගය අමාරුද? ―නැහැ, එච්චර අමාරු වුණේ නැහැ.)

☐ **タイトル**　(शीर्षक／শিরোনাম／මාතෘකාව)

☐ **タイプ**

(प्रकार／धरण/रकम／ආකාරය, විදිහ)

▶ どんなタイプの人(ひと)が好(す)きですか。

(आपको किस प्रकार का व्यक्ति पसंद है?／（আপনি）কোন ধরনের ব্যক্তি পছন্দ করেন?／ආස මොන වගේ විදිහේ කෙනෙක්ටද?)

☐ **倒(たお)れる**　(गिरना／পড়ে যাওয়া／පෙරළෙනවා)

☐ **だから**　(इसलिए／তাই／නිසා)

☐ **～だけ**　(केवल／~শুধু／විතරක්)

☐ **確(たし)か**

(निश्चित रूप से／নিশ্চিত／විශ්වාසයි, හරියටම)

▶ …えーっと、たしか、次(つぎ)の角(かど)を曲(ま)がると郵便局(ゆうびんきょく)です。

(… अगर मुझे ठीक से याद है तो निश्चित रूप से अगले कोने पर मुड़ेंगे, तो आपको एक डाकघर मिलेगा।／…ওহ, আমি নিশ্চিত…পরের মোড়ে বাঁক নিলে পোস্ট অফিস রয়েছে।／....ම්ම්ම් , හරියටම ඊළඟ වංගුව හැරෙනකොට තැපැල් කාර්යාලය .)

☐ **足(た)す**

(मिलाना／যোগ করা／එකතුකරනවා)

▶ 濃(こ)いから、もうちょっとお湯(ゆ)を足(た)してくれる？

(यह गाढ़ा है, तो क्या आप थोड़ा और गर्म पानी मिला सकते हैं?／গাঢ় বলে আরও একটু গরম পানি যোগ করবে কি?／ඒකට සනකම වැඩි නිසා, උණුවතුර ටිකක් එකතු කරන්න පුළුවන්ද?)

☐ **たたみ**　(तातामी／তাতামি／තතමි)

☐ **立(た)つ**　(खड़े होना／দাঁড়ানো／හිටගන්නවා)

☐ **たて**　(खड़ी रेखा／উল্লম্ব／සිරස්)

☐ **たまに**

(कभी-कभी／মাঝে মাঝে／ඉඳලා හිටලා)

▶ いつも仲(なか)がいいですね。
―そうですね。でも、たまにけんかもします。

(हम हमेशा अच्छे दोस्त हैं। ―हाँ, लेकिन कभी-कभी हम लड़ते भी हैं।／সবসময় ভালো সম্পর্ক বজায় রেখে চলেন। ―ঠিক তাই। তবে মাঝে মাঝে ঝগড়াও করি।／හැම වෙලේම එකමුතුයිද? ―ඔව්, ඒ වුණාට ඉඳලා හිටලා රණ්ඩු වෙනවා.)

☐ **～ため**

(~ के लिए／~জন্য／සඳහා)

▶ 合格(ごうかく)するために頑張(がんば)っています。

(मैं परीक्षा में पास होने के लिए कड़ी मेहनत कर रहा हूँ।／পাশ করার জন্য যথাসাধ্য চেষ্টা করছি।／පාස් වෙන්න , මහන්සි වෙනවා.)

□ **足りる**
た
(पर्याप्त होना／পর্যাপ্ত／ඇති)

▶ どうしよう、お金が足りない。
かね　た
(मैं क्या करूँ, मेरे पास पैसे कम (पर्याप्त नहीं) हैं।／কি করব, পর্যাপ্ত অর্থ নেই।／මොකද කරන්නේ?සල්ලි මදි.)

□ **誰か**
だれ
(कोई／কেউ একজন／කවුරුහරි)

▶ だれか英語のわかる人はいませんか。
えいご　ひと
(क्या यहाँ कोई अंग्रेज़ी समझने वाला व्यक्ति है?／ইংরেজি জানা এমন কেউ আছেন কি?／කවුරුහරි ඉංග්‍රීසි භාෂාව තේරෙන කෙනෙක් ඉන්නවද?)

▶ だれか、ちょっと手伝ってくれない？
てつだ
(क्या कोई मेरी थोड़ी मदद कर सकता है?／কেউ একজন একটু সাহায্য করবেন কি?／කාටහරි හරි , ටිකක් උදව් කරන්න පුළුවන්ද?)

□ **血**
ち
(ख़ून／রক্ত／ලේ)

□ **違う**
ちが
(अलग／ভিন্ন／වෙනස්)

▶ 同じ名前ですが、字が違います。
おな　なまえ　じ　ちが
(एक ही नाम है, लेकिन कांजी अक्षर अलग हैं।／একই নাম হলেও, অক্ষর ভিন্ন।／නම සමාන වුණාට අකුරු වෙනස්.)

□ **力**
ちから
(शक्ति／শক্তি／ශක්තිය)

□ **使う**
つか
(उपयोग करना／ব্যবহার／පාවිච්චිකරනවා)

□ **つかまえる**
(पकड़ना／ধরা／අල්ලගන්න)

▶ クロがそっちに行ったから、つかまえて！
い
(कुरो उस ओर गया है, उसे पकड़ो!／কুরো ওদিকে গেল, ধরো!／කුරො , ඔය පැත්තට ගියනිසා , අල්ලගන්න.)

□ **作る**
つく
(बनाना／তৈরি করা／හදනවා)

□ **つける**
(लगाना／ডোবানো／ගානවා)

▶ これは、しょうゆにつけて食べるそうです。
た
(यह सोया सॉस लगाकर खाया जाता है।／এটা সয়া সসে ডুবিয়ে খায় বলে শুনেছি।／මේකට, සෝයසොස් ගාලා කනවා වගේ .)

□ **都合**
つごう
(सुविधा／সুবিধা／තත්වය)

▶ すみません、あしたはちょっと都合が悪いんです。
わる
(क्षमा करें, कल मेरे लिए असुविधाजनक है।／মাফ করবেন, আগামিকাল আমার জন্য একটু সুবিধাজনক নয়।／සමාවෙන්න, හෙට ටිකක් තත්වය හොඳ නැහැ.)

□ **続く**
つづ
(जारी रहना／চলবে (ক্রমশঃ)／දිගටම තියෙනවා)

▶ 寒い日が続きますね。
さむ　ひ
(ठंड के दिन जारी हैं।／ঠান্ডার দিন চলতে থাকবে।／සීතල දවස් දිගටම තියෙනවනේ.)

□ **続ける**
つづ
(जारी रखना／অনবরত/অবিরাম／දිගටම කරගෙන යනවා)

□ **～続ける**
つづ
(~रहना／~অনবরত/অবিরাম／දිගටම කරගෙන යනවා)

▶ ずっと歩き続けたから、疲れた。
ある　つづ　つか
(इतनी देर तक चलते रहने की वजह से मैं थक गया।／অনবরত হাঁটার ফলে ক্লান্ত হয়ে পড়েছি।／ඇවිදන එක දිගටම කරගෙන යනකොට, මහන්සියි.)

□ 〜って
(~ जो है／〜আসলে／කියන්නේ)

▶ 沖縄って、いいところですね。
おきなわ

(ओकिनावा जो है, एक अच्छी जगह है।／ওকিনাওয়া আসলে একটি সুন্দর জায়গা, তাইনা?／ඔකිනව කියන්නේ, හොඳ තැනක් නේද?)

▶ 「牛どん」って、どんな食べ物ですか。
ぎゅう　　　　　　　　　た　もの

("ग्यूदोन" जो है, किस प्रकार का खाना है?／"গিয়োদন" আসলে কিরকম থাবার?／(ギゅදොන්), කියන්නේ මොනවගේ කෑමක්ද?)

★「〜は」「〜とは」のカジュアルな言い方。
い　かた

(「〜は」「〜とは」 कहने का एक अनौपचारिक तरीका।／「〜は」 এবং 「〜とは」 হল কথা বলার কাজুয়াল পদ্ধতি।／〜は සාමාන්‍ය භාවිතය)

□ 包む
つつ
(लपेटना／মোড়ানো／ඔතනවා)

□ つもり
▶ 卒業したら、国へ帰るつもりです。
そつぎょう　　　　くに　かえ

(इरादा／ইচ্ছা／බලාපොරොත්තුව)

(स्नातक होने के बाद मेरा अपने देश लौटने का इरादा है।／স্নাতক কোর্স সম্পন্ন করার পর, দেশে ফিরে যাওয়ার ইচ্ছা রাখি।／උපාධිය ගත්තට පස්සේ, රට යන්න බලාපොරොත්තුවෙන් ඉන්නවා.)

□ 釣る
つ
(मछली पकड़ना／মাছ ধরা／මාළු අල්ලනවා)

□ 適当（な）
てきとう
(उचित／যথাযথ／উপযুক্ত／සුදුසු)

□ できる
▶ 簡単なので、だれでもできます。
かんたん

((कर) सकना／করতে পারা／පුළුවන්)

(यह आसान है, इसलिए कोई भी कर सकता है।／সহজ হওয়ায়, যে কেউ এটা করতে পারবে।／ලේසි නිසා, කාට වුණත් පුළුවන්.)

▶ 近くにスーパーができて、便利になったね。
ちか　　　　　　　　　　　　べんり

(पास में एक सुपरमार्केट बन गया और सुविधाजनक हो गया।／কাছাকাছি সুপারমার্কেট হওয়াতে সুবিধা হয়েছে।／ළඟ සුපිරි වෙළඳසැල හැදුන නිසා, පහසුයි නේ.)

□ 〜てしまう
▶ 財布をなくしてしまいました。
さいふ

((खो) जाना／〜করে (ফেলা)／කරලා දානවා)

(बटुआ खो गया।／মানিব্যাগ হারিয়ে ফেলেছি।／මුදල් පසුම්බිය (පර්ස් එක) නැති වුණා.)

□ ですから
(इसलिए／সুতরাং／නිසා)

□ では
▶ 場所がよくわからないんです。
ばしょ
——そうですか、では、駅まで迎えに行きます。
えき　　むか　い

(तो फिर／তাহলে／එහෙනම්)

(मैं जगह ठीक से नहीं जानता।——ऐसा है, तो फिर हम आपको स्टेशन तक लेने आएँगे।／জায়গাটি ভাল চিনি না। ——তাই নাকি, তাহলে, স্টেশন পর্যন্ত আনতে যাব।／තැන හරියට දන්නේ නැහැ. ——එහෙමද?, එහෙනම්, ස්ටේෂන් එකට එන්න එන්නම්.)

▶ 資料はありますね。では、会議を始めましょう。
しりょう　　　　　　　　　　　かいぎ　はじ

(दस्तावेज तैयार है। अब मीटिंग शुरू की जाए।／উপকরণ উপলব্ধ আছে। ঠিক আছে তাহলে সভা শুরু করা যাক।／ලියකියවිලි තියෙනවා නේ? එහෙනම්, රැස්වීම පටන්ගමු.)

☐ **～てみる**
(～करके देखें／~চেষ্টা করে দেখা／බලනවා)

▶ 交番で聞いてみませんか。
こうばん　き
(पुलिस बॉक्स में पूछकर देखें?／পুলিশ বক্সে জিজ্ঞাসা করে দেখবেন কি?／පොලිස් මුරපොලෙන් අහල බලමුද?)

☐ **特に**
とく
(विशेष रूप से／বিশেষ করে／විශේෂයෙන්ම)

▶ どれも好きだけど、特にこの歌が好きです。
す　とく　うた　す
(मैं सभी को पसंद करता हूँ, लेकिन मैं ख़ासकर इस गीत को पसंद करता हूँ।／যে কোনওটা পছন্দ করলেও বিশেষ করে এই গানটা আমার পছন্দ।／කෝකටත් කැමතියි ඒත්, විශේෂයෙන්ම මේ සින්දුවට කැමතියි.)

☐ **特別(な)**
とくべつ
(विशेष／বিশেষ／විශේෂ)

☐ **所**
ところ
(जगह／স্থান/জায়গা／තැන)

☐ **途中**
と ちゅう
(बीच में／মাঝখানে/পথে／අතරමැද , අතරමග)

▶ 途中でもいいですから、見せてください。
み
(कृपया मुझे दिखाइए, भले ही वह अधूरा हो।／মাঝখানে হলেও সমস্যা নেই, দয়া করে আমাকে দেখান।／අතරමැදදී වුණාට කැමක් නැහැ, පෙන්නන්න.)

▶ ここに来る途中、スーさんに会いました。
く　あ
(यहाँ आते समय बीच में मुझे सू जी मिलीं।／এখানে আসার পথে, সু-সানের সাথে দেখা করেছি।／මෙහෙට එන අතරමගදී, සු මහතාව හම්බවුණා.)

☐ **届ける**
とど
(पहुँचाना／এখানে আসার পথে, সু-সানের সাথে দেখা করেছি।／යවනවා)

▶ この荷物を彼女に届けてもらえますか。
にもつ　かのじょ
(क्या आप कृपया यह पैकेज उसे पहुँचा सकते हैं?／এই প্যাকেজটি মেয়েটির নিকট পৌঁছে দিতে পারেন কি?／මේ බඩු ඇයට යවන්න පුළුවන්ද?)

☐ **泊まる**
と
(ठहरना／থাকা/অবস্থান করা／නවාතැන් ගන්නවා)

☐ **取り替える**
と　か
(बदलना／বদল করা／මාරුකරනවා)

▶ 部品を取り替えたら、まだ使えます。
ぶひん　つか
(पुर्ज़ों को बदलने के बाद इसका और उपयोग किया जा सकता है।／যন্ত্রাংশ বদল করলে, এখনও ব্যবহার করা যাবে।／කොටස් ටික මාරු කෙරුවම, ආයෙත් පාවිච්චි කරන්න පුළුවන්.)

☐ **ない**
(नहीं／নেই／නෑ)

▶ Ｍサイズがないです。Ｌだけです。
(साइज़ M नहीं है। केवल L है।／M সাইজ নেই। শুধুমাত্র L সাইজ আছে।／M සයිස් එක නැහැ. L විතරක් තියෙනවා.)

☐ **直る**
なお
(ठीक किया जाना／ঠিক হওয়া／අලුත්වැඩියා කරනවා)

▶ このパソコンはもう直らないと思います。
おも
(मुझे नहीं लगता कि यह कंप्यूटर कभी ठीक हो पाएगा।／এই কম্পিউটারটি আর ঠিক হবে না বলে মনে হয়।／මේ පරිගණකය අලුත්වැඩියා කරන්න කියලා හිතාගෙන ඉන්නවා.)

☐ **～ながら**
(~हुए／~একই সময়ে／ගමන්)

▶ いつも音楽を聞きながら勉強します。
おんがく　き　べんきょう
(मैं हमेशा गाना सुनते हुए पढ़ाई करता हूँ।／সবসময় গান শুনতে শুনতে পড়াশোনা করি।／නිතරම සංගීතය අහන ගමන් පාඩම් කරනවා.)

□ **亡くなる**
な

(मृत्यु होना／মারা যাওয়া／නැතිවෙනවා)

▶ 祖父は去年、亡くなりました。
そふ　きょねん

(मेरे दादा की पिछले साल मृत्यु हो गई।／দাদা গত বছর মারা গিয়েছেন।／සීයා ගිය අවුරුද්දේ , නැතිවුණා.)

□ **投げる**
な

(फेंकना／নিক্ষেপ করা/ছুঁড়ে মারা／ගහනවා , විසි කරනවා)

▶ ボールを投げる

(गेंद फेंकना／বল নিক্ষেপ করা (ছুঁড়ে মারা)／බෝලය විසි කරනවා.)

□ **なさる**

(करना／করা／කරනවා)

▶ 先生がスピーチをなさったんですか。
せんせい

((अध्यापक से पूछकर) क्या आपने भाषण दिया?／শিক্ষক কি বক্তৃতা করেছেন?／ගුරුතුමා කතාව පැවැත්වුවද?)

▶ どれになさいますか。

(आप कौन-सा चाहेंगे?／কোনটা করবেন?／ගන්නේ කෝකද?)

□ **名前**
なまえ

(नाम／নাম／නම)

□ **並ぶ**
なら

(पंक्ति में लगना／সারিবদ্ধ হওয়া／පෙළ ගැසීම)

□ **並べる**
なら

(व्यवस्थित करना／সারিবদ্ধ করা／පෙළ ගැසෙනවා, පේළියට තියන)

▶ テーブルに、お皿とグラスを並べてください。
さら

(मेज़ पर प्लेटें और गिलास व्यवस्थित कीजिए।／টেবিলের উপর প্লেট এবং গ্লাস সারিবদ্ধভাবে রাখুন।／මේසය උඩ, පිඟානුයි වීදුරුයි පේළියට තියන්න.)

□ **鳴る**
な

(बजना／বাজা／නාදවෙනවා)

▶ さっき、ケータイが鳴ってたよ。

(कुछ समय पहले मोबाइल फ़ोन बज रहा था।／কিছুক্ষণ আগে, মোবাইল ফোন বাজছিল।／ටිකකට කලින්, ජංගම දුරකථනය නාද වුණා.)

□ **なるほど**

(अच्छा／বুঝতে পেরেছি／ආ ..හරි/ ආ ..ඔව්)

▶ これはどうでしょう？
—なるほど。これなら見やすいですね。
み

(यह कैसा रहेगा? —जी, यह देखने के लिए आसान है।／এটা কেমন? —বুঝতে পেরেছি। এটা ভাল দেখা যায়।／මේක කොහොමද? —ආ ..ඔව් මේක නම් ලාභයි)

▶ 彼の説明を聞いて、なるほどと思いました。
かれ　せつめい　き　おも

(उनका स्पष्टीकरण सुनने के बाद मुझे लगा कि बात सही है।／তার ব্যাখ্যা শোনার পর, বুঝতে পেরেছি বলে মনে করেছিলাম।／ඔහුගේ පැහැදිලි කිරීම අහලා, ආ ..ඔව්මයි කියලා හිතුවා .)

□ **～にくい**

(～मुश्किल है／~কঠিন／අමාරුයි)

▶ このハンバーガー、大きくて、食べにくい。
おお　た

(यह बर्गर इतना बड़ा है कि इसे खाना मुश्किल है।／এই হ্যামবার্গারটি বড় এবং খাওয়া কঠিন।／මේ හැම්බර්ගර් එක, ලොකු නිසා, කන්න අමාරුයි.)

□ **～について**

(के बारे में ~／~সম্পর্কে／ගැන)

▶ テストについて、何か聞いていますか。
なに　き

(क्या आपने परीक्षा के बारे में कुछ सुना है?／টেস্ট সম্পর্কে কিছু শুনেছেন কি?／විභාගය ගැන මොනවහරි ඇහුවද?)

□ ～によると

(～के अनुसार／~अनुयायी／අනුව)

▶ 天気予報(てんきよほう)によると、週末(しゅうまつ)は天気(てんき)がいいそうです。

(मौसम पूर्वानुमान के अनुसार इस हफ़्ते के आख़िर में मौसम अच्छा रहेगा।／আবহাওয়া পূর্বাভাস অনুযায়ী, সপ্তাহান্তে আবহাওয়া ভাল হবে।／කාලගුණ වාර්තාවට අනුව, ලබන සතියේ කාලගුණය හොඳයි වගේ.)

□ 似(に)る

(शक्ल मिलना／মিল হওয়া／වගේ)

▶ 息子(むすこ)さん、お父(とう)さんによく似(に)ていますね。

(आप के बेटे की शक्ल आप के पति से मिलती है।／বাবার সাথে ছেলে অনেক মিল আছে।／පුතා, තාත්තා වගේමයි.)

□ 人気(にんき)

(लोकप्रिय／জনপ্রিয়তা／ජනප්‍රිය)

▶ この店(みせ)は若(わか)い人(ひと)に人気(にんき)があります。

(यह स्टोर युवा लोगों के बीच लोकप्रिय है।／তরুণ-তরুণীর কাছে এই দোকানটির জনপ্রিয়তা আছে।／මේ සාප්පුව තරුණ අය අතර ජනප්‍රියයි.)

□ ぬる

(लगाना／হালকা গরম／ගානවා)

□ ぬるい

(गुनगुना／কুসুম গরম／ඇල්)

□ ぬれる

(भीगना／ভেজা／තෙමෙනවා)

▶ ちょっと雨(あめ)にぬれました。

(मैं बारिश से थोड़ा भीग गया।／একটু বৃষ্টিতে ভিজেছি।／ටිකක් වැස්සට තෙමුනා.)

□ 熱心(ねっしん)(な)

(ध्यान से／আগ্রহের সাথে／උද්යෝගිමත්)

▶ みんな、先生(せんせい)の話(はなし)を熱心に聞(き)いていた。

(सभी ने अध्यापक की बात ध्यान से सुनी।／সবাই আগ্রহের সাথে শিক্ষকের কথা শুনছিল।／හැමෝම, ගුරුවරයාගේ කතාව උද්යෝගිමත්ව අහගෙන හිටියා.)

□ 寝坊(ねぼう)／朝寝坊(あさねぼう)

(देर तक सोना/सुबह देर तक सोना／অতিরিক্ত ঘুমানো/সকালে অতিরিক্ত ঘুমানো／වැඩි නින්ද)

▶ 寝坊しないように目覚(めざ)まし時計(どけい)を２個(こ)セットした。

(मैंने दो अलार्म घड़ियाँ लगाईं ताकि मैं ज़्यादा देर तक न सो जाऊँ।／অত্যধিক না ঘুমানোর জন্য দুটি অ্যালার্ম ঘড়ি সেট করেছি।／වැඩියෙන් නිදා ගන්නේ නැති වෙන්න, එලාම් එක දෙපාරක්ම තිබ්බා.)

□ はい

(हाँ (yes)／হ্যাঁ／ඔව්)

□ 倍(ばい)

(दुगुना／বার／දෙගුණයක්)

□ 拝見(はいけん)

(देखना(विनम्रतासूचक)／দেখা／බලනවා)

▶ お手紙(てがみ)を拝見しました。

(मैंने आपकी चिट्ठी देखी।／আপনার চিঠি দেখেছি।／ලියුම බැලුවා.)

□ ～ばかり

(अभी／~সবেমাত্র／ගමන්ම)

▶ 起(お)きたばかりで、まだ着替(きが)えていません。

(मैं अभी उठा हूँ और अभी तक कपड़े नहीं बदले हैं।／সবেমাত্র ঘুম থেকে উঠায়, এখনও আমার জামাকাপড় বদলাইনি।／නැගිට්ට ගමන්ම නිසා, තවම ඇඳුම් මාරු කෙරුවේ නැහැ.)

□ 運(はこ)ぶ

(ले जाना／বহন করা／ප්‍රවාහනය කරනවා)

□ 始(はじ)まる

(शुरू होना／শুরু হওয়া／පටන්ගන්නවා)

□ はず

▶ 大学生(だいがくせい)なら、わかるはずです。

(चाहिए／উচিত／ඕනේ)

(यदि आप विश्वविद्यालय के छात्र हैं, तो आपको समझना चाहिए।／বিশ্ববিদ্যালয়ের ছাত্র হলে, বোঝা উচিত।／විශ්ව විද්‍යාල ශිෂ්‍යයෙක් නම්,තේරෙන්න ඕනේ.)

□ はっきり

▶ はっきりノーと言(い)ったほうがいい。

(साफ़-साफ़／পরিষ্কারভাবে／හරියටම)

(साफ़-साफ़ 'न' कहना बेहतर है।／পরিষ্কারভাবে না বলাই ভালো।／හරියටම නෝ'ට් එක කිව්වා නම් හොඳයි.)

□ はる[切手(きって)を～] (लगाना [स्टैम्प ~]／লাগানো [স্ট্যাম্প]／අලවනවා)

□ 番号(ばんごう) (नंबर／সংখ্যা／නොම්බරය)

□ 半分(はんぶん) (आधा／অর্ধেক／භාගයක්)

□ 火(ひ) (आग／আগুন／ගින්දර)

□ 冷(ひ)える

▶ ビールは冷(ひ)えていますか。

(ठंडा होना／ঠান্ডা হওয়া／සීතල වෙනවා)

(क्या बियर ठंडी है?／বিয়ার কি ঠান্ডা হয়ে গেছে?／බියර් එක සීතල වෙලාද?)

□ 光(ひか)る (चमकना／জ্বলজ্বল করা／බැබලෙනවා)

□ 必要(ひつよう)(な)

▶ 天気(てんき)が悪(わる)いみたいだから、かさが必要ですよ。

(जरूरी／প্রয়োজনীয়／අවශ්‍ය)

(ऐसा लगता है कि मौसम ख़राब है, इसलिए छाता ज़रूरी है।／আবহাওয়া খারাপ বলে মনে হয়, তাই ছাতার প্রয়োজন হবে।／කාලගුණය නරකයි වගේ නිසා, කුඩේ අවශ්‍ය වෙයි.)

□ 増(ふ)える (बढ़ना／বৃদ্ধি পাওয়া／වැඩිවෙනවා)

□ 普通(ふつう) (आम तौर पर／সাধারণত／සාමාන්‍ය)

□ 太(ふと)る (मोटा होना／মোটা হওয়া／මහත්වෙනවා)

□ 踏(ふ)む (क़दम रखना／পা মাড়িয়ে দেওয়া／පාගනවා)

□ 文化(ぶんか) (संस्कृति／সংস্কৃতি／සංස්කෘතිය)

□ 文学(ぶんがく) (साहित्य／সাহিত্য／සාහිත්‍ය)

□ 文法(ぶんぽう) (व्याकरण／ব্যাকরণ／ව්‍යාකරණ)

□ 別(べつ)(な)

▶ これも一緒(いっしょ)に入(い)れる？ —いや、それは別(べつ)にしよう。

(अलग／আলাদা／වෙනම)

(क्या मैं इसे भी एक साथ रखूँ? —नहीं, इसे अलग से रखते हैं।／এটাও কি একসঙ্গে ঢুকাবো? —না, সেটা আলাদা ঢুকান।／මේක එකට දානවද? —නැහැ, ඒක වෙනම දාමු.)

□ ベル （घंटी／ঘণ্টা／සීනුව）

□ ほう ▶ こちらのほうがよく似合いますよ。
（बाला／আইন／ඵක） （यह वाला और अच्छा लगेगा।／এটি ভালোভাবে ○মানানসই হবে।／මෙක ගොඩක් ගැළපෙනවා.）

□ 僕
ぼく
（मैं (पुरुषों के लिए)／আমি／මම）

□ ほしい ▶ 何かほしいもの、ある？
（चाहना／চাই／ඕනෑ） （क्या आप कुछ चाहते हैं?／কোন কিছু চান কি?／මොනාවහරි ඕනෑ දෙයක් තියනවද?）

□ ほど ▶ 時間はどれくらいかかりますか。
—1時間ほどです。
（लगभग／প্রায়／පමණ／විතර） （कितना समय लगेगा? —लगभग एक घंटा लगेगा।／কতক্ষণ সময় লাগবে? —প্রায় এক ঘণ্টা।／මෙලාවට කොච්චරක් යයිද?...පැයක් විතර）

□ ほめる （तारीफ करना／প্রশংসা করা／වර්ණනා කරනවා／ප්‍රශංසා කරනවා）

□ 翻訳
ほんやく
（अनुवाद／অনুবাদ／පරිවර්තනය）

□ 参る ▶ 駅までお迎えに参ります。
まい
（आना(विनम्रतासूचक)／আসা／එක්කන් එන්න යනවා） （मैं आपको स्टेशन पर लेने आऊँगा।／স্টেশন পর্যন্ত নিতে আসব।／ස්ටේෂන් එකට එක්කන් එන්න යනවා.）

□ 負ける （हारना／হেরে যাওয়া／පරදිනවා）
ま

□ まず ▶ すぐ人に聞かないで、まず自分で調べてください。
ひと じ ぶん しら
（पहले／প্রথমত／මුලින්ලුම） （लोगों से तुरंत न पूछिए, पहले खुद पता लगाइए।／অবিলম্বে লোকেদের জিজ্ঞাসা না করে, প্রথমত নিজে খুঁজে (দেখুন)।／ඉක්මනට කාගෙන්හරි අහන්නේ නැතුව, මුලින්ම කියලම බලන්න.）

□ まだ ▶ ご飯、もう食べた？ —ううん、まだ。
はん た
（अभी (नहीं)／এখনও／තාම） （क्या तुमने खाना खा लिया? —नहीं, अभी नहीं खाया।／খাবার কি ইতিমধ্যে (খেয়েছেন)? —না, এখনও না।／බත් කෑවද? —තාම නැහැ.）

□ または （या／বা／නළුද）

□ 待つ （इंतजार करना／অপেক্ষা করা／බලාගෙන ඉන්නවා）
ま

□ 間に合う ▶ 走れば、急行に間に合うかもしれません。
ま あ はし きゅうこう
（समय पर (आना)／সময়মতো (কোনো কিছু করতে পারা)／වෙලාවට යනවා） （यदि आप दौड़ेंगे तो शायद आप समय पर एक्सप्रेस ट्रेन पकड़ सकते हैं।／দৌড়ালে এক্সপ্রেস ট্রেন সময়মতো ধরতে পারবেন বলে মনে হয়।／දිවුවොත් සිඝ්‍රගාමී දුම්රිය,වෙලාවට යන්න පුළුවන් වෙයි.）

☐ 回(まわ)る

(घूमना／ঘোরা／කැරකෙනවා)

☐ ～まま

(~हुआ／~যেমন আছে ঠিক তেমন অবস্থায়／විදියටම , එහෙමම)

▶ 荷物(にもつ)は玄関(げんかん)に置(お)いたままです。

(सामान प्रवेश द्वार पर रखा हुआ है।／লাগেজটি দরজায় রাখা অবস্থায় আছে।／බඩු ඇතුල්වෙන තැන දොරටුව ළඟ, එහෙමම තියෙනවා.)

☐ ～まま

(~हुआ／~যেমন আছে ঠিক তেমন অবস্থায়／විදියටම , එහෙමම)

▶ どうぞ、靴(くつ)をはいたまま、入(はい)ってください。

(कृपया अपने जूते पहने हुए अंदर आइए।／অনুগ্রহ করে জুতা পরা অবস্থায় ভিতরে আসুন।／එන්න, සපත්තු දාගෙනම ඇතුලට එන්න.)

▶ この荷物(にもつ)はどうしますか。
—そのままにしておいてください。

(मुझे इस सामान का क्या करना चाहिए? —कृपया इसे वैसे ही रहने दीजिए।／এই লাগেজটা কি করব? —অনুগ্রহ করে এটা যেমন আছে ঠিক তেমন অবস্থায় রেখে দিন।／මේ බඩු වලට මොකද කරන්නේ ? —එහෙමම තියන්න.)

☐ 見(み)つける

(मिलना／খুঁজে পাওয়া／හොයාගන්නවා)

▶ いいレストランを見つけました。今度一緒(こんどいっしょ)に行(い)きませんか。

(मुझे एक अच्छा रेस्तराँ मिला। क्या आप अगली बार मेरे साथ जाना चाहेंगे?／ভাল রেস্টুরেন্ট খুঁজে পেয়েছি। পরের বার এক সাথে যাবেন কি?／හොඳ අවන්හලක් හම්බවුණා.මේ පාර ඒකට යමුද?)

☐ 向(む)かう

(की ओर जाना/आना／যাওয়া／ඒ පැත්තට එනවා /එහෙට එනවා)

▶ いま、そっちに向かっています。もうちょっと待(ま)ってください。

(मैं अभी वहाँ आ रहा हूँ। कृपया थोड़ी देर और इंतज़ार कीजिए।／এখন ওইদিকে যাব। আর একটু অপেক্ষা করুন।／දැන්, ඒ පැත්තට එන ගමන්. තව ටිකක් ඉන්න.)

☐ むこう

(वहाँ／ঐদিকে／කෙලවර , එහා)

▶ ここはせまいから、むこうに行(い)きましょう。

(यह जगह छोटी है, इसलिए वहाँ चलते हैं।／এই জায়গাটি সংকীর্ণ হওয়ায়, চলুন ঐদিকে যাই।／මෙතන පටු නිසා, එහාට යමු.)

☐ メールアドレス／アドレス

(ईमेल का पता／ইমেইল ঠিকানা／මේල් ලිපිනය)

☐ 召(め)し上(あ)がる

(खाना(आदरवाचक)／খাওয়া／කනවා)

▶ どうぞ、召し上がってください。

(कृपया खाएँ।／অনুগ্রহ করে খাবার খান।／මෙන්න, කන්න.)

☐ 申(もう)す

(कहना(विनम्रतासूचक)／বলা／කියනවා)

▶ わたくし、ABC 自動車(じどうしゃ)の村田(むらた)と申します。

(मुझे ABC मोटर्स का मुराता कहते हैं।／আমি ABC মোটরস এর মুরাতা বলছি।／මම, ABC ආයතනයේ මුරතා වෙමි.)

☐ もし

(अगर／যদি／බැරිවෙලාවත්)

▶ もし誰(だれ)かが来(き)たら、私(わたし)に連絡(れんらく)をください。

(अगर कोई आए तो मुझसे संपर्क करें।／যদি কেউ আসে, তাহলে আমার সাথে যোগাযোগ করবেন।／බැරිවෙලාවත් කව්රුහරි ආවොත්, මට කතා කරන්න.)

☐ 最も
もっと
（सबसे／सर्वाधिक／ඉතාමත්ම）

▶「浅草寺」は、東京で最も有名なお寺です。
せんそうじ　　　　とうきょう　　　ゆうめい　　てら

（सेंसोजि टोक्यो में सबसे प्रसिद्ध मंदिर है।／"සෙන්සොජි" (ටෝකියෝ හි වඩාත්ම ප්‍රසිද්ධ පන්සලයි।／「सेंसोजि」…ටෝකියෝ හි ඉතාමත්ම ප්‍රසිද්ධ පන්සලකි.）

☐ 役に立つ
やく　た
（उपयोगी／उपकार होना／කාජে लाग／උදව් වෙනවා, වැඩක් වෙනවා）

▶あの本、役に立った？ —うん、役に立ってるよ。
ほん

（क्या वह पुस्तक उपयोगी थी？ —हाँ, उपयोगी थी।／এই বইটিতে কি উপকার হয়েছে? —হ্যা, উপকার হয়েছে।／අර පොත, වැඩක් වුනාද?....ඔව්, වැඩක් වුණා.）

☐ 焼ける
や
（जलना／পুড়া／පිච්චෙනවා）

☐ ～やすい
（~आसान है／~সহজ／ලේසි）

▶このペンは書きやすいですね。
か

（इस कलम से लिखना आसान है।／এই কলম দিয়ে লেখা সহজ।／මේ පෑනෙන් ලියන්න ලේසි.）

☐ やせる
（पतला होना／ওজন হারানো／කෙට්ටු වෙනවා）

☐ 家賃
や ちん
（किराया／ভাড়া／කුලිය）

☐ やはり
／やっぱり
（फिर भी／শেষ পর্যন্ত／කොහොම වුණත්）

▶ちょっと迷いましたが、やはり行くことにしました。
まよ　　　　　　　　　　　　　い

（मैं थोड़ा झिझक रहा था, लेकिन फिर भी जैसे मैंने सोचा था, वैसे जाने का फैसला किया।／একটু দ্বিধাগ্রস্ত হলেও, শেষ পর্যন্ত যাওয়ার সিদ্ধান্ত নিলাম।／ටිකක් අවුල්සහගතයෙන් හිටියත්, කොහොම වුනත් යන්න තීරණය කෙරුවා.）

☐ 止む
や
（बंद होना／থামা／නවතිනවා）

▶雨がやんだら、出かけましょう。
あめ　　　　　　で

（जब बारिश बंद हो होगी तब बाहर निकलेंगे।／বৃষ্টি থামলে চলুন বাইরে যাই।／වැස්ස නැවතුනාම, එළියට යමු।）

☐ 夕べ
ゆう
（शाम／সন্ধ্যা／ඊයේ හවස）

☐ 揺れる
ゆ
（हिलना／কেঁপে উঠা／හෙල්ලෙනවා）

▶いま、揺れなかった？ —地震？
じしん

（क्या अभी-अभी कंपन नहीं हुआ? —भूकंप?／এখন, কেঁপে ওঠেনি? —ভূমিকম্প?／දැන්,හෙල්ලුනේ නැද්ද?. භූමිකම්පාවක්ද?）

☐ よう［用］
／用事
ようじ
（काम／কাজ／වැඩක්）

▶用があるので、ここで失礼します。
　　　　　　　　　　　　しつれい

（मुझे कुछ काम है, इसलिए मुझे जाने की इजाज़त दीजिए।／আমার কিছু কাজ আছে বলে এখানেই বিদায় নিচ্ছি।／වැඩක් තියෙන නිසා, මම සමුගන්නම්।）

☐ よう［様］
（तरह (दिखना)／~এর মতো／විදි）

▶あの人、いつも怒っているような顔をしている。
ひと　　　　おこ　　　　　　　　かお

（वह आदमी हमेशा गुस्से में दिखता है।／ওই ব্যাক্তিকে সবসময় রাগী (দেখায়)／අර කෙනා, හැමවෙලේම තරහෙන් ඉන්නවා වගේ මූණක් තියෙනවා.）

- [ ] 用意(する)（ようい）　(तैयारी (करना)／প্রস্তুত করা／සූදානම් කරනවා)

- [ ] よく
▶ よく聞こえなかったので、もう一度言ってもらえますか。（聞＝き、一度＝いちど、言＝い）
(अच्छे से／ভালোভাবে／හොඳට)
(मैं आपकी बात अच्छे से नहीं सुन सका। क्या आप कृपया इसे फिर से कह सकते हैं?／খুব ভালোভাবে শুনতে পাইনি বলে আরেকবার বলবেন কি?／හොඳට ඇහුණේ නැති නිසා, තව පාරක් කියන්න පුළුවන්ද?)

- [ ] よく
▶ 安くておいしいから、よくここに来ます。（安＝やす、来＝き）
(अक्सर／প্রায়ই／ගොඩක්)
(मैं यहाँ अक्सर आता हूँ, क्योंकि यहाँ का खाना सस्ता और स्वादिष्ट है।／সস্তা এবং সুস্বাদু হওয়ায় এখানে প্রায়ই আসি।／ලාභයි සහ රසයි නිසා, ගොඩක් මෙහෙට එනවා.)

- [ ] 汚れる（よごれる）
▶ あしたは、汚れてもいいかっこうで来てください。（来＝き）
(गंदा होना／নোংরা হওয়া／කිලිටු වෙනවා)
(कृपया कल ऐसे कपड़े पहनकर आएँ जिनके गंदे होने से आपको कोई परेशानी न हो।／আগামীকাল, নোংরা হলেও সমস্যা নেই, এমন কাপড় পরে আসবেন।／හෙට, කිලිටු වුණත් , ලස්සනට ඇඳගෙන එන්න.)

- [ ] 呼ぶ（よぶ）　(पुकारना／ডাকা／අඬගහනවා)
- [ ] 読む（よむ）　(पढ़ना／পড়া／කියවනවා)
- [ ] 理由（りゆう）　(वजह／কারণ／හේතුව)
- [ ] 利用(する)（りよう）　(उपयोग (करना)／ব্যবহার (করা)／පාවිච්චි කරනවා)
- [ ] 両方（りょうほう）　(दोनों／উভয়／දෙකම)
- [ ] ローマ字（ローマじ）　(रोमन लिपि／রোমাজি／රෝම අකුරු)
- [ ] ワイシャツ　(सफ़ेद कमीज़／সাদা শার্ট／සුදුකමිසය)
- [ ] 若い（わかい）　(युवा／তরুণ／තරුණයි)
- [ ] 渡す（わたす）　(सौंपना／হস্তান্তর করা／භාරදෙනවා)
- [ ] 笑う（わらう）　(मुस्कराना／হাসা／හිනාවෙනවා)
- [ ] 割れる（われる）　(चिटकना/टूटना／ফেটে যাওয়া／බිඳෙනවා)

活用練習 かつようれんしゅう （संयुग्मन का अभ्यास／ব্যবহারের অনুশীলন／ප්‍රායෝගික ක්‍රියාකාරම්）

① 動詞（V）どうし　（क्रिया／ক্রিয়াপদ／ක්‍රියා පද）

		Vます	Vて		Vない	Vた	じしょ形けい dictionary form
I	行きます	いきます	いって		いかない	いった	いく
	帰ります	かえります	かえって		かえらない	かえった	かえる
	飲みます	のみます	のんで		のまない	のんだ	のむ
	買います	かいます	かって		かわない	かった	かう
	聞きます	ききます	きいて		きかない	きいた	きく
	話します	はなします	はなして		はなさない	はなした	はなす
	持ちます	もちます	もって		もたない	もった	もつ
	書きます	かきます	かいて		かわない	かいた	かく
	読みます	よみます	よんで		よまない	よんだ	よむ
	会います	あいます	あって		あわない	あった	あう
	わかります	わかります	わかって		わからない	わかった	わかる
II	見ます	みます	みて		みない	みた	みる
	着ます	きます	きて		きない	きた	きる
	食べます	たべます	たべて		たべない	たべた	たべる
	寝ます	ねます	ねて		ねない	ねた	ねる
	起きます	おきます	おきて		おきない	おきた	おきる
	出ます	でます	でて		でない	でた	でる
	忘れます	わすれます	わすれて		わすれない	わすれた	わすれる
III	します	します	して		しない	した	する
	来ます	きます	きて		こない	きた	くる

59

②形容詞・名詞 (विशेषण/संज्ञा／বিশেষণ/বিশেষ্য／ විශේෂණ පද, නාමපද)

※否定形は、「～ないです」と「ありません」の二つの形がある。

【い形容詞（A）】

あたらしい	おおきい	たかい	（とくべつなれい）いい
あたらしいです	おおきいです	たかいです	いいです
あたらしくないです （もう一つの形） あたらしくありません	おおきくないです	たかくないです	よくないです
あたらしかったです	おおきかったです	たかかったです	よかったです
あたらしくなかったです （もう一つの形） あたらしくありませんでした	おおきくなかったです	たかくなかったです	よくなかったです

【な形容詞（Na）】

※「じゃ」＝「では」

きれい	べんり	しずか
きれいです	べんりです	しずかです
きれいじゃ ありません （もう一つの形） きれいじゃ ないです	べんりじゃ ありません	しずかじゃ ありません
きれいでした	べんりでした	しずかでした
きれいじゃ ありませんでした （もう一つの形） きれいじゃ なかったです	べんりじゃ ありませんでした	しずかじゃ ありませんでした

【名詞（N）】

※「じゃ」＝「では」

はれ
はれです
はれじゃ ありません （もう一つの形） はれじゃ ないです
はれでした
はれじゃ ありませんでした （もう一つの形） はれじゃ なかったです

③**文型** (वाक्य के प्रकार／বাক্য বিন্যাস／වාක්‍ය රටාව)

【Ⅰグループ】

	Ⅰグループ	
	行く	乗る
Vます	行きます	乗ります
Vますか	行きますか	乗りますか
Vません	行きません	乗りません
Vました	行きました	乗りました
Vませんか	行きませんか	乗りませんか
Vています	行っています	乗っています
Vてください	行ってください	乗ってください
Vてくれませんか	行ってくれませんか	乗ってくれませんか
Vたほうがいいです	行ったほうがいいです	乗ったほうがいいです
Vてもいいです	行ってもいいです	乗ってもいいです
Vないでください	行かないでください	乗らないでください
Vなくてもいいです	行かなくてもいいです	乗らなくてもいいです
Vなければなりません	行かなければなりません	乗らなければなりません
Vたいです	行きたいです	乗りたいです
Vたくないです	行きたくないです	乗りたくないです
Vことができます	行くことができます	乗ることができます
V(可能形)ます	行けます	乗れます
Vたことがあります	行ったことがあります	乗ったことがあります
Vんです	行くんです	乗るんです
Vばいいです	行けばいいです	乗ればいいです

Ｉグループ		
飲む	聞く	買う
飲みます	聞きます	買います
飲みますか	聞きますか	買いますか
飲みません	聞きません	買いません
飲みました	聞きました	買いました
飲みませんか	聞きませんか	買いませんか
飲んでいます	聞いています	買っています
飲んでください	聞いてください	買ってください
飲んでくれませんか	聞いてくれませんか	買ってくれませんか
飲んだほうがいいです	聞いたほうがいいです	買ったほうがいいです
飲んでもいいです	聞いてもいいです	買ってもいいです
飲まないでください	聞かないでください	買わないでください
飲まなくてもいいです	聞かなくてもいいです	買わなくてもいいです
飲まなければなりません	聞かなければなりません	買わなければなりません
飲みたいです	聞きたいです	買いたいです
飲みたくないです	聞きたくないです	買いたくないです
飲むことができます	聞くことができます	買うことができます
飲めます	聞けます	買えます
飲んだことがあります	聞いたことがあります	買ったことがあります
飲むんです	聞くんです	買うんです
飲めばいいです	聞けばいいです	買えばいいです

	Ⅰグループ	
	話(はな)す	持(も)つ
Vます	話します	持ちます
Vますか	話しますか	持ちますか
Vません	話しません	持ちません
Vました	話しました	持ちました
Vませんか	話しませんか	持ちませんか
Vています	話しています	持っています
Vてください	話してください	持ってください
Vてくれませんか	話してくれませんか	持ってくれませんか
Vたほうがいいです	話したほうがいいです	持ったほうがいいです
Vてもいいです	話してもいいです	持ってもいいです
Vないでください	話さないでください	持たないでください
Vなくてもいいです	話さなくてもいいです	持たなくてもいいです
Vなければなりません	話さなければなりません	持たなければなりません
Vたいです	話したいです	持ちたいです
Vたくないです	話したくないです	持ちたくないです
Vことができます	話すことができます	持つことができます
V(可能形(かのうけい))ます	話せます	持てます
Vたことがあります	話したことがあります	持ったことがあります
Vんです	話すんです	持つんです
Vばいいです	話せばいいです	持てばいいです

62 【Ⅱグループ】

	Ⅱグループ	
	見(み)る	着(き)る
Vます	見ます	着ます
Vますか	見ますか	着ますか
Vません	見ません	着ません
Vました	見ました	着ました
Vませんか	見ませんか	着ませんか
Vています	見ています	着ています
Vてください	見てください	着てください
Vてくれませんか	見てくれませんか	着てくれませんか
Vたほうがいいです	見たほうがいいです	着たほうがいいです
Vてもいいです	見てもいいです	着てもいいです
Vないでください	見ないでください	着ないでください
Vなくてもいいです	見なくてもいいです	着なくてもいいです
Vなければなりません	見なければなりません	着なければなりません
Vたいです	見たいです	着たいです
Vたくないです	見たくないです	着たくないです
Vことができます	見ることができます	着ることができます
V(可能形(かのうけい))ます	見られます	着られます
Vたことがあります	見たことがあります	着たことがあります
Vんです	見るんです	着るんです
Vばいいです	見ればいいです	着ればいいです

	Ⅱグループ	
	食_たべる	起_おきる
Vます	食べます	起きます
Vますか	食べますか	起きますか
Vません	食べません	起きません
Vました	食べました	起きました
Vませんか	食べませんか	起きませんか
Vています	食べています	起きています
Vてください	食べてください	起きてください
Vてくれませんか	食べてくれませんか	起きてくれませんか
Vたほうがいいです	食べたほうがいいです	起きたほうがいいです
Vてもいいです	食べてもいいです	起きてもいいです
Vないでください	食べないでください	起きないでください
Vなくてもいいです	食べなくてもいいです	起きなくてもいいです
Vなければなりません	食べなければなりません	起きなければなりません
Vたいです	食べたいです	起きたいです
Vたくないです	食べたくないです	起きたくないです
Vことができます	食べることができます	起きることができます
V(可能形_{かのうけい})ます	食べられます	起きられます
Vたことがあります	食べたことがあります	起きたことがあります
Vんです	食べるんです	起きるんです
Vばいいです	食べればいいです	起きればいいです

63 【Ⅲグループ】

	Ⅲグループ	
	する	来(く)る
Vます	します	来ます
Vますか	しますか	来ますか
Vません	しません	来ません
Vました	しました	来ました
Vませんか	しませんか	来ませんか
Vています	しています	来ています
Vてください	してください	来てください
Vてくれませんか	してくれませんか	来てくれませんか
Vたほうがいいです	したほうがいいです	来たほうがいいです
Vてもいいです	してもいいです	来てもいいです
Vないでください	しないでください	来ないでください
Vなくてもいいです	しなくてもいいです	来なくてもいいです
Vなければなりません	しなければなりません	来なければなりません
Vたいです	したいです	来たいです
Vたくないです	したくないです	来たくないです
Vことができます	することができます	来ることができます
V(可能形(かのうけい))ます	できます	来られます
Vたことがあります	したことがあります	来たことがあります
Vんです	するんです	来るんです
Vばいいです	すればいいです	来ればいいです

さくいん （विषयसूची／পরিশিষ্ট／වචන මාලාව）

*<ruby>少<rt>すこ</rt></ruby>し<ruby>難<rt>むずか</rt></ruby>しいことば：थोड़े कठिन शब्द／সামান্য কঠিন শব্দ／ටිකක් අමාරු වචන

298

●著者

倉品さやか（くらしな さやか）
筑波大学日本語・日本文化学類卒業、広島大学大学院日本語教育学修士課程修了。
スロベニア・リュブリャーナ大学、福山 YMCA 国際ビジネス専門学校、仙台
イングリッシュセンターで日本語講師を務めた後、現在は国際大学言語教育研
究センター准教授。

DTP	平田文普
本文レイアウト	ポイントライン
カバーデザイン	滝デザイン事務所
協力	花本浩一
カバーイラスト	ⓒ iStockphoto.com/Colonel
翻訳　ヒンディー語	（翻訳・校正）Gunjan Sharma ／
	Ranjana Narsimhan ／
	Miki Nishioka
	（校正）Vinay Nair
ベンガル語	（翻訳）Tazmul Hasan
	（校正）Azad Munshi
シンハラ語	（翻訳）Hemachandra Chalika Niroshani
	（校正）Bambaradeniya Acharige Amasha
	Samanali Senarathna ／ Shizuka Sekine

本書へのご意見・ご感想は下記 URL までお寄せください。
https://www.jresearch.co.jp/contact/

ヒンディー語・ベンガル語・シンハラ語版
日本語単語スピードマスター　BASIC 1800

令和6年（2024年）　5月10日　初版第1刷発行

著　者	倉品さやか
発行人	福田富与
発行所	有限会社　Jリサーチ出版
	〒166-0002 東京都杉並区高円寺北 2-29-14-705
	電話 03（6808）8801（代）　FAX 03（5364）5310
	編集部 03（6808）8806
	https://www.jresearch.co.jp
印刷所	株式会社シナノ パブリッシング プレス

ISBN 978-4-86392-618-9　禁無断転載。なお、乱丁、落丁はお取り替えいたします。
ⓒSayaka Kurashina 2012 Printed in Japan

ऑडियो डाउनलोड जानकारी

चरण 1. सेवा पृष्ठ तक पहुँचें! इसे करने के 3 तरीक़े हैं!

- QR कोड को स्कैन करके एक्सेस करें।
- एक्सेस करने के लिए https://www.jresearch.co.jp/book/b642904.html दर्ज करें।
- जे रिसर्च पब्लिशिंग होमपेज (https://www.jresearch.co.jp/) पर पहुँचें और "कीवर्ड" में पुस्तक का नाम दर्ज करके ढूँढ़ें।

चरण 2. पृष्ठ के "ऑडियो डाउनलोड" बटन पर क्लिक करें!

चरण 3. उपयोगकर्ता नाम “1001” और पासवर्ड “26189” दर्ज करें!

चरण4. ऑडियो का उपयोग करने के दो तरीक़े हैं! इस तरह से सुनें जो आपकी सीखने की शैली के अनुकूल हो!

- “बैच डाउनलोड ऑडियो फ़ाइलें” से फ़ाइलें डाउनलोड करें और सुनें।
- मौक़े पर ही चलाने और सुनने के लिए ▶ बटन दबाएँ।

* आप डाउनलोड की गई ऑडियो फ़ाइलों को अपने कंप्यूटर, स्मार्टफ़ॉन आदि पर सुन सकते हैं। बैच डाउनलोड के लिए ऑडियो फ़ाइलें .zip प्रारूप में संक्षिप्त की गई हैं। कृपया अनज़िप करके उपयोग करें। यदि आप फ़ाइलों को अनज़िप करने में असमर्थ हैं, तो आप सीधे ऑडियो भी चला सकते हैं।

ऑडियो डाउनलोड के संबंध में पूछताछ के लिए कृपया संपर्क करें: toiawase@jresearch.co.jp

(पूछताछ का समय: सप्ताह के दिन 9:00-18:00)

অডিও ডাউনলোড নির্দেশনা

STEP1 পণ্য পৃষ্ঠা অ্যাক্সেস করুন! এটা করার ৩টা উপায় আছে!

- QR কোড স্ক্যান করে অ্যাক্সেস করুন।
- প্রবেশ করতে https://www.jresearch.co.jp/book/b642904.html লিখুন।
- জে রিসার্চ পাবলিশিং হোমপেজে অ্যাক্সেস করুন (https://www.jresearch.co.jp/) এবং "কীওয়ার্ড" এ বইয়ের নাম লিখে সার্চ করুন।

STEP2 পৃষ্ঠার মধ্যে "অডিও ডাউনলোড" বোতামে ক্লিক করুন!

STEP3 ব্যবহারকারীর নাম "1001" এবং পাসওয়ার্ড "26189" লিখুন!

STEP4 অডিও ব্যবহার করার দুটি উপায় আছে! আপনার শেখার বিষয় অনুসারে শুনুন!

- "ব্যাচ ডাউনলোড অডিও ফাইল" থেকে ফাইলগুলি ডাউনলোড করুন এবং শুনুন।
- ঘটনাস্থলেই চালু করতে এবং শুনতে ▶ বোতাম টিপুন।

＊আপনি আপনার কম্পিউটার, স্মার্টফোন ইত্যাদিতে ডাউনলোড করা অডিও ফাইল শুনতে পারেন। বাল্ক ডাউনলোডের জন্য অডিও ফাইল .zip ফরম্যাটে সংকুচিত হয়। আনজিপ করুন এবং ব্যবহার করুন। আপনি যদি ফাইলটি আনজিপ করতে না পারেন তবে আপনি সরাসরি অডিও চালাতে পাড়বেন।

অডিও ডাউনলোড সংক্রান্ত অনুসন্ধানের জন্য, অনুগ্রহ করে যোগাযোগ করুন: toiawase@jresearch.co.jp （অভ্যর্থনার সময়: সাপ্তাহিক দিনে ৯টা থেকে ১৮টা পর্যন্ত।）